KB022719

인공지능,
디지털 플랫폼 시대

미디어 리터러시

이해

이 책은 2021년 한국언론진흥재단의 정부광고수수료를 지원받아 출간되었습니다.

The Understanding of Media Literacy in the Age of Artificial Intelligence and Digital Platform

인공지능, 디지털 플랫폼 시대 미디어 리터러시 이해

한국방송학회 영상미디어교육연구회 기획
권장원 · 김봉섭 · 봉미선 · 염정윤 · 오연주 · 이창호 · 장근영 · 최원석 · 최진호 · 황치성 지음

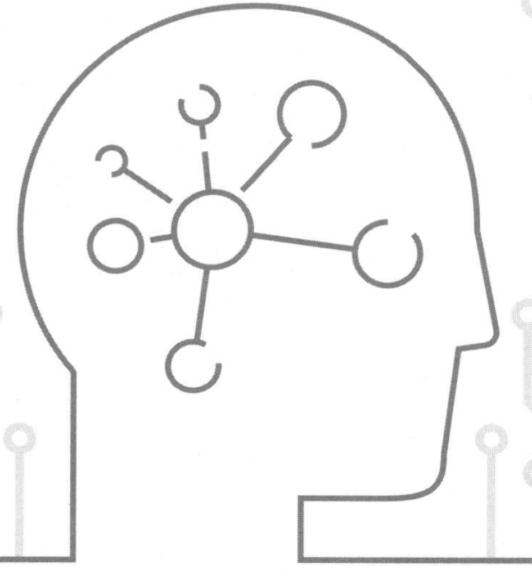

한울 아카데미

차례

서론

현재 우리는 개인적 신념과 가치가 객관적 사실보다 여론 형성에 더 중요한 영향을 미치는 탈진실의 시대에 살고 있다. 특히 허위 정보나 가짜 뉴스가 범람하면서 어느 것이 진실이고 거짓인지 분간하기 어려운 상황에 직면해 있다. 또한 우리의 일상적 디지털 이용과 흔적은 데이터로 처리돼 구글이나 페이스북 같은 디지털 플랫폼 기업에 활용되고 있다. 이 때문에 데이터 리터러시에 대한 관심도 최근 높아지고 있다. 인공지능의 발전과 확산은 인간과 기계의 원활한 상호작용을 불러온 측면이 있긴 하지만 알고리즘이 갖는 편향성 때문에 논란의 중심에 서 있다. 따라서 객관적이고 신뢰할 만한 정보를 찾거나 알고리즘이 작동하는 원리를 이해하고 이를 비판적으로 성찰하는 것이 어느 때보다 중요해지고 있다. 즉, 미디어 범람의 시대에 미디어를 제대로 활용할 수 있는 미디어 리터러시에 대한 관심이 높아지고 있는 것이다. 또한 정보의 홍수 속에서 어느 것이 객관적이고 신뢰할 만한 정보인지를 판단하는 능력도 중요해지고 있다.

이에 따라 여러 부처에서 시민들의 미디어 리터러시를 증진할 수 있는 정책을 추진하고 있고 관련 예산도 점차 늘고 있는 추세다. 특히 일선 학교의 경우 민주시민 교육이 강조되면서 디지털 시민성에 대한 관심이 높아지고 있다. 이미 디지털 리터러시, 데이터 리터러시, 게임 리터러시, 멀티 리터러시 등 다양한 이름의 리터러시 교육이 등장하고 있다. 하지만 미디어 리터러시가 추구하는 방향과 본질에 관한 논의는 아직도 빈약한 실정이다. 특히 학교에서 이뤄지는 교육은 여전히 미디어 제작 교육이나 미디어 활용 교육에 머물고 있는 실정이다. 즉, 미디어의 상업적 이익이나 정치적 편향성 등에 대한 비판적인 이해보다 미디어를 활용한 교육이 많다. 따라서 미디어의 메시지나 구조에 대한 비판적 이해를 도모하고 디지털 시대에 필요한 핵심 역량을 함양하기 위한 미디어 리터러시 교육은 잘 이뤄지지 않고 있다.

이러한 문제의식을 바탕으로 이 책은 초, 중, 고교 학교 현장에서 미디어 교육을 실시하고 있는 교사와 미디어 리터러시에 관심이 있는 교육자 등을 주 독자로 삼아 미디어 리터러시의 다양한 개념과 효과를 논의한다. 아울러 미디어 리터러시를 증진할 수 있는 다양한 방안을 외국 사례와 함께 제시한다.

이 책은 총 세 부로 구성되어 있다.

1부는 미디어 리터러시를 다양한 관점으로 접근한다. 즉, 비판적 사고와 미래 핵심 역량의 관점에서 바라보기도 하고 인공지능의 대두로 최근 관심을 끌고 있는 데이터 리터러시도 다룬다. 또한 영상과 게임에 관한 리터러시도 논의한다.

2부는 미디어 리터러시의 효과에 관한 내용이다. 즉, 미디어 리터러시 역량이 청소년의 사회 참여나 시민성 증진과 어떤 관련성이 있는지를 논의한다. 아울러 최근 이슈가 되고 있는 허위 조작 정보를 분별하는 데 미디어 리터러시 역량이 어떤 영향을 미치는지를 분석한다.

3부는 미디어 리터러시를 증진하기 위한 다양한 방안을 다룬다. 일

찍이 공교육 과정에 미디어 리터러시 교육을 추진해 온 핀란드 사례를 통해 어떻게 미디어 리터러시를 함양시킬지 논의한다. 아울러 영국의 BBC와 호주의 ABC 등 해외 공영방송의 미디어 리터러시 증진 사례를 소개한다.

어떤 새로운 매체가 등장하든지 간에 매체를 올바르게 이해하고 비판적으로 분석, 평가하며 유의미하게 활용하는 리터러시 역량은 중요하다. 아무쪼록 이 책이 미디어 교육에 관심이 있는 교사나 미디어 교육을 직접 실행하고 있는 강사들의 미디어 리터러시 개념에 대한 이해를 증진시킴으로써 현장에서의 미디어 교육 활용도를 높이고 미디어 교육의 질적 제고에 한 걸음 더 다가가는 계기가 되기를 기대해 본다. 아울러 인공지능이나 디지털 플랫폼 환경에서의 미디어 리터러시 증진 방안을 탐색함으로써 시민들의 디지털 역량 강화에도 이바지하리라 믿는다.

이 책은 미디어 교육을 꾸준히 연구해 온 한국방송학회 영상미디어교육연구회가 기획했고 관련 전문가들이 집필에 참여했다. 이 책의 출판을 계기로 미디어 교육의 본질이나 목표, 방향에 대한 논의가 다시 한번 촉발되었으면 한다.

저자들을 대표하여

이창호

1부

다양한 미디어 리터러시 개념

■ ■ ■

01 비판적 사고로서의 미디어 리터러시_ 황치성

02 인공지능 기술 시대의 핵심 역량_ 김봉섭

03 디지털 플랫폼 시대의 게임 리터러시_ 장근영

04 영상을 통한 소통과 미디어 리터러시_ 권장원

05 인공지능 시대의 비판적 데이터 리터러시_ 오연주

01

비판적 사고로서의 미디어 리터러시

황치성 | 좋은나라연구원 연구위원

이 장의 1절은 서론으로 미디어 리터러시의 개념과 함께 비판적 사고가 미디어 리터러시에서 어떤 의미를 가지고 왜 비판적 사고가 필요한지에 대해 기술했다.
2절은 미디어 리터러시에서 말하는 비판적 사고를 실제로 어떤 기준과 방법으로 하는지에 관한 내용이다. 흔히 미디어 리터러시는 비판적 사고가 핵심을 이룬다는 점은 잘 알려져 있다. 그러나 그것을 구체적으로 어떻게 하는지에 대해서는 별로 소개된 적이 없다. 코로나19가 한창일 때 가짜 뉴스를 구분하는 기준으로 '출처 확인하기', '작성자 확인하기', '사실과 의견 구분하기' 등과 같은 기준이 더러 나오긴 했지만 파편적으로 몇 가지만 소개되었을 뿐, 미디어 리터러시의 원리 중에서 무엇을 어떻게 적용한 것인지에 대한 설명은 없었다. 이런 배경에서 이 절에서는 미디어 리터러시의 다섯 가지 핵심 개념, 즉 '저자', '포맷', '오디언스', '콘텐츠', '목적'에 근거해서 15개 세부 기준과 방법을 소개했다.
3절은 일종의 응용 부분이자 사례 연구다. 「서동요」는 우리나라에서 가짜 뉴스의 전형으로 인식되어 왔다. 먼저 기본적인 개념 차원에서 「서동요」가 가짜 뉴스인지 아닌지 분석했다. 그리고 2절에서 다룬 비판적 사고의 세부 기준과 방법을 「서동요」에 어떻게 적용할 수 있는지를 소개했다.

1. 미디어 리터러시의 개념과 비판적 사고의 의미

미디어 리터러시 교육이 우리나라에 도입된 지 40년 남짓 불과하지만 지금까지 비약적인 발전을 이루었다. 현재 전국적으로 최신 설비를 갖춘 미디어 센터만 해도 50여 개에 이른다(황치성, 2018a). 특히 학교 현장에서는 창의적 체험 활동과 함께 국가적 차원의 진로 교육이 강조되면서 자유학기제의 전면 실시에 힘입어 이를 충족할 수 있는 대체 자원으로서 미디어 교육에 대한 수요도 증가하고 있다. 또한 미디어 교육에 대한 사회적 관심의 확대를 반영하듯 '미디어교육지원법'을 제정하는 등 입법 및 정책적 노력이 가시화되고 있다. 또한 최근 들어 확산되고 있는 가짜 뉴스, 특히 코로나19와 함께 범람하고 있는 가짜 뉴스는 현 상황에서 거의 유일한 대안으로서 미디어 리터러시 교육에 대한 정책적·사회적 관심을 촉발시키고 있다.

도대체 미디어 리터러시가 무엇이기에 이 시대의 화두가 되고 있는 것일까? 미디어 리터러시는 '모든 형태의 미디어 메시지에 접근하고 분석·평가하며 제작하고 참여하는 활동이나 능력'이다(Jolls and Thoman, 2008). 여기에는 '접근', '분석', '평가', '제작', '참여'라는 다섯 가지 요소가 포함되어 있다. 이 중에서도 핵심은 '분석'과 '평가'로 이어지는 비판적 사고 과정이다.

비판적 사고는 21세기 지식 기반 사회, 나아가 4차 산업혁명 시대를 살아가는 데 필수 역량으로 손꼽히고 있다. 글로벌 차원의 교수 학습

모델을 개발하고 있는 P21Partnership for 21st Century Skills은 4C, 즉 커뮤니케이션, 창의성, 협업 능력과 함께 비판적 사고력을 21세기 핵심 역량으로 규정했다(황치성·김광재·한승연, 2014). 또 4차 산업혁명의 이슈화를 촉발시킨 클라우스 슈밥 세계경제포럼 회장은 미래를 살아가는 필수 직업 역량으로 '비판적 사고'와 '뉴미디어 리터러시'를 강조했다(*The Independent.ie*, 2016.1. 20).

미디어 리터러시 역량이 4차 산업혁명 시대의 필수 직업 역량으로서 그리고 미래 지식 기반 사회의 핵심 역량으로서, 더 가깝게는 가짜 뉴스를 판별하는 능력으로서 의미를 갖는 것은 미디어 리터러시의 핵심 요소인 비판적 사고력 때문이다. 이것이 전제되지 않으면 미디어 리터러시는 존재의 의미 자체가 없다고 해도 과언이 아니다.

그렇다면 이렇듯 비판적 사고를 강조하는 이유는 어디에 있는가. 이는 미디어가 가지는 본질적 속성 때문이다. 영국의 미디어 교육 전문가인 렌 매스터먼에 따르면, 미디어는 중재를 하는 매개체로 실제의 세계를 그대로 갖다 놓는 것이 아니라 실제의 세계를 재구성한다고 보았다(Masterman, 2010). 즉, 미디어 속의 메시지는 실제 세계를 그대로 보여주는 것이 아니라 인위적으로 만들어진 구성물이라는 것이다. 따라서 인위적으로 만드는 과정에서 다음과 같이 다섯 가지의 메시지 구성 원리가 작용한다(황치성, 2018a).

- 모든 미디어 메시지는 누군가가 만든 것이다(저자).
- 미디어 메시지는 그 자체의 언어적 표현 기법을 사용한다(포맷).
- 동일한 메시지라도 받는 사람에 따라 다르게 인식한다(수용자).
- 모든 미디어 메시지는 만드는 사람의 가치와 관점을 가진다(콘텐츠).

• 미디어 메시지에는 어떤 형태로든 목적이 있다(목적).

미디어 리터러시는 이 다섯 가지 원칙에 따라 세부적인 질문을 던지고 비판적 사고를 통해 메시지의 진위와 오류 여부를 찾아가는 과정이다. 또 이를 바탕으로 자신이 메시지를 만들 때 이를 적용해 효율적이고 윤리적인 메시지를 만드는 과정도 미디어 리터러시에 포함된다.

2. 미디어 리터러시의 핵심 개념을 적용한 비판적 사고의 기준과 방법

1) 누가 만들었는가?

과거에 신문, 텔레비전, 라디오, 잡지 이 네 개의 매체가 우리 사회에서 유통되는 뉴스나 정보를 좌지우지하던 때가 있었다. 이른바 매스미디어 시대다. 이 시대에는 4대 매체를 운영하는 언론사 내지 언론인이 정보를 주로 생산했기 때문에 일반인이 언론에 이름을 올리는 일이 극히 어려웠다. 그래서 신문이나 TV에 이름이라도 한번 나오면 그야말로 가문의 영광이었다. 그러나 인터넷이 등장하고 소셜미디어가 일상화되면서 상황이 달라졌다. 이젠 누구라도 글을 쓰고 메시지를 만들어 배포하는 일이 가능한 1인 미디어 시대가 되었다.

누가 만들든 의도적으로 메시지를 만들고 제작하는 일은 일반적으로 보람된 일이다. 자아실현은 물론 많은 사람들에게 자신의 존재감이나 능력을 알릴 수 있는 기회가 되기 때문이다. 따라서 사람들은 글을 쓰거나 메시지를 만들어 배포할 때 자신의 참모습을 더욱 드러내고 싶어 한다. 이것이 메시지를 만드는 사람들의 일반적 특성이다.

그러나 의도적으로 오도성 주장을 하거나 가짜 뉴스를 만드는 사람들은 다르다. 오히려 자신의 정체를 숨기거나 모호하게 얼버무린다. 가짜 뉴스는 기본적으로 남을 해롭게 하거나 자신만의 이익을 취하려는 '악한 목적'과 '거짓말'을 담고 있기 때문이다. 그래서 '누군가' 중에는 스스로 위장된 가면을 쓰는 경우가 많다.

(1) **세부 질문 1: 메시지의 출처가 있는가, 있다면 확인 가능한가**?

우리가 흔히 접하는 미디어 메시지의 진위와 신뢰성 여부를 판단할 때 가장 먼저 해야 할 질문은 '메시지의 핵심을 이루는 내용의 원래 출처가 있는가, 있다면 확인이 가능한 것인가'이다.

출처는 사물이나 말 따위가 생기거나 나온 근거로, 어떤 일의 신뢰성을 파악하는 데 근간이 된다. 우리가 농수산물을 구매할 때 원산지를 확인하는 것이나 인스턴트식품을 살 때 라벨에 표기되어 있는 제조원을 확인하는 것과 같은 이치다. 바꾸어 말하면, 출처가 없거나 불분명하다면 그것은 의심스러운 것이 된다. 따라서 일단 출처가 있는지 없는지 점검하고, 출처가 있을 경우에도 그것이 정확한지 여부를 확인해야 한다. 예를 들면 '웹사이트 주소'나 'URL 링크'를 연결해서 관련된 메시지의 내용이 실제로 존재하는지 여부까지 확인해야 한다.

코로나19가 확산되는 과정에서 출처가 불분명한 가짜 뉴스들이 SNS에서 기승을 부렸다. 예를 들면 '우한 병원에 근무하는 친구 삼촌', '스탠퍼드 대학 병원의 아빠 친구 의사', '대만 전문가', '세브란스 병원 전임 의사', '지인' 등의 형태였다. 이들은 그럴듯해 보이지만 구체적인 이름이나 직위, 연락처가 없는 것들이다. 따라서 확인이 불가능한, 신뢰할 수 없는 정보들이다.

(2) 세부 질문 2: 메시지가 게시된 웹사이트 주소나 URL 철자는 정확한가?

가짜 뉴스 제조자들은 '사람들이 평범한 정보나 뉴스에는 흥미를 느끼지 않는다'는 점을 잘 안다. 그래서 많은 사람들이 관심을 가질 만한 이야기를 충격적이거나 자극적인 소재로 엮어서 거짓말을 담아낸다. 거기에다 정치인, 연예인, 스포츠 스타들의 일거수일투족은 늘 일반 사람들의 관심 대상이 된다. 이런 유명 인플루언서들에 대한 이야기는 언론사 보도를 통해서건 SNS를 통해서건 보게 된다면 일차적인 관심은 정보의 내용으로 쏠린다. 따라서 내용 외적인 것, 즉 그 정보의 출처가 어디고 어떤 매체에 게재되었는지 따위는 관심 밖으로 밀려난다.

이 과정에서 특히 웹사이트나 URL의 주소에 나오는 철자는 아예 보지 않거나 보더라도 대충 보고 지나치는 경우가 많다. 가짜 뉴스는 그 틈을 노려 유명 언론사의 웹사이트나 SNS에서 철자를 한두 자만 바꿔 넣는다. 예를 들면 2016년 12월 29일 영국 공영방송 BBC의 로고가 선명하게 찍힌 트위터에서 "엘리자베스 2세 여왕이 90을 일기로 서거했다"라는 충격적인 비보가 전해졌으나 이 콘텐츠는 본래의 BBC 로고[BBCNews (UK)]에서 철자를 바꿔놓은 가짜(BBCNewsUKI) 로고였다(Braucher, 2016. 12.29).

그런가 하면 블룸버그 통신사 파리 지사는 2016년 11월 22일, 프랑스의 건설기업 빈치 그룹 명의로 전달된 가짜 보도자료 때문에 약 65억 원에 달하는 과징금을 물어야 했다(≪한겨레≫, 2019.12.17). 빈치 그룹의 원래 웹사이트 주소(vinch.com)를 모방한 가짜 웹사이트 주소(vinch.group)를 사실로 믿고 확인도 안 한 채 보도해서 빈치 그룹에 엄청난 손실을 입혔기 때문이다. 가짜 뉴스를 만드는 사람들이 자신의 정체를 숨기는 또 하나의 방법이다.

(3) 세부 질문 3: 메시지 제작자는 신뢰할 수 있는가?

미디어를 통해 들어오고 나가는 정보나 콘텐츠의 기본 특성은 우연히 발생한 것이 아니라 누군가가 만든다는 점이다. 따라서 메시지의 신뢰성을 확인하기 위해서는 그 '누군가', 즉 메시지 제작자와 그 배경을 확인해야 한다. 물론 제작자가 밝혀져 있지 않으면 당연히 신뢰할 수 없는 메시지다. 대신에 제작자가 분명하게 제시되어 있더라도 그 사람이 어떤 사람이고 신뢰할 수 있는지 없는지를 파악해야 한다. 일반적으로 사람을 평가하는 기준은 여러 가지가 있을 수 있다. 이를테면 해당 분야와 관련된 경력이나 전문성, 사회적 평판, 소속된 기관이나 단체의 특성, 기타 범죄나 비리 연루 여부 등이다.

메시지 제작자 중에는 사회적으로 나름 명성이 있는 사람도 많다. 그러나 겉으로 보이는 명성이 그 사람의 신뢰를 담보하는 것은 아니다. 허위성을 숨기거나 위선적인 사람들도 많기 때문이다. 따라서 다음과 같은 질문을 던지면서 확인을 해봐야 한다. 이러한 요소들은 메시지 제작자가 자신의 주장을 정당화하기 위해 내세운 전문가를 검증할 때도 그대로 적용된다.

- 메시지 제작자의 전문성이나 경력이 메시지의 내용에 부합하는가?
- 객관적인 기준에 근거한 사회적 평판은 어떠한가?

- 사회적으로 논란이 있는 이슈에 대해 어느 한쪽 입장만 고수하는 사람은 아닌가?
- 메시지 제작자가 속해 있는 기관이나 단체는 어떤 곳인가?
- 메시지 제작자가 공적으로 쓴 글이나 발언은 일관성이 있는가?
- 메시지 제작자는 가짜 뉴스나 오도성 주장으로 인해 비판이나 법적 제재를 받은 적이 없는가?

이들의 전문성과 신뢰성을 알아볼 수 있는 방법은 검색 포털 등에 나와 있는 이력 확인, 이름을 키워드로 한 뉴스 내용 확인, 그리고 저서나 연구 논문 검색 등이다. 특정 인물의 이력을 알아보기 위해 네이버에 이름을 입력하여 있을 경우, '인물정보'나 '지식백과' 메뉴를 통해 파악할 수 있다. 구글의 경우, 이름을 입력하면 관련 이름을 가진 사람들의 프로필이나 SNS 계정이 나오는데, 다소 산만하다. 그 경우 첫 화면의 맨 아래쪽에 '관련 검색'이란 메뉴가 별도로 나오고 관련 인물이 있을 경우 이름과 직업이 연관된 리스트가 나온다.

(4) **세부 질문 4: 미디어는 자신의 이력 사항을 투명하게 밝히고 있는가?**

누군가가 취업을 할 때 필수적으로 제출해야 하는 것이 이력서다. 이력서는 서로 모르는 상태에서 지원자가 어떤 사람인지를 잘 보여주는 약식 서류라고 할 수 있다. 그리고 이력서의 서식은 다를 수 있지만 필수적으로 기재해야 하는 사항들이 있다. 이를테면 성명, 생년월일, 주소, 전화번호, 이메일, 학력 및 경력 사항, 자격증, 수상 내역 등등이다. 지원자 입장에서 보면 어쩌면 단순한 정보일 수도 있지만 면접관이나 기업의 입장에서 보면 지원자를 평가할 수 있는 유용한 자료가 된다.

웹사이트 역시 마찬가지다. 정상적인 웹사이트라면 온라인을 통해 소통하거나 거래를 해야 하기 때문에 이런 이력 사항들을 투명하게 밝히는 것이 원칙이다. 그러나 가짜 뉴스나 오도성 정보를 만들고 배포하는 웹사이트라면 사정은 달라진다. 공개적으로 떳떳하게 밝힐 수도 없고 밝혀서도 안 되기 때문이다. 그래서 가짜 뉴스 사이트들은 어떻게든 자신을 감추려고 한다. 따라서 무엇을 감추고 있는지를 확인하면 그 웹사이트의 신뢰성을 비교적 쉽게 파악할 수 있다. 웹사이트의 신뢰성을 확인할 수 있는 여섯 가지 기준을 질문 형태로 제시해 보면 다음과 같다.

- 웹사이트 자체 소개(About Us) 섹션은 충실히 되어 있는가?
- 전화번호를 포함, 연락처를 공개하고 있는가?
- 웹사이트의 연혁이나 이력이 나와 있는가?
- 기존 언론사의 명칭이나 다른 웹사이트의 명칭을 모방하거나 패러디한 것은 아닌가?
- 웹사이트에 게시된 정보는 최근까지 지속적으로 업데이트되고 있는가?
- 이용자들을 위해 사이트의 편집, 디자인 등 기능성은 편리하게 되어 있는가?

(5) 세부 질문 5: 메시지 내용이 SNS에만 있는가, 복수의 뉴스 미디어에도 보도되는가?

세상에는 많은 사건과 사고가 일어나고 또 많은 정보가 흘러 다니지만 그것들 모두가 뉴스가 되는 것은 아니다. 그럴 만한 공간이나 시간도 없다. 그래서 언론은 어떤 것을 뉴스로 싣고 또 어떤 것을 버릴지 하는 공통의 기준을 갖고 있다. 흔히 이것을 뉴스 가치라고 말한다.

뉴스 가치는 통상 여섯 가지로 구분된다. 먼저 시의성timeliness이 있다. 시간적으로 가장 최근 혹은 최신일수록 가치 있게 다루는 속성이다. 영향성consequence은 사회적으로 얼마나 중요하고 많은 사람에게 영향을 미치는지에 관한 속성이다. 근접성proximity은 지리적으로 또는 심리적으로 가까운 곳에서 일어나는 사건을 강조한 속성이며, 저명성prominance은 사회적으로 저명한 인물과 단체에 더 가치를 두는 속성이다. 흥미성interest은 독자들이 어느 정도 관심과 흥미를 가지는지와 또 얼마나 인간적 감동 요소가 있는지에 대한 속성이며, 예외성unusualness은 뭔가 특별하고 예상치 못했던 일이나 사건에 강조를 둔 속성이다.

예를 들면 코로나19는 기본적으로 전염성이 강한 질병이다. 그래서 모든 사람이 그 영향권 내에 있다. 다시 말하면 사회적 영향이 클 수밖에 없는 사안이다. 그래서 코로나19에 관한 정보라면 중요한 뉴스 가치가 되고 언론에서는 이를 중요하게 다룬다. SNS를 오가는 뉴스나 정보 역시 마찬가지다.

소셜미디어에 난무하는 정보를 가지고 매번 뉴스 가치를 따질 필요는 없다. 그러나 소셜미디어에서 특정의 정보가 많은 사람들에게 회자된다면 그것은 뉴스 가치가 큰 정보가 된다. 그래서 소셜미디어를 통해 확산되는 정보들은 언론 보도에도 나오게 된다. 달리 말하면 소셜미디어 속에서 뜨거운 이슈가 되었다 해도 뉴스로 보도되지 않으면 그것은 가짜 뉴스일 확률이 높다. 이는 해당 정보가 가짜 뉴스인지 사실인지를 구분하는 일종의 바로미터가 된다.

물론 언론의 보도가 모든 것을 다 확인해 주는 것은 아니다. 많은 언론이 한목소리로 거짓말을 할 때도 있었다. 그럼에도 불구하고 언론은 사실 여부를 가늠해 주는 중요한 사회적 공기임을 부인할 수 없다. 언론을 통한 사실 여부 확인은 코로나19뿐만 아니라 메시지 속 정보의 사실 여부를 확인할 때 필수적으로 거쳐야 하는 단계다.

2) 어떤 언어적 표현과 설득적 수사를 사용했는가?

미디어를 통해 이루어지는 커뮤니케이션은 그것이 언론사의 뉴스건 TV 드라마나 영화건 그 자체의 독특한 언어를 가진다. 신문에 나오는 헤드라인은 기사의 핵심 내용을 압축해서 보여주기 위한 것이고 카메라의 클로즈업은 친밀감을 나타내기 위한 것이다. 또 사운드와 이미지는 사람들의 정신세계까지 도달해서 특별한 감정을 느끼게 하거나 즐거움을 배가시킨다.

가짜 뉴스 역시 나름의 언어 양식이 있다. 그리고 그 언어 양식의 일차적 특징은 거짓을 사실처럼 보이게 하거나 단편적인 사실을 일반화된 사실로 보이게 하는 데 있다. 가짜 뉴스의 또 다른 특징은 뉴스나 정보를 새롭게 만들어내는 것이 아니라 기존의 것을 재활용하는 데 있다. 거기에다 가짜 뉴스는 언론사의 뉴스처럼 체계적인 시스템으로 만들어지는 것이 아니라 단기간에 급조한 것들이 많기 때문에 언어적 표기나 표현 형식에서 문제가 있을 가능성이 높다.

(1) **세부 질문 6: 메시지의 철자, 맞춤법, 띄어쓰기 등 언어 표기의 기본 형식을 지키고 있는가?**

신문 기사나 방송 뉴스는 정확성을 생명으로 여긴다. 정확성의 출발점은 철자, 맞춤법, 띄어쓰기 등과 같은 언어 표기의 기본 양식을 철저히 지키는 것이다. 그래서 신문사나 방송국은 기사나 뉴스를 만드는 과정에 교정과 교열을 전문적으로 수행할 수 있는 인력을 배치하고 있다.

일반 사람들 역시 언론인만큼은 아니지만 남에게 메시지를 보낼 때 철자를 맞게 썼는지, 맞춤법은 틀리지 않았는지, 그리고 띄어쓰기는 제대로 했는지를 늘 확인한다. SNS의 특성상 단문 형식으로 빠른 글쓰기를 해야 하는 제약이 있지만 그래도 틀린 글자를 보면 그냥 지나치지 않는다. 그러나 가짜 뉴스는 이런 과정을 거치지 않기 때문에 의도적이든 비의도적이든 철자, 맞춤법, 띄어쓰기 같은 언어 형식상의 오류를 많이 범한다. 따라서 철자나 맞춤법상 오류가 있거나 디자인이 조잡한 게시물은 의심을 품어야 한다.

2020년 1월 28일, 인터넷상에서 SBS 로고가 달린 채 "수원의 한 고등학교에서 다섯 번째 코로나19 확진자가 나왔다"라는 제목의 가짜 뉴스가 퍼졌다(황치성, 2020). "보충수업 도중 쓰러진 학생이 1차 검사에서 양성 반응이 나와 격리 중"이라는 내용이었다. 고등학생들이 장난삼아 만든 것으로 SBS 방송 화면을 캡처해 텍스트만 따로 오려 붙이기 한 것이다.

뉴스 형식 등을 차용했지만 언론 보도의 기본 형식을 갖추지 않았을 뿐만 아니라 잘못된 언어 표기도 많았다. 예를 들어, 방송 뉴스라면 당연히 있어야 할 기자의 이름도 없었고 뉴스에서 통상적으로 사용하는 5W1H 원칙에서 가장 중요한 '누가who'도 빠져 있었다. 경어체를 써야 할 뉴스 문장도 평어체로 되어 있었다.

(2) 세부 질문 7: 이미지나 동영상은 메시지 내용, 시점, 장소, 상황이 모두 일치하는가?

우리가 보는 사진, 그것이 인쇄물이든 아니면 SNS를 통해 보여지는 것이든 무수한 보정과 수정이 이루어질 수 있다는 점은 이미 널리 알려져 있다. 누구나 텍스트나 이미지를 보낼 수 있는 세상이다 보니 다들 한두 번쯤은 경험했을 수도 있다.

가짜 뉴스에 나오는 사진은 특별한 마력이 있다. 일단 사진은 사실처럼 보이게 하는 강력한 증거가 된다. 또 인간의 두뇌는 이미지에 대해서는 비판적 사고 기능을 활성화하지 않는 경향이 있다(Posetti and Ireton, 2018). 따라서 이미지는 텍스트보다 더 쉽고 직접적으로 사람들의 뇌리를 파고든다. 뿐만 아니라 거의 모든 것이 디지털로 전환되는 세상에서 그럴듯하게 꿰맞출 수 있는 사진이나 이미지는 지천에 널려 있다. 그래서 가짜 뉴스에서 사진, 이미지 그리고 동영상은 거의 필수가 되었다. 이런 이유로 코로나19가 진행되는 과정에서 내용, 시점, 장소 및 상황 등이 전혀 다른 엉뚱한 이미지를 오려 붙이기 한 가짜 뉴스들이 유난히 많았다.

가짜 이미지를 확인하는 방법은 의외로 간단하다. 가짜 뉴스를 적용하려고 하는 상황과 연관이 있는 사건, 인물, 상황 등을 키워드로 해서 과거의 이미지를 검색한다. 이미지 자체에 대한 진위 여부는 구글 이미지Google Images, 틴아이TinEye, 얀덱스Yandex, 이미지 레이더Image Raider 등의 프로그램을 활용하면 무료로 쉽게 할 수 있다.

코로나19 상황에서 이미지뿐만 아니라 동영상도 가짜 뉴스의 주요 형식으로 자주 활용되고 있고, 최근에는 인공지능 기술을 이용해 특정 인물 및 목소리 등을 합성한 딥페이크deepfake까지 등장하고 있다. 이런 가짜 동영상들은 아직 일반화된 것은 아니지만, 인비드InVid 프로그램을 통해 그 진위 여부를 확인할 수 있다. 이 프로그램은 소셜미디어를 통해 퍼져 있는 뉴스 비디오 파일과 비디오 콘텐츠의 신뢰성과 정확성을 감지·인증하는 것으로 현재는 언론사의 팩트체크용으로만 제한적으로 활용되고 있다(정은령·고예나, 2018).

3) 누가 어떻게 받아들이는가?

사람들은 미디어 텍스트에 자신만의 독특한 사고방식과 경험치를 투영하기 때문에 같은 메시지에도 각기 다른 해석을 하게 된다. 예를 들면 부모와 아이들이 같이 텔레비전을 보더라도 자신의 경험을 투사하기 때문에 텔레비전 프로그램 속 내용을 다르게 해석한다. 또 어떤 사람들은 텔레비전 뉴스에 나오는 특정 정치인의 말을 종교적 신앙처럼 받는가 하면 또 어떤 사람들은 역겨워하며 채널을 돌려버리기도 한다.

이렇듯 사람들이 같은 대상을 놓고도 저마다 다른 생각을 하는 것은 삶을 살아오면서 가진 경험치와 생각의 기준, 즉 사고방식이 다르기 때문이다. 사고방식이란 우리가 나 자신을 포함해 우리 주변의 세상에 대해 갖는 패턴화된 생각의 틀이다. 이러한 사고방식은 우리가 사물이나 사건을 판단하고 행동하는 데 중요한 영향을 미친다.

(1) 암묵적 편견과 확증 편향

문제는 패턴화된 생각의 틀 한 켠에 자리하고 있는 편견이다. 편견은 개인이나 집단에 대한 감정적인 판단의 결과로서 객관적 증거나 사실로 뒷받침될 수 없는 옳지 못한 믿음이다. 편견이라는 단어가 부정적인 느낌을 주지만 엄연히 우리 삶의 한 요소이며 사실 그렇게 부정적인 것만은 아닐 수 있다. 편견이 없는 사람은 없다. 좋아하는 스포츠 팀이 있다는 것도 하나의 편견이다. 완벽한 중립이 아니라면 어느 한쪽으로 편견이 작용하고 있기 때문이다.

하버드 대학교 심리학과 마자린 바나지Mahzarin Banaji 교수는 이를 '암묵적 편견implicit bias' 개념으로 설명한다(Braucher, 2016.12.29). 암묵적 편견은 인간에 대한 고정관념으로 사람들을 범주화하는 심리적 경향을 말한다. 여기에서 암묵적이라고 하는 것은 우리 스스로가 무의식적으로 적용하고 있는 심리적 판단 기준이라는 의미다. 우리가 자신이 속한 그룹의 구성원을 다른 그룹의 구성원보다 더 많이 신뢰하는 경향 또한 암묵적 편견의 영향이라고 할 수 있다. 우리 모두는 그 어떤 조직이나 집단에 속해 있기 때문에, 우리 모두는 암묵적 편견을 가지고 있다.

암묵적 편견은 특정 사건이나 행동에 대해 이미 가지고 있는 좋거나 나쁜 고정관념을 기준으로 사람들을 범주화한다. 따라서 암묵적 편견은 새로 유입되는 정보를 기존에 저장되어 있는 잘못된 고정관념과 연관시켜 버린다. 이러한 사고 과정은 새로운 정보에 대해 비판적 사고는 커녕 재고의 여지마저 없애버린다. 인종·민족·종교에 따른 차별이나 갈등, 또 성차별이나 혐오는 이런 심리적 메커니즘의 결과로 일어난 것들이다.

암묵적 편견을 통해 호오의 대상이 되는 어느 한쪽을 선택하면 사람들의 뇌는 그 선택에 대한 정당성을 그 틀에 맞추어 계속 확인한다. 그러고 나서 정보처리 과정의 다음 단계인 확증 편향 단계로 넘어간다. 확증 편향은 특정 사건이나 현상을 접했을 때 기존에 가지고 있던 신념 체계와 모순된 입장이나 의견을 거부하면서 자신의 신념을 확인해 주는 정보를 찾을 때까지 비합리적으로 필터링하는 심리적 성향이다(Braucher, 2016.12.29). 결과적으로 사고와 문제 해결 과정에 있어서 자신의 신념 혹은 선호 가설을 뒷받침해 주는 정보만을 선택적으로 활용하는 무의식적인 인지 메커니즘을 고착화한다.

(2) 세부 질문 8: 메시지가 극도의 분노나 희열, 공포 등 격한 감정의 언어를 담고 있지 않은가, 그리고 내 안의 편견이 작용한 것은 아닌가?

≪뉴욕 타임스≫가 분석한 가짜 뉴스 제조의 제1 법칙은 질병, 성, 인종 등과 같은 민감한 소재를 선택하는 것이다(*The New York Times*, 2018. 11.13).[1] 이 소재들이 민감하다고 표현한 것은 '편견을 자극하는 소재'라는 공통점이 있기 때문이다. 이러한 소재에다 극도의 분노나 두려움, 불안 그리고 때로는 격한 희열을 느낄 수 있는 감정적 언어를 갖다 붙이기만 하면 가히 폭발력 있는 가짜 뉴스가 만들어진다. 가짜 뉴스 제작자들이 파고드는 곳이 바로 이 지점이다. 극단적 분노나 희열, 격한 감정, 혐오 또는 증오, 공포와 충격의 언어 등은 가짜 뉴스 제조자들이 노리는 가장 훌륭한 재료들이다.

이런 맥락에서 우리는 미디어 속 메시지가 극도의 분노나 희열, 공포 등 격한 감정의 언어를 담고 있지 않은지를 늘 확인해야 한다. 그리고 그 메시지에 내 안의 암묵적 편견과 확증 편향이 작용하지 않았는지 스스로 질문해야 한다.

4) 사실인가 아닌가, 그리고 어떤 가치관이나 관점을 담고 있는가?

세상에 존재하는 현상에 대한 언어 진술은 크게 두 가지로 나뉜다.

---

1 ≪뉴욕 타임스≫는 전 세계에 큰 반향을 일으켰던 가짜 뉴스들을 분석하고 그 속에 일곱 개의 제조 법칙이 작용한다고 밝혔다. 자세한 내용은 황치성(2020: 5~6) 참조.

하나는 사실적 진술이고 다른 하나는 주관적 가치 판단이 들어간 의견적 주장, 즉 신념, 가치, 사실 자체에 대한 해석들이다. 사실과 의견은 모두 사람들이 주변의 세계를 이해하는 데 도움을 주는 정보들이다.

사실은 무슨 일이 일어났는지 혹은 어떤 것이 존재하는지에 대한 정확한 기록이다. 따라서 품격 있는 뉴스는 사건들을 전달하는 데 필요한 반론의 여지가 없는 확실한 정보에 초점을 맞춘다. 여기에는 관련된 사람들, 사건 장소, 부가적인 중요한 세부 사항들과 증거 등이 포함된다.

사실적인 뉴스나 정보는 경우에 따라 분석이 포함되는 경우가 있다. 즉, 공인된 전문가나 학계 인사 등 확인 가능하고 신뢰할 만한 취재원을 제시한다면 사실일 가능성이 높다. 이것은 특정인의 관점을 반영한 의견과 엄연히 다르다. 그 목적은 독자나 시청자가 사실의 의미를 잘 이해하도록 설명하는 데 있다. 분석에는 관점이 각기 다른 사람들의 인용이 포함될 수도 있지만 그 분석의 목적은 확신을 심어주기 위한 것이 아니라 설명하기 위한 것이다.

의견은 사건이나 사실의 의미나 영향에 대한 해석으로 개인이나 집단의 주장 혹은 입장이 반영되어 있다. 특히 의견은 특정 주제에 대한 구체적인 관점의 반영이며 다른 사람들에게 확신을 심어줄 수 있다. 따라서 의견이나 가치 판단은 결론의 옳고 그름이 아니라 그 결론을 정당화하기 위해 제시된 근거의 타당성을 먼저 평가해야 한다. 또 의견이나 주장은 사실로 뒷받침되고 있는지 확인해야 한다.

(1) 세부 질문 9: 핵심 내용은 사실인가 의견인가, 의견이라면 그 근거는 있는가?

메시지 내용의 진위 여부나 신뢰성 여부를 판단할 때 우선적으로 물어야 하는 것은 그 내용이 사실인지 아닌지를 확인하는 일이다. 다음 사례를 보자.

≪○○일보≫ 기사	≪○○일보≫에 게재된 기사형 광고
최고의 축제도시 '○○' … 만화·영화·비보이·꽃 축제 풍성 ○○시는 지난 7월 만화·영화·비보이 등 3대 국제축제와 꽃 축제를 개최했다. 또 4~5월 진달래·벚꽃·복숭아꽃 등 봄꽃 축제와 복사골 문화예술제를 열어 문화마케팅연구소로부터 '5월의 지역 호감도 1위 도시'로 뽑히기도 했다. ○○시 관광국장은 "3대 국제문화축제와 관광을 융합한 상품을 개발해 관광산업과 지역경제를 더욱 발전시키겠다"고 말했다. 〈○○○ 기자〉	최고의 축제의 도시 '○○' … 7월 국제 만화·영화·비보이 축제 열려 ○○시는 그야말로 환상의 축제도시다. 만화·영화·비보이 국제축제에 이어 다채로운 문화행사까지 열리고 있다. 올해로 세 번째를 맞이하는 국제 만화·영화 페스티벌은 ○○시를 넘어 한국을 대표하는 축제로 자리 잡았다. 국내외 관객들의 꾸준한 사랑을 받아온 이 행사의 올해 컨셉트는 '사랑과 모험'이다. 다양한 전시관과 테마파크도 볼거리가 많아 주말 나들이 코스로 인기를 끌고 있다.

어느 지자체의 축제를 소개하는 기사 형태의 글들이다. 왼쪽 기사는 해당 신문사의 기자가 직접 작성한 기사다. 그러나 오른쪽 기사는 신문사 기자가 작성한 글이 아니라 지자체가 신문의 지면을 사서 축제를 홍보하는 기사형 광고다. 따라서 왼쪽의 기사는 대부분 사실이거나 분석을 곁들인 사실이다. '풍성'이라는 주관적 표현이 있지만 용인이 가능

한 표현이다. 그러나 오른쪽의 기사형 광고에 있는 글들은 대부분 사실이 아니라 의견이나 주관적 판단이 주를 이루고 있다(밑줄 친 부분). 따라서 진위 여부를 알 수 없고 신뢰할 수 없다는 결론이 나온다.

(2) **세부 질문 10: 메시지 내용이 상황과 맥락에 일치하는가?**

정보의 신뢰성이나 진위 여부를 판별할 때는 전체적인 내용, 즉 맥락을 파악하는 것이 중요하다. 맥락은 어떤 사물이나 현상이 서로 이어져 있는 관계를 말한다. 특히 소셜미디어는 지금껏 다른 어떤 미디어보다도 사람들 간 연결을 용이하게 만들었지만 정보가 한 사람에게서 다른 사람에게로 이동하는 과정에서 정보의 수정 및 변조가 쉽게 일어나기도 한다.

맥락이 제공되지 않은 동영상이나 이미지로는 현상을 제대로 파악할 수가 없다. 동영상이나 이미지의 경우는 장면 배치를 다시 하거나, 순서를 바꾸거나, 다른 구도에서 재사용하는 것이 너무나 간단하다. 특히 소셜미디어는 특성상 길고 복잡한 내용을 다루는 데 한계가 있기 때문에 어느 한 부분만 게시되는 경우가 많고 그것이 전체인 양 오인되기 쉽다. 따라서 전체 내용을 확인하기 전에 어느 한 부분을 가지고 쉽게 판단을 내려선 안 된다.

호응이란 단어가 있다. 본래 '부름에 응답한다'는 뜻이지만 문장론에서 말하는 호응은 문장 안에서 앞에 어떤 말이 나오면 그 뒤를 어울리는 말로 맞추는 것을 말한다. 예를 들어 '나는 우유를 마신다'라고 쓰면 우유와 마신다는 호응을 이루기 때문에 정확한 문장이 된다. 그런데 '나는 바나나를 마신다'라고 쓰면 바나나와 마신다가 호응을 이루지 못해서 잘못된 문장이 된다. 여기에서는 '우유'나 '바나나'라는 목적어와

'마신다'라는 술어의 관계만 살펴본 것이지만 주어와 술어의 관계에서도 잘못된 만남이 일어나는 경우가 많다. 이렇듯 주어와 술어 혹은 목적어와 술어 간에 호응을 이루지 못한 문장을 비문이라고 한다.

이런 잘못된 만남은 문장의 요소 간에만 나타나는 것이 아니라 사실들과의 관계에서 자주 나타난다. 특히 사실들과의 잘못된 만남은 가짜 뉴스에서 자주 보이는 특징이기도 하다. 거짓인데도 불구하고 사실인 것처럼 꾸며야 하는 데서 오는 한계라고 할 수 있다.

예를 들면 우리나라에서 코로나19가 급속도로 확산되던 무렵인 2020년 2월 27일 "오늘 기재부 주관 제약회사 사장들과의 회의 참석 후 서머리(요약)"라는 제목의 글이 SNS를 타고 퍼진 적이 있다. 코로나19로 인해 나타나는 폐 섬유화 현상과 '4월경에 백신이 나온다'는 등의 내용이 언급되어 있었다. 그러나 다른 내용은 차치하고라도 기재부와 제약회사 간의 만남은 일단 호응이 이루어지지 않는다. 기재부는 우리나라의 경제정책, 예산 및 세제를 총괄하는 정부 부처다. 의약품을 만들어 파는 제약회사와는 업무상 연관성이 전혀 없다. 코로나19 상황을 고려하더라도 제약회사가 정부 부처와 만난다면 그것은 보건복지부가 되어야 한다. 다른 내용들도 모두 기재부 소관이 아니다. 한마디로 양복 입고 갓 쓴 격의 가짜 뉴스다.

(3) 세부 질문 11: 핵심 주장이 관련 내용을 충분히 반영했는가, 일부만 비틀었는가?

전체 사건이나 상황에서 특정한 일부만 선택해서 악의적으로 그것을 전체 의미와 다르게 왜곡하는 형태의 가짜 뉴스가 있다. 이를 흔히 '악마의 편집'이라고 부른다. 이와 같은 방식의 오도성 콘텐츠는 특정

이슈나 개인을 특정한 방식으로 프레임하기 위해 사용되는 경우가 많다. 원래의 사진 이미지 중에서 특정 부분만 선택하여 잘라내는 것이나 전체의 인용문 중에서 특정 부분만 오려 인용 부호를 붙이는 것, 그리고 통계 데이터 중에서 자신의 필요에 맞는 수치만을 선택적으로 사용하는 것 등도 같은 부류라고 할 수 있다.

예를 들어 2017년 1월 14일, 당시 유력 대선 후보로 떠오르던 반기문 전 유엔 사무총장이 충북 음성의 선친 묘소를 찾아 성묘한 적이 있다. 그런데 3일쯤 뒤에 갑자기 반 전 총장이 부친 묘소에서 퇴주잔을 묘소에 뿌리지 않고 본인이 바로 마셔버리는 것처럼 편집된 13초짜리 영상이 나타나 SNS를 타고 확산되었다(≪주간조선≫, 2017.2.6). 이에 누리꾼들은 "대통령 선거에 나선다는 사람이 전통 관습도 모르냐"며 반 전 총장을 비판했다. 논란이 일자 반 전 총장 측은 페이스북에 1분 40초짜리 전체 영상을 공개했는데 거기에서 반 전 총장이 마신 것은 퇴주잔이 아니라 음복잔이었다.[2] 제례에 맞게 한 일인데, 그 내용을 왜곡해서 오도한 것이다. 결과적으로 어떤 현상의 일부만을 가지고 전체 맥락을 왜곡한 전형적인 가짜 뉴스다.

(4) **세부 질문 12: 핵심 주장이나 근거에 은폐되거나 생략된 것은 없는가?**

글로벌 치약 브랜드인 콜게이트사가 2006년 영국에서 이런 광고를 내보냈다(*Telegraph*, 2007.1.17).

2 퇴주는 제사를 지내면서 조상에게 올린 술이고, 음복은 제사를 지내고 난 후 제사에 쓴 술이나 음식을 나누어 먹는 것이다.

"80% 이상의 치과 의사가 콜게이트를 권합니다."

아마도 이 광고 카피 중에서 사람들의 눈길을 가장 끈 부분은 80%라는 수치였을 것이다. 그리고 누구라도 모든 치과 의사들의 80%가 콜게이트를 권하고 있다고 믿었을 것이다. 그런데 며칠 지나지 않아 영국의 광고자율심의기구Advertising Standards Authority는 이 문구의 사용을 금지했다. 오도성 주장을 했다는 게 그 이유다.

콜게이트사는 치과 의사들을 대상으로 한 설문 조사에서 추천하는 치약 브랜드를 복수(중복 응답)로 물었고 응답자 대부분이 하나의 치약만 선택한 것이 아니라 여러 개의 치약을 선택한 결과였다. 중복 응답이기 때문에 전체 합은 100%가 아니라 200, 300%도 넘을 수 있다. 콜게이트사가 적용한 기준대로 한다면 다른 경쟁업체 치약 브랜드는 90%를 넘는 곳도 있었다.

결과적으로 광고에 사용된 수치가 일반 소비자들이 생각하는 수치와 전혀 달랐고, 콜게이트사는 복수 응답에 의한 결과라는 점을 은폐했던 것이다. 어떤 면에서 보면 완전한 거짓말은 아닐 수도 있다. 그러나 중요한 사실을 은폐함으로써 소비자들을 오도했다. 문제는 이런 유형의 주장이 광고에만 그치지 않는다는 점이다. 특히 정치인들의 주장에도 이런 내용은 많고 코로나19가 심각하게 진행되는 상황에서도 예외는 아니었다.

5) 어떤 목적으로 만들어졌는가?

세상에 존재하는 메시지는 그 자체의 목적이 있다. 이 목적은 '정보 제공', '경제적 목적', '정치적 목적', '자아 만족' 등 크게 네 가지로 나눌 수 있다. 정보 제공의 목적은 많은 사람들에게 정보를 제공하기 위해 만들어진 메시지다. 여기에는 공적 기관의 메시지, 역사적 기록물, 순수하게 정보 제공을 목적으로 한 온오프라인상의 메시지 등이 포함된다. 원칙적으로 언론의 보도나 프로그램 역시 정보 제공을 위한 목적으로 분류된다.

정치적 목적은 파워 동기와 관련된 것으로 누군가를 설득하거나 영향을 미치거나 또는 깨우쳐주기 위한 것이다. 경제적 목적은 이익 동기와 관련된 것으로 경제적 수익을 얻는 데 목적을 둔 것들이다. 마지막으로 자아 만족 목적은 재미나 취미 삼아 제작하는 메시지를 말한다.

가짜 뉴스도 누군가가 만든 메시지라는 점에서 어떤 형태로든 목적을 가진다. 그러나 가짜 뉴스는 일반적인 미디어 메시지와 달리 '악의'와 '유해성의 목적'을 전제로 깔고 있기 때문에 일반적인 메시지가 가지고 있는 목적 중에서 정보 제공이나 자기만족 목적의 메시지는 포함하지 않는다. 이렇게 볼 때 가짜 뉴스의 목적은 크게 경제적 목적, 정치적 목적, 이해관계의 상충 등 세 가지로 압축할 수 있다.

(1) **세부 질문 13: 이 메시지로 돈을 버는 사람은 누구인가?**

경제적 목적의 가짜 뉴스는 주로 돈을 벌기 위해 만들어진 것이다. 돈을 벌기 위한 목적 자체는 하등 이상할 일이 아니다. 문제는 거짓말과 악의가 겹쳐지는 부분이다. 최근 들면서 경제적 목적을 띤 가짜 뉴스가 늘고 있는데, 자극적인 제목으로 인터넷 유저들의 클릭을 유도해 조회 수를 높이는 쓰레기 기사나 광고를 의미하는 클릭베이트로 역할하고 광고와 이용자들의 데이터를 판매함으로써 수익을 창출한다. 경제적 목적의 가짜 뉴스에는 돈을 벌기 위한 메시지 외에 다른 사람에게 손해를 입힐 목적으로 만든 가짜 뉴스도 포함된다. 따라서 특정 메시지를 주장하는 사람이 돈을 벌기 위해 하는 것은 아닌지 늘 확인을 해봐야 한다.

(2) **세부 질문 14: 이 메시지로 인해 정치적으로 손해를 보거나 이익을 보는 사람은 누구인가?**

정치적 목적의 가짜 뉴스는 정치적인 사안과 관련하여 다른 사람들에게 해를 입히거나 혹은 자신의 정치적 이익을 얻기 위한 것이다. 또 정치적 영향력 행사를 위해 기획된 잘못된 정보나 선전 형태를 띠기도 한다. 우리나라 정치 시사 분야 유튜브에서 흔히 나타나는 현상이다. 따라서 정치적 메시지 이면에 숨겨진 목적이 없는지 확인할 필요가 있다.

(3) **세부 질문 15: 메시지 제작자의 공적 주장에 개인적인 이해관계가 없는가?**

이해 상충의 문제는 특정 메시지를 주장하는 사람의 사적인 이해관계가 그 메시지에 반영되어 공적인 일이나 공공의 이익과 서로 상충되는 것을 말한다. 예를 들면 특정 기업의 주식을 사적으로 보유한 경제학과 교수가 세미나나 토론회 같은 공적인 자리에서 그 기업의 잠재력을 높이 평가한다면 주가가 올라 그 교수의 이익을 실현하는 일이 된다.

1998년 의학 학술지 ≪랜싯≫에 'MMR 백신과 자폐증 사이에 연관성이 있다'는 내용의 논문을 제출해 백신 무용론의 기폭제를 제공한 영국 의사 앤드루 웨이크필드는 MMR 백신 제조사 측 변호사로부터 총 43만 파운드의 돈을 받고 그들에게 유리한 연구 결과를 연이어 발표한 것으로 드러났다. 논문의 방법론과 내용도 문제였지만 백신 거부 운동의 기폭제가 된 웨이크필드의 논문은 순수한 의학적 소견이 아니라 금전적 이해관계에 뿌리를 둔 오도성 주장이었다. 따라서 뭔가 화제를 불러일으키거나 특별한 주장의 이면에 개인적 이해관계가 작용한 것은 아닌지에 대해 확인이 필요하다는 것을 잘 보여주는 사례다.

3. 「서동요」에 적용해 본 비판적 사고의 기준과 방법

1) 2017년 이후, 국경을 넘는 러브스토리에서 가짜 뉴스의 전형이 된 「서동요」

우리나라에서 가짜 뉴스를 이야기할 때 가장 전형적인 사례로 언급되는 것이 바로 「서동요」다. 「서동요」는 백제 30대 무왕이 된 서동이 청년 시절 당시 적국이던 신라의 선화 공주를 지극히 사모한 나머지 거짓 소문을 퍼트려 아내로 맞이하고 훗날 왕비로 삼았다는 일종의 설화다.

가짜 뉴스 문제가 이슈화되기 전까지만 해도 「서동요」는 가짜 뉴스가 아닌 신분과 국경을 뛰어넘는 감동의 러브스토리로 알려져 왔다. 그래서 익산시청은 1969년부터 서동과 선화 공주의 지고지순한 사랑 이야기를 주제로 서동제 축제를 개최해 왔다.[3] 그런데 가짜 뉴스가 심각한 문제로 등장한 이후에 우리나라에서도 가짜 뉴스의 심각성에 대한

3 익산 서동 축제 홈페이지(https://seodong.iksan.go.kr/main/inner.php?sMenu=main) 참조.

인식이 확대되었고 그러한 분위기에 편승해 많은 전문가들이 「서동요」를 가짜 뉴스의 전형으로 규정했고 그러한 인식은 지금껏 이어져 오고 있다.

이는 '「서동요」+가짜 뉴스'를 키워드로 해서 네이버에 검색해 보면 바로 확인할 수 있다. 2020년 6월 기준으로 블로그, 카페뿐 아니라 뉴스 항목만 해도 거의 8쪽에 달할 정도다. 이뿐만이 아니다. 초·중·고등학교 수업 자료로는 물론 법률을 전문으로 다루는 ≪대한변협신문≫에까지 게재되고 있다.

나아가 MBC는 2019년 10월에 방영한 탐사 여행 프로그램 〈선을 넘는 녀석들〉의 주요 꼭지로 다루기까지 했다. 당시 「서동요」의 본고장인 익산을 방문한 자리에서 게스트로 출연한 코미디언 유병재는 「서동요」 이야기를 가짜 뉴스로 규정하고 "서동이 구속감"이라고 했고 설민석 역사 강사 역시 "입건감"이라고 공감을 표했다. 탤런트인 한선화는 이들과 다른 시각을 보였지만, 전체적으로 「서동요」가 가짜 뉴스라는 것을 기정사실화했다. 훗날 백제 무왕이 된 서동이 졸지에 후안무치한 파렴치범이 되어버린 셈이다. 그러면 대한민국에서 가짜 뉴스의 전형이 되어버린 「서동요」가 진짜 가짜 뉴스인지 아닌지 개념 차원에서 먼저 분석해 보자.

2) 「서동요」는 개념상 가짜 뉴스가 아니다

『삼국유사』에 나오는 「서동요」의 내용을 요약해서 제시하면 다음과 같다(국사편찬위원회, 2020).

백제 30대 무왕의 이름은 장(璋)이다. 그의 어머니는 과부로 연못가에 집을 짓고 살았는데, 그 못에 살고 있던 용과 관계하여 장을 낳았다. 장은 어려서부터 마를 캐어 팔아 생활을 했기 때문에 사람들은 그를 서동(薯童)이라고 불렀다. 그는 신라 진평왕의 셋째 딸인 선화 공주가 매우 아름답다는 소문을 듣고 경주로 몰래 들어가 공주를 자기 아내로 삼을 방법을 궁리하다가, 노래를 지어 아이들에게 마를 나누어주면서 부르게 했다.

"선화 공주님은 남몰래 정을 통해 두고 서동 도련님을 밤에 몰래 안고 간다."

노래는 삽시간에 온 경주에 퍼졌고 마침내 대궐에까지 전해지자 진평왕은 공주를 멀리 귀양 보내기로 했다. 왕후는 쫓겨나는 공주가 애처로워 순금 한 말을 노자로 주었다. 공주가 귀양지에 이를 무렵 도중에서 기다리고 있던 서동이 슬픔에 잠긴 공주에게 다가가 동행을 하자고 했다. 이것이 계기가 되어 서동은 선화 공주를 아내로 맞이했고 백제로 돌아가 함께 살았다. 그 과정에서 금의 가치를 몰랐던 서동은 공주를 통해 금이 보물이라는 것을 비로소 알게 되었고 서동은 자신이 마를 캐던 뒷산에 그런 것들이 지천으로 깔려 있다고 하였고 그 금들을 일부 캐내어 신라 궁궐로 보내 인심을 얻어내 마침내 백제의 왕이 되었다.
훗날 선화 공주는 왕비가 되어 무왕에게 용화산 밑의 큰 못가에 큰 절을 지어줄 것을 간청했고 왕이 허락하니 지명법사가 하룻밤 사이에 산을 무너뜨려 평지를 만들고 그 위에 미륵사를 지었다.

「서동요」를 가짜 뉴스라고 규정하는 사람들은 '서동은 흑심을 품고(악의) 예쁘기로 소문난 선화 공주를 자기 아내로 삼기 위해(목적) 저잣

거리 아이들을 꼬드겨 거짓 소문(허위 정보)을 퍼트리게 했기' 때문에 가짜 뉴스라고 설명한다. 가짜 뉴스는 '누군가 정치경제적 이익을 위해 혹은 타인에게 위해나 손해를 가하기 위해 의도적으로 거짓 사실을 만들어 퍼트리는 정보'다. 물론 가짜 뉴스에 대한 개념은 다양하다. 어떤 사람들은 이 개념에다 '뉴스 형식을 띤' 요소를 추가하기도 하지만 가짜 뉴스 중에는 뉴스 형식을 띠지 않은 것들이 더 많다. 이렇게 보면 가짜 뉴스를 구성하는 요소는 '의도성', '거짓 사실', '유해성' 세 가지가 된다.

이런 가짜 뉴스 구성 요건을 가지고 「서동요」를 분석해 보면, '서동은 선화 공주를 자신의 아내로 삼기 위해 의도적으로 밤마다 정을 통했다'는 거짓 사실을 퍼트렸다. 가짜 뉴스의 요건 중에 '의도성'(의도적으로)과 '거짓 사실'(밤마다 정을 통했다) 요건은 명확하다. 그렇다면 유해성의 요건이 남는데, '자신의 아내로 삼기 위해'를 유해성으로 볼 수 있는가라는 문제가 남는다.

예를 들어 '자신의 노비나 노리개로 삼기 위해' 거짓말을 퍼트렸다면, 혹은 선화 공주가 귀양을 가서 평생을 불행하게 살았다면 유해한 목적이라 할 수 있다. 그러나 '자신의 아내로 삼기 위해'라는 목적을 유해하다고는 보기 어렵다. 일방적이긴 하지만 사랑해서 자신의 아내로 삼기 위함이었고 실제로 사랑해서 훗날 왕비로 삼아 평생을 같이 살았다. 물론 도덕적으로 비난받을 만한 소지는 있다. 그러나 유해성이 없었기 때문에 최소한 가짜 뉴스는 아니다.

또 오늘날의 법률에 기초해서 서동이 선화 공주의 명예를 훼손했다는 죄명을 씌우기도 한다. '형법' 제307조 2항은 "공연히 허위의 사실을 적시하여 사람의 명예를 훼손한 자는 5년 이하의 징역, 10년 이하의 자격정지 또는 1천만 원 이하의 벌금에 처한다"라고 규정하고 있다. '형법'상의 명예훼손죄는 피해자의 고소나 고발이 없어도 수사할 수 있기 때문에 선화 공주에 대한 명예훼손죄는 성립할 수는 있다.

그러나 '형법' 제312조 2항은 "제307조의 죄는 피해자의 명시한 의사에 반하여 공소를 제기할 수 없다"라고 규정하고 있다. 흔히 반의사불벌죄라고 부르는 이 조항은 피해자가 가해자의 처벌을 원치 않는다는 의사를 표시하면 처벌할 수 없다는 내용이다. 선화 공주는 결과적으로 결혼을 했고 왕비까지 되었으니 묵시적으로나마 처벌을 원치 않았다. 즉, 오늘날의 법 개념으로 볼 때도 명예훼손죄는 성립이 되지 않는다.

3) 비판적 사고의 기준과 방법을 적용한 「서동요」 평가

앞서 「서동요」를 가짜 뉴스의 개념적 구성 요건을 바탕으로 분석해 보았다. 그러면 「서동요」를 미디어 리터러시의 핵심 개념에 기초한 비판적 사고를 적용해 분석, 평가하면 어떤 결론이 나올까? 여기서는 결론에 이르는 모든 과정을 낱낱이 기술하기보다는 질문의 기본 틀만 제시한다. 각자가 이 과정을 직접 해보면 더 의미가 있을 것이라는 판단에서다.

「서동요」 역시 미디어 메시지라는 점에서 누군가가 만든 것이다. 그렇다면 만든 사람은 누구이고 그 사람과 배경적 특성을 신뢰할 수 있는지를 질문 형태로 제시해 보겠다.

- **핵심 질문 1**: 「서동요」는 누가 만들었는가?

  세부 질문 1: 「서동요」는 누가 지었는가?

  세부 질문 2: 승려 일연은 어떤 사람인가(종교, 가치관 등)?

세부 질문 3: 일연은 신라·백제·고구려 3국 중 어느 한 나라에 특별히 우호적이지 않았는가?

- **핵심 질문** 2: 「서동요」는 어떤 언어적 형식을 사용했는가?

  세부 질문 4: 「서동요」가 수록된 『삼국유사』는 어떤 형식과 성격을 띤 사서인가?

  세부 질문 5: 「서동요」는 어떤 문학적 장르에 속하고 그 장르의 특성은 무엇인가?

- **핵심 질문** 3: 「서동요」는 누구를 대상으로 한 것인가?

  세부 질문 6: 「서동요」의 오디언스는 누구인가?

  세부 질문 7: 나는 고정관념이나 편견을 갖고 「서동요」를 해석하지 않았는가?

- **핵심 질문** 4: 「서동요」는 사실인가 아닌가, 그리고 어떤 관점을 취하고 있는가?

  세부 질문 8: 「서동요」는 역사적 기록으로 볼 때 사실인가 아닌가?

  세부 질문 9: 승려 일연은 「서동요」에 어떤 관점을 가지고 접근했는가?

- **핵심 질문** 5: 「서동요」를 지은 목적은 무엇인가?

  세부 질문 10: 승려 일연이 「서동요」를 지은 목적은 무엇인가?

「서동요」가 가짜 뉴스인지 아닌지를 구분하는 것은 그다지 중요하지 않을지 모른다. 문제는 「서동요」는 가짜 뉴스라는 주장의 가벼움과 그것을 한마디 이의 없이 수용하는 인식의 가벼움이다. 이런 인식은 비단 「서동요」에만 국한되는 것이 아니다.

가짜 뉴스를 걸러내는 역량으로서 누구나 미디어 리터러시의 필요성을 제기한다. 그러나 그 어디에도 미디어 리터러시의 본질인 비판적 사고를 실천하는 정책이나 프로그램은 보이지 않은 채, 그저 미디어 리터러시를 해야 한다는 선언적 구호만 난무하고 있는 현실이다. 이런 상황 인식은 가짜 뉴스나 오도성 주장이 서식하고 번성하기 가장 좋은 조건이 된다. 그리고 이러한 상황의 지속은 깨어 있어야 할 인간의 사고력을 마비시키고 정신적인 면역 체계를 붕괴시킨다. 이제라도 비판적 사고를 녹여낸 미디어 리터러시를 정책에서, 교육 현장에서 실천해야 할 이유가 여기에 있다.

참고문헌

김문성. 2013. 『심리학 개론: 심리학의 탄생부터 마음의 치유까지』. 서울: 스마트북.

국사편찬위원회. 2020. 『삼국유사』, 권 제2. http://db.history.go.kr/id/sy_002r_0010_0210_0010 (검색일: 2020.12.20).

정은령·고예나. 2018. 「인터넷 신뢰기반 조성을 위한 정책방안 연구」. 서울대학교 산학협력단. 서울: 방송통신위원회.

≪주간조선≫. 2017.2.6. "[커버스토리] 가짜뉴스 세상을 어떻게 현혹하나".

≪한겨레≫. 2019.12.17. "가짜 보도자료에 속은 〈블룸버그〉 과징금 65억원 받아".

≪헤럴드≫. 2019.10.13. "'선을 넘는 녀석들' 유병재, 서동요 이야기에 '가짜뉴스, 요즘 같으면 집행유예'".

홍성주 외. 2018. 「연구진실성 제고를 위한 사례연구」. 과학기술정책연구원.

황치성. 2018a. 『미디어리터러시와 비판적 사고: 디지털 세상에서 자기주도적 삶과 학습을 위한 지침서』. 파주: 교육과학사.

______. 2018b. 『세계는 왜 가짜뉴스와 전면전을 선포했는가?: 허위정보의 실체와 해법을 위한 가이드』. 파주: 북스타.

______. 2020. 『코로나19 가짜뉴스 수사학: 미디어리터러시 원리로 푸는 26가지 생각

레시피』. 파주: 교육과학사.

황치성·김광재·한승연. 2014.『미래 성장동력으로서 미디어리터러시』. 서울: 한국언론진흥재단.

JTBC. 2020.2.27. "[팩트체크] '기재부-제약회사 사장단 회의 요약'… 실체는?"

______. 2020.3.6. "비타민D로 면역력을 강화시켜라".

Braucher, D. 2016.12.29. "Fake News: Why We Fall for It — Don't Believe Everything You Read!" *Psychology Today*.

Jolls. T. and E. Thoman. 2008. *Literacy for the 21st Century: An Overview & Orientation Guide to Media Literacy Education*. Center for Media Literacy.

Masterman, L. 2010. "Voices of Media Literacy: International Pioneers Speak: Len Masterman Interview Transcript." Center for Media Literacy. https://www.medialit.org/reading-room/voices-media-literacy-international-pioneers-speak-len-masterman-interview-transcript (검색일: 2014.1.25).

Posetti, J. and C. Ireton. 2018. *Journalism, 'Fake News' & Disinformation: Handbook for Journalism Education and Training*. Paris, France: UNESCO.

Telegraph. 2007.1.17. "Colgate Gets the Brush Off for 'Misleading' Ads."

The Globe and Mail. 2017.2.1. "What Is 'Fake News,' and How Can You Spot It? Try Our Quiz."

The Independent.ie. 2016.1.20. "Next Industrial Revolution to Put Seven Million Jobs at Risk.

The New York Times. 2018.11.13. "The Seven Commandments of Fake News."

02

인공지능 기술 시대의 핵심 역량

김봉섭 | 한국지능정보사회진흥원 연구위원

최근 등장한 인공지능 기술의 기세가 무섭다. 다양한 분야에 적용되어 생활의 편리와 효율성을 높이고 있다. 하지만 일부 영역에서는 인공지능 기술이 인간의 능력을 능가하여 두려움을 주고 있다. 부정적인 활용으로 기존 질서와의 갈등도 초래하고 있다. 이러한 인공지능 기술의 도입에 따른 변화에 적응하기 위해서는 새로운 역량 함양이 중요하다.

인공지능 기술의 등장에 따른 새로운 역량을 살펴보기 전에 인공지능 기술이 우리에게 가장 큰 변화를 가져올 부분에 대한 탐색이 우선 필요하다. 그 첫 번째가 지식 구조이고, 두 번째가 의사결정 과정, 세 번째가 리터러시와 관련한 부분이다. 우선 지식 구조와 관련해서, 중세까지는 신에 대한 의존이 절대적이었다. 특히 신의 말씀을 기록한 성서는 지식의 원류라 할 수 있다. 과학혁명 이후의 시대에서 지식은 데이터와 수학이었다. 이 시기에는 어떤 의문에 대한 답을 얻기 위해 관련된 실증 데이터를 모을 필요가 있었으며, 모아놓은 데이터를 분석하기 위해 수학적인 툴을 이용했다. 이러한 인식이 인공지능을 가능하게 한 기반이 되었다. 두 번째로 인공지능 기술은 매 순간 우리가 '결정'이라는 행위를 하는 과정에도 변화를 초래한다. 고전적 의사결정 과정에서 문제 인식, 정보 수집, 대안 탐색, 대안 분석, 최종 결정, 평가 등의 구조는 인공지능 기술의 도입으로 대부분 기계에 의존하는 새로운 형태가 등장하고 있다. 과정생략형, 모의결정형, 감독형, 문제인식형 등이 대표적이다. 마지막으로 인공지능 기술로 촉발된 데이터 경제 시대에는 데이터에서 가치를 뽑아내고 그것을 해석, 시각화, 잘 전달하는 능력을 의미하는 데이터 리터러시가 중요하다.

이러한 인공지능 기술로 인한 큰 변화에서 그 어느 때보다 '인간'이 중심이 되어야 한다. 지식 구조의 변화에서는 인간의 경험과 감성이 필요하며, 올바른 의사결정을 위해서는 미래 핵심 역량을 습득하는 것이 가장 중요한 과제로 부상했다. 데이터 리터러시에서도 인간 능력의 확장이 중요해졌다.

이를 종합하면 인공지능 시대를 대비하는 미래 핵심 역량으로 먼저 분석적이고 창의적인 학습자가 되어야 한다. 다음으로 비판적 사고, 창조적인 의사소통 능력, 리터러시 역량 등을 갖추어야 한다. 이 외에도 진취적이고 모험적인 태도, 진실 되고 윤리적인 의사결정 능력, 세계적인 시각 등이 필요하다.

이제 인간은 같은 사람이 아닌 기계와 비교되고 경쟁하는 시대가 되었다. 이에 따라 인간이 기계와의 비교와 경쟁에서 살아남을 수 있는 유일한 방법은 실천적인 지혜를 끊임없이 추구하는 것이라 할 수 있다.

1. 새로운 기술의 등장

새로운 기술의 등장과 대중화는 사람들의 삶의 모습과 형태를 변화시킨다. 그것은 다시 사람들의 사고방식을 변화시키고, 변화된 사고방식을 가진 사람들이 모여 있는 공동체의 문화를 바꾼다. 이렇게 등장한 새로운 공동체 문화는 또다시 새로운 기술을 요구한다. 그러한 요구는 또다시 새로운 기술을 등장시키는 기반이 되어 선순환 구조가 된다. 이

그림 2.1 기술의 등장과 대중화에 따른 순환 구조

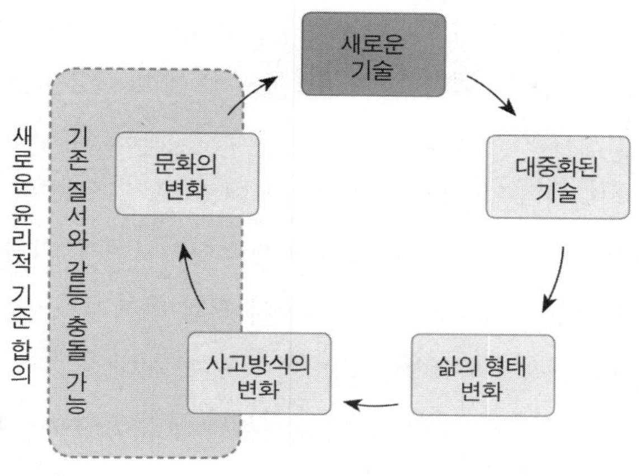

렇듯 새로운 기술은 그 사회와 문화의 필요에 의해 대중화되고, 대중화된 기술은 그 사회를 살고 있는 사람들의 삶의 형태를 변화시키며, 그것은 다시 '사고방식'을 변화시킨다. 사고방식의 변화는 또다시 문화와 역사를 변화시키고, 그러한 변화는 새로운 기술의 등장을 요구한다. 이것이 '기술'의 역사다(한국정보화진흥원 편, 2010).

하지만 새로운 기술이 모두 우리 사회 속으로 들어와 자리 잡을 수 있는 것은 아니다. 새로운 기술의 등장은 항상 새로운 혼란과 적응 과정을 초래한다. 그 과정을 통해 어떤 것은 사라지고 어떤 것은 자연스럽게 받아들여진다. 대다수 사람들이 새로운 기술에서 유용함과 편리함을 느끼면 그 기술은 살아남는 것이고, 그렇지 않으면 외면받기 때문이다. 시티폰, DMBDigital Multimedia Broadcasting 등이 등장 초기 관심에도 불구하고 지금은 사라진 기술들이다. 또 어떤 기술은 그 시대에는 성공하지 못했으나 다른 시대에는 성공하기도 한다. 예를 들어, 인공지능Artificial Intelligence이라는 말은 1956년 미국에서 개최된 다트머스 콘퍼런스에서 공학자인 존 매카시John McCarthy와 마빈 민스키Marvin Minsky가 처음 소개했다. 이보다 6년 앞선 1950년에 발표된 앨런 튜링Alan Turing의 논문 「계산 기계와 지능Computing machinery and intelligence」에서도 인공지능에 관한 아이디어가 발견된다. 이 논문은 인공지능을 직접 언급하고 있지는 않지만, 이 개념이 함축하고 있는 바를 다각도에서 적나라하게 드러내고 있다(변순용·이연희, 2020). 그런데 거의 반세기가 지난 이제야 인공지능은 관심과 주목을 받는 기술이 되었다. 시대 상황과 맞지 않거나 시대에 앞서 기술이 등장하여 미처 사회나 개인이 이를 수용할 능력이 부족했기 때문이다. 핵심 기술 외에도 주변 기술 개발이 더디어서 나타나는 현상이기도 하다.

새로운 기술이 우리 사회 속에서 확산되고 대중화되는 속도는 서로 다르다. 맥킨지 보고서에 따르면, 5000만 명의 이용자를 확보하는 데 걸린 시간이 라디오는 38년, 텔레비전은 13년이었다(Dobbs, Manyika and Woetzel, 2015에서 재인용). 최근에는 아이패드가 4년 걸렸는데, 인터넷은 3년에 불과했으며, 페이스북은 1년, 트위터는 9개월, 심지어 위챗은 4개월밖에 소요되지 않았다. 새로운 기술이 사회에서 채택되고 대중화되는 속도가 점점 더 빨라지고 있다.

새로운 기술의 확산 및 대중화와 함께 기술과 인간이 맺는 관계에도 변화가 생겼다. 과거의 기술은 바깥 세계를 정복하기 위한 수단이었다. 불의 사용이나 옷의 발명 등을 통해 인류는 자연환경으로부터 자신의 몸을 보호할 방법을 찾았다. 이어진 산업사회에서도 기술은 인간과 환경의 관계를 매개하는 수단이었다. 여전히 환경의 제약을 극복하기 위해 기술이 사용되었다. 물리적 공간의 거리 제약을 극복하기 위한 자동

차나 비행기 같은 이동체 기술이 대표적이다. 인간 시력의 한계를 벗어나게 해준 망원경이나, 식료품의 저장 기간을 늘려준 냉장고 등도 이 당시 등장한 기술이다.

정보사회에 이르러서 기술은 인간과 인간의 관계를 매개하는 수단으로 자리하게 되었다. 기술은 인간과 인간 사이에 자리를 잡아 시간과 공간의 거리를 사라지게 함으로써 전 세계적인 의사소통을 가능하게 했다. 컴퓨터와 인터넷이 대표적인 기술이다. 이 시기를 대표하는 표현으로 정보혁명과 함께 커뮤니케이션 혁명이 거론되는 이유다. 이 시기에는 사람과 사람의 관계를 매개하는 소셜미디어와 같은 기술을 통해 전 세계인과 관계를 맺는 것이 가능하게 되었으며, 텍스트, 이미지, 음성 등 다양한 수단을 통해 의사소통을 할 수 있게 되었다. 인간의 사회적 욕구와 관계성을 확장하는 시기였다.

그리고 기술은 드디어 인간과 일대일의 관계를 맺게 되었다. 이전까지 기술이 사람과 환경, 사람과 사람을 이어주는 매개체였다면 이제는 본격적으로 인간과 대등한 관계를 맺게 되었다고 할 수 있다. 실제로 우리는 이미 웹 트래픽의 51%를 인간이 아닌 기계와의 소통이 차지할 정도로 온라인 활동의 대부분을 기계와 상호작용을 하고 있는 것으로 나타났다. 또한 기술은 인간의 언어를 이해해 사람들의 지시에 즉각 반응하는 수준에까지 도달했다. 삼성의 빅스비Bixby, 애플의 시리Siri와 같은 인공지능 비서는 사람들이 묻는 질문에 관련 정보를 스스로 습득하여 분석하고 판단함으로써 해답을 제시할 수 있게 되었다. 간단한 전자제품의 동작에서부터 사람의 인지적 노력이 필요한 곳에까지 적용되어 인간과 직접 의사소통하는 상황도 일어나고 있다. 이제 기술은 인간과의 관계에 있어 새로운 지위를 부여받고 있다.

그림 2.2 인간과 기술의 관계 변화

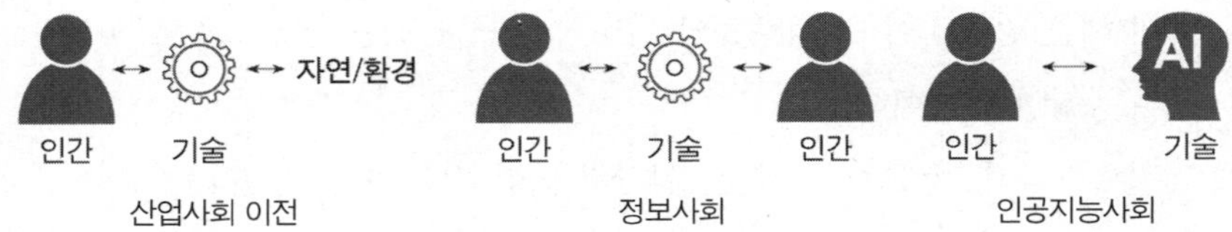

이처럼 인간과 일대일의 관계를 맺게 된 새로운 기술이 바로 인공지능 기술이다. 여기서 인공지능은 '인간의 언어를 이해하고(자연언어 처리), 사물과 상황을 인식하고(패턴 인식), 새로운 정보를 체계적으로 습득하여 활용할 수 있으며(기계학습), 축적된 지식과 경험을 토대로 결론을 추론하여(전문가 시스템) 문제를 해결하는 능력을 가진 지적인 컴퓨터 능력'을 의미한다(변순용·이연희, 2020). 한마디로 인공지능 기술은 인간과 사물의 생각하는 능력을 획기적으로 높여 인간의 의사결정을 돕고 데이터를 기반으로 자동화하는 기술이라 할 수 있다. 인공지능 기술과 관련해서 아주 기본적인 수준은 우리 주위에서 흔히 찾아볼 수 있다. 혼자서 방 안을 이리저리 돌아다니며 먼지를 흡입하다 더 이상 청소할 곳이 없으면 알아서 제자리로 돌아가 충전하는 로봇 청소기나 방 안의 공기 상태를 확인해서 스스로 작동하는 공기청정기가 그 예다. 2016년 바둑 경기에서 전 세계인이 지켜보는 가운데 세계적인 바둑 기사 이세돌을 4 대 1로 꺾은 구글 딥마인드의 알파고Alphago 또한 인공지능의 한 유형이다. 인공지능은 과거 인간의 신체적 노동을 대신하던 자동 기계와는 비교할 수 없는 인간의 인지적 노동을 대신해 주는 자동화 기술이자 특정 분야에서는 인간과 대등한 수준의 지적 능력을 가진 기술이라 할 수 있다.

인공지능 기술은 인간과 사물의 생각하는 능력을 획기적으로 높여 인간의 의사결정을 돕고 데이터 중심의 자동화를 통해 생활 편의를 도모할 것으로 예상된다. 반면, 인공지능 기술이 고도화된 사회에서는 다양한 형태의 윤리 문제가 등장할 것으로 우려된다. 최근 국내 한 스타트업 기업이 개발한 인공지능 챗봇이 불과 2주의 짧은 시간 동안 이용자들로부터 외설적이고 편향적이며 혐오스런 메시지를 학습해 논란이 있었던 사례가 인공지능 기술이 일으킬 수 있는 여러 윤리적 문제 중 하나다.

기술의 순환과 대중화 속도가 느리게 진행되던 과거에는 여러 세대가 같은 기술, 유사한 생활 형태, 비슷한 사고방식과 문화를 공유했다. 그러나 기술의 순환 주기와 대중화 속도가 빨라지면서 세대 간에 다른 사고, 새로운 기술 수용에 대한 차이가 생기게 되었다. 가족 내에서도 조부모와 부모 그리고 자녀 세대 간에 새로운 기술 수용에 대한 차이가 생기는 현상이 발생하는 것이다. 이에 따라, 기존 지식과 정보의 수명이 점점 단축되면서 새로운 기술 환경 아래에서는 이전 세대의 경험과 역량이 무용지물이 될 뿐만 아니라, 지식의 절반이 틀린 것으로 드러나는 데 걸리는 시간을 의미하는 지식의 반감기도 줄어들고 있다. “제비가 낮게 날면 비가 온다”라는 식으로 예측했던 과거의 지식이 슈퍼컴퓨터로 분석한 기상 예보에 의해 비과학적이라는 취급을 받는 경우가 대표적인 비유적 상황이다.

이와 함께, 인공지능 챗봇의 사례에서처럼 새로운 기술과 기존 질서의 갈등도 초래될 것으로 예상된다. 인간과 기술의 관계 변화에 따라 기계와의 의사소통에 더욱더 의존하게 될 것이라는 우려도 존재한다. 결국, 새로운 기술이 가져온 삶의 형태나 사고방식의 변화는 새로운 윤리적 기준을 요구하고 새로운 사회적 합의를 만들어나가야 함을 전제한다.

우리는 같은 시간, 같은 공간에 다른 사고방식·생활 방식·윤리적 기준을 가진 사람들이 함께 살게 된, 인류 역사상 최초의 세대가 되었다. 그리고 그 변화의 속도와 다양성은 점점 더 빠르게 진행되고 있다. 같은 사고방식을 합의하려는 노력도 중요하지만 다른 방식과 사고를 상호 인정하고 공존해 나가는 공동체로서의 역할이 필요하게 되었다. 기술의 변화 속도와 다양성에 적응하기 위한 새로운 역량 함양의 필요성도 중요하게 되었다. 또한 우리 사회는 이전보다 더욱 인간 중심의 맥락과 가치가 우선하게 되었다. 고도화된 사회일수록 기술 그 자체가 목적이 아니고 궁극적으로 휴머니즘을 지향할 때 더욱 그 가치를 발현할 수 있다는 의미다. 기술이 갖는 시사점과 인간 중심의 맥락 그리고 기술과 인간을 연결하는 주체를 고려해야 한다.

2. 지식 구조의 변화

지금까지 지식은 학습과 습득을 위한 노력을 통해 얻어지는 것으로 알려져 왔다. 여기서 지식은 "어떤 대상에 대해 배우거나 실천을 통하여 알게 된 명확한 인식이나 이해"를 의미한다. 보편적인 대다수 사람들이 실용적인 정보라고 생각하는 것이 추상적인 형태로 표현되었을 때 우리는 그것을 지식이라 한다. 또한 지식은 특정 성과를 목표로 하거나 세계에서 일어나는 어떤 현상을 알기 위해 정보를 받아들여 처리할 수 있는 능력을 의미한다(뢰처, 2000). 따라서 지금까지 지식은 인간의 전유물인 것처럼 인식되어 왔다. 그런데 스스로 정보를 습득하고 활용할 수 있는 인공지능 기술이 등장하면서 지식에 대한 이러한 우리의 관념에 큰 변화가 요구되고 있다.

"의사결정 과정에서 선택된 행동의 결과를 예측하기 위해 사용될 수 있는 정보"라는 정의(이대열, 2021)를 따른다면 지식은 결코 인간만이 지닐 수 있는 고유한 속성이 아닌 것이다. 인공지능도 충분히 문제 해결을 위한 새로운 정보를 체계적으로 습득하고 활용할 수 있기 때문이다. 따라서 지식은 어떻게 보느냐에 따라 고정된 것이 아니라 시대에 따라 변화한다고 할 수 있다. 인식하거나 이해하려는 대상이나 현상이 변화함에 따라 지식을 구성하는 사실과 개념도 변화하기 때문이다. 새로운 기술의 등장과 발전으로 인해 지식의 구성과 내용에도 변화가 일어날 수 있다. 이처럼 지식에 대해 시대에 따른 변화를 체계적으로 정리한 이가 이스라엘의 역사학자 유발 하라리Yuval Harari다. 그는 세계사적 흐름 속에서 지식의 공식을 제시했다(Harari, 2015).

하라리에 따르면, 중세 시대의 지식 공식은 "지식=성서+논리(Knowledge=Scripture+Logic)"다. 중세에서는 어떤 대상이나 현상에 대한 인식과 이해를 얻기 위해서는 성서를 읽고, 텍스트의 명확한 의미를 이해하기 위해서는 논리를 이용한다는 것이다. 쉽게 얘기해서 이 당시에 지식은 오직 신만이 갖고 있는 것이었으며, 인간은 단지 신의 지식을 해석하기 위해 노력하는 지위에 제한되었다고 할 수 있다. 예를 들어, 지구의 형태를 알려는 학자들은 제일 먼저 관련 자료를 찾기 위해 성경을 살펴본다는 것이다. 그래서 욥기 38장 13절에 "(하나님은) 그것으로 땅 끝을 붙잡고 악한 자들을 그 땅에서 떨쳐버린 일이 있었느냐"라고 쓰여 있음을 확인하고, 지구는 붙잡을 수 있는 끝이 있기 때문에 평평해야 한다고 인식하고 이해한다는 것이다. 반면, 다른 학자들은 이사야서 40장 22절의 "하나님은 둥근 지구 위에 앉아 계신다"라는 구절을 들어 지구가 둥글다고 주장한다. 이와 같이, 대상에 대해 인식하고 이해하는 지식의 가장 중요한 논거가 바로 성서였다. 실제로 이 시기에 학자들은 많은 책을 읽고, 자신의 논리를 가다듬어 텍스트를 올바르게 이해하기 위해 수년 동안을 학교와 도서관에서 보내면서 지식을 추구했다.

또한 이 당시 대부분의 사람들은 많은 자연 현상의 배후에 인간적인 의도가 숨어 있다고 생각하는 경향이 있었다. 지진이나 대홍수를 신의 천벌로 여기는 태도가 바로 그것이다. 물론 이런 미신적인 사고가 간혹 생존에 도움이 되는 경우도 있다. 깜깜한 밤길을 걸을 때 귀신이 있을지도 모른다고 걱정하면서 목적지에 안전하게 도착하기 위해 발걸음을 재촉하는 경우가 그런 것이다.

자연 현상의 배후에 인격적인 존재가 있다고 믿는 것은 충분한 과학적 지식이 없을 때 사회생활에 꼭 필요한 나침반 역할을 할 수 있었을지도 모른다. 하지만 다양한 자연 현상을 과학적으로 설명할 수 있게 된 이후에도 대자연의 배후에 인간을 상벌로 다스리려는 인격체가 존재한다는 미신적인 믿음은 쉽게 사라지지 않았다. 신년을 시작하는 날에 한 해의 운세를 보거나, 중요한 의사결정을 앞두고 점을 보는 행위에서 이러한 과거의 흔적을 찾아볼 수 있다. 지식은 인간의 소유물이 아닌 자연이나 신과 같은 존재에 귀속되어 있는 것이라는 인식이 이 당시의 지배적인 관념이었다. 따라서 이 시대에는 자연과 신의 메시지를 해석할 수 있는 역량이 가장 중요했다고 할 수 있다.

중세를 지나 새로이 등장한 과학혁명은 지식에 대해 매우 다른 형식을 제안했다. 하라리가 제시하는 과학혁명의 시대에 지식 공식은 "지식

=실증적인 데이터+수학(Knowledge=Empirical Data+Mathematics)"이다. 이 시기에는 어떤 의문에 대한 답을 얻기 위해 관련된 실증 데이터를 모을 필요가 있으며, 모아놓은 데이터를 분석하기 위해 수학적인 툴을 이용한다. 예를 들어, 이 시기에는 지구의 형태를 알기 위해, 먼저 전 세계의 다양한 지역에서 태양과 달과 행성들을 관찰한다. 충분한 관찰이 이루어졌다고 판단되면, 지구의 형태뿐 아니라 전 태양계의 구조를 추론하기 위해 삼각법trigonometry을 이용한다. 실제로, 이 시기에 과학자들은 수년 동안 관찰, 실험, 연구, 탐험 등을 통해 더 많은 실증 데이터를 수집하고 데이터를 올바르게 해석할 수 있는 수학적 툴을 정교화하면서 지식을 추구했다. 그 결과, 지식을 위한 과학적 공식은 천문학, 물리학, 의학 등 많은 분야에서 놀랄 만한 성과를 도출했다.

특히, 데이터와 수학으로 이루어진 지식의 공식은 인공지능 기술의 등장을 가능하게 했다. 인공지능 기술만 있으면 세상의 모든 정보를 데이터화하고 알고리즘을 통해 분석하고 처리할 수 있다는 가설이 가능하다는 생각을 하게 된 것이다. 실제로 인공지능 기술은 알고리즘을 기반으로 기계학습과 심화학습을 통해 데이터를 분석·처리함으로써 인간의 지적 능력을 능가하는 성과를 거두고 있다. 바둑 게임이나 체스 게임과 같이 지적 능력을 겨루는 경기에서는 이미 인간의 능력을 넘어섰음을 보여주었다.

하지만 지식의 획득을 위해 실증적인 데이터와 수학에 의존한다는 것은 커다란 단점을 내포하고 있다. 그것은 가치와 의미에 대한 의문에 답할 수 없다는 것이다. 예를 들어 '자율주행 자동차의 운행 방향으로 다수의 행인이 지나가고 있고 행인들에게 상해를 입히지 않기 위해 방향을 바꾸면 벽에 부딪쳐 운전자가 다치게 되는 상황에서 자율주행 자동차는 어떤 결정을 내리도록 설계되어야 할까?', '인공지능 기술을 장착한 드론이나 신경 회로망 기술을 활용한 전자동 소총과 미사일 등이 자율살상 무기로 사용될 경우 어느 범위까지 무기 사용을 허용할 수 있을까?' 등과 같은 문제에 대해 어떠한 데이터나 수학적 마술도 명확하게 답을 내릴 수 없기 때문이다.

이와 같은 실질적이고 윤리적인 문제의 해결 방안에 대해 하라리는 새로운 방향에서 해결점을 제시했다. 그는 인본주의가 새로운 대안을 제공한다고 주장하며 윤리적 지식을 얻기 위한 지식의 공식으로 "지식=경험+감성(Knowledge=Experiences+Sensitivity)"을 제안했다. 이 공식에 따르면 우리가 어떤 윤리적 질문에 해답을 얻기 원한다면, 먼저 자신의 내적 경험에 연결하고, 극도의 감성으로 경험들을 관찰하는 것이 필요하다. 따라서 지식을 추구하기 위해서는 먼저, 경험을 축적하는 것과 함께 감성을 발달시켜 경험을 올바르게 이해할 수 있도록 하는 데 오랜 시간을 투자해야 한다는 것이다.

여기서 경험이란 정확히 무엇을 의미할까? 그것은 실증적인 데이터가 아니다. 즉, 경험은 원자, 분자, 단백질로 이루어진 것이 아니다. 오히려 경험은 주관적인 현상으로 감각, 감정 그리고 사고 등 세 가지 주요한 요인으로 구성되어 있다. 따라서 어떤 특별한 순간에 나의 경험은 내가 느끼는 모든 것(열기, 기쁨, 긴장 등), 내가 느끼는 모든 감정(사랑, 두려움, 분노 등), 내 가슴속에 떠오르는 모든 생각 등으로 구성되어 있다는 것을 의미한다.

지식의 공식에서 말하는 감성은 두 가지를 의미한다. 첫 번째는 나의 감각, 감정, 사고에 주의를 기울이는 것, 두 번째는 이러한 감각, 감정 그리고 사고가 나에게 영향을 주도록 하는 것이다. 이 두 가지를 위해 우리는 새로운 경험에 개방적이어야 하며, 그것들이 나의 시각, 나의 행동 그리고 심지어 나의 성격까지도 변화시키는 것을 허용해야 한다. 또한 경험과 감성은 끝없는 순환을 통해 상호적으로 구축된다. 감성이 없이 어떠한 것도 경험할 수 없으며, 다양한 경험을 하지 않는 한 감성을 개발할 수도 없다. 감성은 책을 읽거나, 수업을 들어서 개발할 수 있는 추상적인 소질이 아니다. 그것을 실제로 적용해야만이 성숙하고 무르익을 수 있는 실제적인 기술이다.

우리가 의식을 기울인다면, 우리의 도덕적 감성은 예리해지고, 이러한 경험은 무엇이 선이고, 무엇이 올바른 것인지 그리고 나는 누구인지와 같은 가치 있는 윤리적 지식의 원천이 된다. 그러므로 인본주의는 삶을, 경험을 통해 무지에서 계몽에 이르는 내적인 변화의 점진적인 과정으로 인식한다. 인본주의적인 삶의 가장 커다란 목적은 다양한 지적·감정적 그리고 신체적 경험을 통해 자신의 지식을 개발하는 것이다. 따라서 인공지능 기술이 기반이 되는 사회에서 올바른 가치 판단을 위해서는 인본주의를 바탕으로 하는 경험과 감성의 개발에 더욱 노력해야 한다. 외적인 데이터나 수학적인 틀에 의지하는 것이 아니라 자신의 내적인 면을 함양하는 것이 더욱 필요하다.

3. 의사결정 과정의 변화

우리는 매 순간 '결정'이라는 행위가 필요한 문제와 마주한다. 아침에 일어나 오늘은 어떤 옷을 입을지를 결정하는, 간단하게 해결 가능한 문제부터, 어떤 학교에 진학할지, 어떤 직업을 택할지와 같이 매우 어려운 결정을 내려야 하는 경우처럼 여러 날을 고민해도 만족할 만한 답이 나오지 않는 문제도 있다. 삶이란 이처럼 여러 가능한 행동 중에서 한 가지 행동을 선택하는 끊임없는 의사결정의 연속이라 할 수 있다. 그리고 모든 생명체는 자신의 생존과 번영을 위해서 다양한 의사결정을 한다.

지식은 문제를 마주한 상황에서 그 문제를 해결하기 위한 의사결정을 내리는 데 필요한 기본이 되는 요소다. 인간은 축적된 지식을 바탕으로 사안에 대한 판단과 행동을 결정하기 때문이다. 이는 하나의 행위로 이루어지는 것이 아니라 일련의 과정을 통해 결정된다. 이러한 과정을 의사결정 과정이라 한다. 의사결정 과정은 문제 해결에 필요한 의사결정을 효율적으로 하기 위해 따라야 하는 과정을 의미한다. 의사결정은 단순히 가장 좋은 결과를 가져다주는 선택이 아니다. 여러 변수와 요소를 고려해 대상들 간의 비교 우위를 결정하는 역동적인 과정이다.

전통적인 의미에서 고전적 의사결정 과정은 일반적으로 문제 인식, 정보 수집, 대안 탐색, 대안 분석, 최종 결정, 평가 등 여섯 단계로 구분되며 대안의 수를 줄여 결정하는 깔때기형 구조로 이루어져 있다(〈그림 2.3〉). 하지만 정보통신 기술의 발달로 정보량이 기하급수적으로 증가함에 따라 정보의 양은 더 이상 인간의 힘만으로는 처리할 수 없는 임계점 이상으로 제공되고 있다. 정보 과잉 또는 정보 공해를 뜻하는 데이터 스모그 현상으로 인해 인간의 의사결정의 질도 저하되는 현상이 발생했다. 이러한 판단의 한계를 극복하기 위해 인공지능 기술을 활용하여 의사결정 시간을 단축하고 효율성을 향상시키고자 했고, 인공지능 기술과 결합된 인간의 새로운 의사결정 프로세스가 등장하기 시작했다. 실제로 인공지능 기술이 인간에게 가장 강력한 영향을 미칠 수

그림 2.3 고전적 의사결정 과정

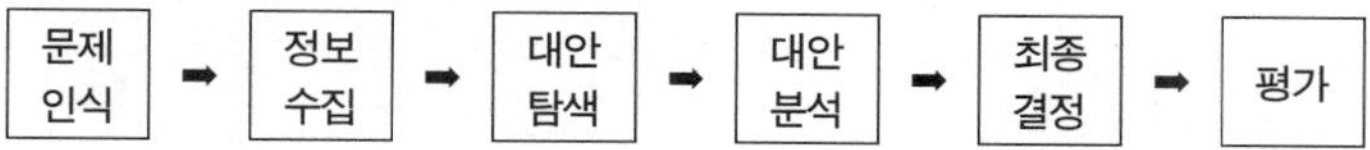

그림 2.4 과정생략형 의사결정 과정

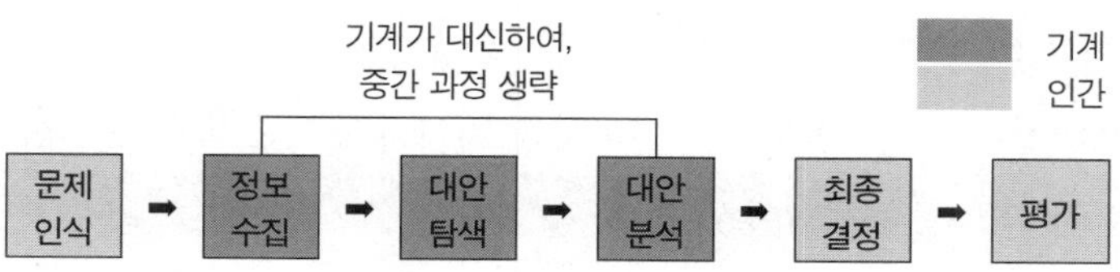

있는 부분이 바로 의사결정 과정이라 할 수 있다.

의사결정 메커니즘이 인공지능 기술과 만나 상호 융합되면서 나타나기 시작한 의사결정 과정의 변화는 과정생략형, 모의결정형, 감독형, 문제인식형 등 크게 네 가지로 요약할 수 있다(한국정보화진흥원, 2017). 첫 번째는 과정생략형이다(〈그림 2.4〉). 과정생략형은 의사결정의 중간 단계를 기계가 대신함으로써 일부 과정이 생략되는 유형이다. 음성 인식, 인공지능, 머신러닝, 자연어 분석, 상황 인지 등의 첨단 기술이 결합되어 인간의 의사결정 과정을 지원하는 유형이다. 애플의 '시리', 마이크로소프트의 '코타나Cortana', 아마존의 '에코Echo' 등이 대표적인 예다.

과정생략형의 의사결정 과정은 사용자의 명령어를 토대로 의사결정을 지원하고 데이터에 기반한 상황 예측 후 가능성 있는 행동을 제시하는 특징이 있다. 키워드를 포함한 자료를 기기 스스로 검색하여 사용자의 일정을 관리하거나 맞춤형 콘텐츠를 제공한다. 하지만 과정생략형의 경우, 사용의 편리성으로 인해 가벼운 의사결정에도 지나치게 의존

그림 2.5 모의결정형 의사결정 과정

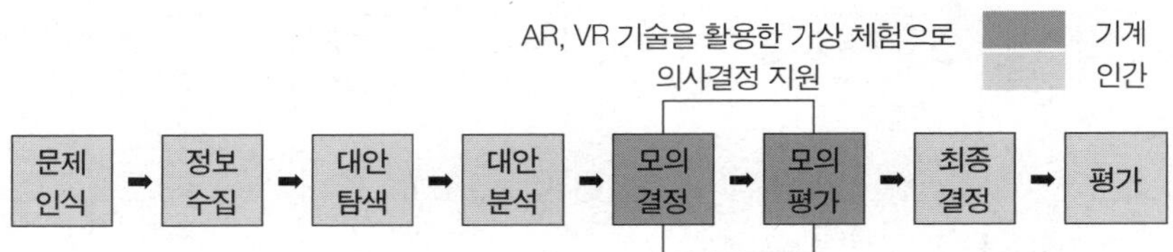

할 가능성과 함께, 신뢰도가 높지 않은 데이터에 의존할 경우 의사결정의 질이 저하될 문제점이 있다.

둘째, 모의결정형이다(〈그림 2.5〉). 모의결정형은 가상의 체험형 기술을 활용함으로써 모의 결정과 평가를 가능하게 하는 유형이다. 모의 평가 후 최종 결정이 이루어지는 구조이므로 의사결정에 대한 만족도가 높고 의사결정에 대한 위험부담이 감소한다. 현실과 가상의 경계가 모호해질수록 정교한 의사결정 예측이 가능하며 이로 인해 최종 의사결정의 만족도가 향상되는 특징이 있다.

모의결정형의 사례로 스마트폰 앱에서 AR Augmented Reality 카탈로그를 통해 가상 가구 배치 서비스를 제공하여 소비자의 신중한 구매를 유도하는 이케아의 경우가 대표적이다. 최근에는 오프라인 매장에 가상 거울과 같은 AR 기술을 도입하여 가상 피팅룸을 활용하는 사례도 증가하고 있다. 하지만 VR Virtual Reality, AR 서비스의 경우 모의 평가를 통해 사용자 만족도를 제고할 수는 있으나, 현실 세계를 100% 재현할 수 없는 한계가 존재하여 의사결정을 왜곡시킬 가능성이 있다.

셋째, 감독형이다(〈그림 2.6〉). 인간은 의사결정에 개입하는 대신 자율 시스템의 의사결정 과정을 감독하는 역할만 수행하는 유형이라는 의미에서 구분되는 유형이다. 자율 시스템은 명확한 목표가 설정되면

그림 2.6 감독형 의사결정 과정

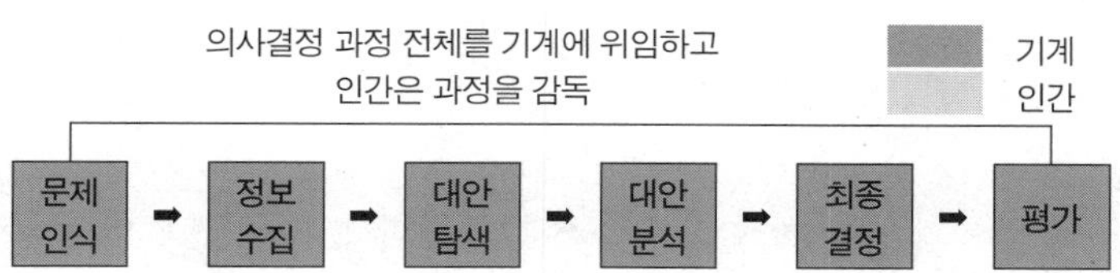

인간이 간섭하지 않아도 목표에 도달하기 위해 스스로 의사결정 과정을 수행한다. 기계 스스로 의사결정 과정을 수행하는 동안 인간은 의사결정에 개입하는 대신 기계의 의사결정 과정을 감독만 한다.

이와 같은 사례는 완전 자동화 시스템, 문제 복구 시스템 등에서 나타나며 긴급한 문제에 대해 신속한 대응이 가능하다. 공장에서 생산되는 데이터가 산업 인터넷과 클라우드를 통해 실시간으로 공유되어 가공부터 검사까지 하나의 시스템으로 해결된다. 독일의 지멘스 공장은 매일 5000건의 정보를 수집하고 분석하여 가동률과 불량률을 실시간으로 확인한다. 생산성 증대, 대기시간 최소화, 돌발 상황 예방 등 여러 상황에 맞춰 문제 인식부터 결정까지 스스로 판단하고 실행하여 제품 품질을 유지한다. 스스로 판단해 가동을 중단해도 될 경우 전원을 차단하여 전력 소모 감소 및 스마트 품질관리를 통해 불량률을 0.0011% 달성한다. 하지만 자율 시스템은 효율성과 선택성이 뛰어난 반면, 의사결정 과정을 전적으로 기계에 의존함으로써 도덕적·윤리적 기준을 배재하고 확률에 근거하여 의사결정이 내려져 기계의 의사결정에 대한 책임 소재가 불분명하다는 문제점이 있다.

넷째, 문제인식형으로 인식하지 못한 새로운 문제들이 기계에 의해 촉발되는 유형이다(〈그림 2.7〉). 과거에도 문제 인식의 주체가 문제 해

그림 2.7 문제인식형 의사결정 과정

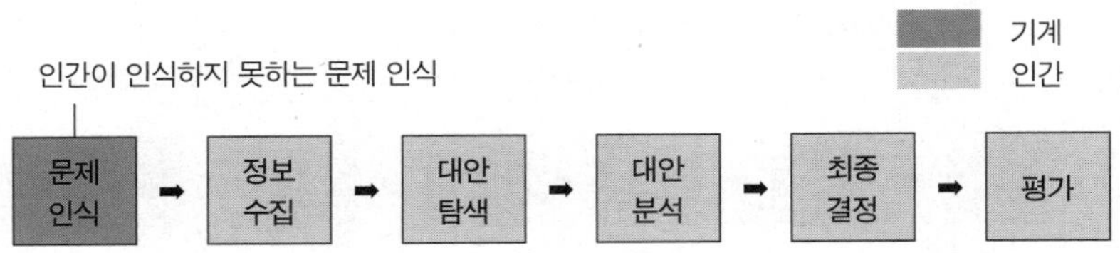

결의 당사자가 아닌 경우는 존재했지만 대부분 사람이 인식하는 경우였다. 이 유형의 경우는 기계가 데이터 수집과 분석을 통해 다양한 분야에서 사람이 인식하기 전에 문제를 예측하거나, 문제 발생 직후 스스로 진단하여 경고한다. 또한 사용자 맞춤형 데이터 분석을 통해 보다 더 객관적이고 정확한 문제 인식이 가능하고, 문제 인식 시간을 앞당겨 선제적 대응이 가능하다는 장점이 있다. 예를 들면, 의료 진단 보조 헬스케어 서비스가 있다. 환자의 몸에 부착된 센서가 다양한 생체 정보를 측정하고 실시간으로 사용자의 건강 상태를 모니터링한다. 웨어러블 형태의 헬스케어 기기는 휴대가 용이하므로 24시간 사용자 건강을 살피고 이상이 생길 경우 즉시 사용자에게 통보하여 사용하는 기기를 통해 문제를 인식하고 의사결정을 내릴 수 있다.

미래에 국가를 위협할 수 있는 잠재적 위험에 대한 요소들을 데이터 분석을 통해 사전에 파악하는 것 또한 문제인식형 의사결정의 대표 사례다. 미국 대테러 대비 프로그램ADVSE의 경우에는 테러 가능성이 있는 패턴을 수집, 대조, 선별, 검색하고 위험 행동을 정밀 분석하여 위험 요소를 예측한다. 영국은 데이터 분석을 기반으로 비만 문제를 20~30년 후 국가를 위협하는 요소로 인식하고, 이에 대응하기 위한 국가 중장기 전략을 수립하도록 인공지능 기술을 통해 의사결정의 지원을 받고 있다. 하지만 문제인식형의 경우 개인의 생체 정보 및 활동 패턴이 수집되기 때문에 정보 관리에 매우 민감하며, 개인정보 유출이나 도용이 발생할 경우 심각한 문제를 야기하는 위험성이 있다.

지금까지 살펴본 바와 같이, 인공지능 기술을 활용한 의사결정의 새로운 유형들은 효율적이고 신속한 의사결정을 가능하게 하는 이점이 있다. 정보의 계량화로 보다 직관적이고 시각화된 정보를 받아 인간의 의사결정에 합리성을 높여준다는 장점도 있다. 하지만 기계의 조언을 무비판적으로 수용할 가능성이 존재함으로써 인간이 점점 의사결정 과정에서 배제된다면 인간의 의사결정 역량이 저하될 뿐만 아니라 인간 소외 현상도 발생할 수 있다. 예를 들어, 2014년 호주 시드니에서 있었던 사례는 의사결정을 전적으로 알고리즘에 의존할 경우 초래되는 상황을 잘 보여준다. 도심에서 인질 사건이 벌어졌는데 긴급 상황에 적절하게 대처할 수 있도록 사전에 조율하지 못했던 알고리즘 때문에 차량 공유 서비스인 우버Uber 요금이 급증하는 일이 벌어졌던 것이다. 우버 요금은 수요와 공급 원칙에 따라 수요가 늘면 자동으로 가격을 올리도록 프로그램되어 있었기 때문이다. 하지만 이용자들의 공정함에 대한 생각은 기계가 생각하는 것만큼 논리적이지 않다. 타인의 고통을 이익 추구의 수단으로 삼는 것을 합리적이라 생각하지 않는 것이다. 온라인상에서 호된 비난을 받고 나서야 우버는 시민을 무료로 태워주기로 결정했고 이미 지불된 요금은 환불해 주기로 했다. 소 잃고 외양간 고친 격이다. 이처럼 의사결정 과정을 전적으로 기계에 의존할 경우 예상과는 전혀 다른 결과가 나타날 수 있다.

인공지능 기술을 이용한 의사결정은 긍정적 측면과 부정적 측면의 양면성을 동시에 가지므로, 결국 기술 이용의 주체인 사람이 기술을 어떻게 활용하느냐가 가장 중요하다. 실제로 IBM의 CTOChief Technical Officer 또는 Chief Technology Officer(최고기술책임자)인 롭 하이Rob High는 "AI가 우리를 대신해 사고하는 것이 아니다"라며, "인간의 경험과 사고를 증강시켜 더 좋은 판단을 내리고 목표를 달성할 수 있도록 도와주는 것"이라고 했다. AI의 아버지라고 불리는 더글러스 엥겔바트Douglas Engelbart 스탠퍼드 대학교 교수 또한 "AI는 Artificial Intelligence(인공지능)가 아니라 Intelligence Augmented(지능 확장)다"라고 했다. 따라서 인공지능 기술이 의사결정의 많은 부분에 관여하겠지만, 결국 최종 결정권자는 인간이므로 의사결정에 대한 주관 확립이 필요하다. 앞서 살펴보았던 지식 구조의 변화처럼 모든 판단의 근거는 인간에게 있어야 한다는 것이다. 특히, 올바른 의사결정을 위해서는 무엇보다도 미래 핵심 역량을 습득하는 것이 가장 중요하다.

4. 커뮤니케이션 기술과 리터러시 변화

지금까지 인간이 발명한 기술 중에서 가장 혁신적이고 사회에 가장 큰 변화를 가져온 것은 커뮤니케이션 기술이라 할 수 있다. 산업혁명을 가능하게 한 것은 대량 인쇄 기술이었다. 인쇄 기술은 소량의 자급자족만을 할 수 있다는 관념을 극복하고 제품의 대량 생산이 가능하다는 산업혁명 이데올로기를 심어주었기 때문이다. 공통적이고 표준화된 지식의 전수를 통해 산업혁명에서의 기계혁명을 가능하게 하는 데도 대량 인쇄 기술이 기여했다. 또한 자본주의 사회를 가져온 것은 텔레비전과 같은 미디어 기술이었다. 대중매체를 통해 산업사회의 대량 생산뿐만 아니라 대량 소비도 가능하다는 자본주의 이데올로기의 사회적 확산이 급속도로 이루어졌기 때문이다. 정보사회는 컴퓨터와 인터넷 기술로 가능했다. 이처럼 커뮤니케이션 기술은 새로운 사회 변화를 가능하게 하는 핵심 동인이라고 할 수 있다.

여기서 커뮤니케이션 기술은 “어떤 작용을 한쪽에서 다른 쪽으로 전달하는 역할을 하는 것”을 의미한다. 한글처럼 오래된 것이건, 인공지능 기술처럼 최신의 것이건 간에 의사소통 중간에 위치하여 한쪽의 작용을 다른 쪽으로 전달하는 역할을 하는 것이 커뮤니케이션 기술이다. 신문이나 잡지, 라디오, 텔레비전과 같은 대중매체뿐 아니라 삼성의 빅스비, 애플의 시리, 아마존의 알렉사Alexa와 같은 인공지능 비서 등이 모두 커뮤니케이션 기술이라 할 수 있다.

커뮤니케이션 기술은 단순히 중계자로서의 기능을 넘어 사회적 역할을 수행한다. 언어는 학습의 공유와 경험의 축적을, 문자는 추상적 사고를 가능하게 했다. 인쇄술은 지식의 확산과 종교개혁을 이끌었다. 이 외에도 각각의 커뮤니케이션 기술은 사람들에게 세상을 들여다보게 하는 창으로서의 역할을 하면서 세상에 대한 새로운 시각을 갖는 데 도움을 준다.

하지만 지금까지 커뮤니케이션 기술은 소수의 사람들에게만 제공되었던 역사가 있다. 문자는 소수의 엘리트만이 누릴 수 있었다. 라디오와 텔레비전은 일부 권력층과 부자들에게만 접근이 허용되었다. 대부분의 일반인들은 독자, 청취자, 시청자의 역할에 머물렀다. 이들은 소수의 커뮤니케이션 기술을 소유한 특권층이 전달하는 정보만을 소비하는 단순 이용자에 지나지 않았다.

커뮤니케이션 기술에 대한 제한된 접근은 권력과 자본에 의한 것이기도 하지만, 각각의 커뮤니케이션 기술이 요구하는 역량의 차이에서도 기인한다. 초기 인쇄술의 등장은 문해력이라는 새로운 리터러시 역량을 주목하게 했다. 이때 문해력을 뜻하는 리터러시literacy는 라틴어 littera에서 유래했다. 초기에는 철자를 뜻하여, 말이 아닌 글자로 쓰인 문자나 글을 의미했다. 따라서 인쇄술의 대중화는 문자화된 기록물을 통해 지식과 정보를 획득하고 이해할 수 있는 능력이 강조되었다. 텔레비전과 같은 영상 매체의 대중화는 '지식과 정보를 획득하고 이해'하는 도구로서 '영상 언어'에 대한 리터러시 능력을 요구했다. 영상 언어는 문자 언어와는 달리 인간의 행위와 삶 등이 현실 그대로 시각적으로 묘사되는 특성이 있어 영상 언어의 폭력적이고 선정적인 현실 재현이 어린이와 청소년에게 미치는 역기능에 대한 문제 제기가 있었던 것이다. 이에 따라 비판적 시청 기술이 중요하게 강조되었으며, '좋은 커뮤니케이션 기술, 나쁜 커뮤니케이션 기술'을 선별할 수 있는 능력이 중요하게 되었다.

컴퓨터와 인터넷 같은 디지털 매체가 등장하면서는 정보를 올바르게 선택할 수 있는 안목, 자신이 중요하게 여기는 문제에 대한 정보를 생산하고 유통할 수 있는 정보 처리 역량이 필요하게 되었다. 관심과 이해관계가 같은 사람들과 연대해 능동적으로 문제를 해결하는 사회적 실행 능력도 중요하게 되었다.

최근에는 데이터가 곧 비즈니스가 되고, 데이터가 수익을 창출하며, 데이터가 경쟁력이 되는 시대인 데이터 경제 시대가 도래하면서 데이터 리터러시에 대한 관심도 동시에 높아지고 있다. 여기서 데이터 리터러시는 데이터를 통계적·기술적으로 처리하는 능력을 넘어 다양한 데이터에서 가치를 뽑아내고 그것을 해석하고 시각화하여 잘 전달하는

표 2.1 커뮤니케이션 기술 변화에 따른 리터러시의 개념

커뮤니케이션 기술 환경	시대별 리터러시	사회적 환경	리터러시의 개념적 특징
인쇄술, 신문	언어 리터러시	농업 경제 시대 (Cultural Economy)	· 인쇄술, 활자 발명 · 글을 읽고 쓰는 능력 · 문자 텍스트에 대한 문해력
영화, 텔레비전	시각 리터러시	산업 경제 시대 (Industrial Economy)	· 영상 언어의 등장 · 미디어 리터러시 개념의 본격 등장
컴퓨터, 인터넷	컴퓨터 리터러시	지식 경제 시대 (Knowledge Economy)	· 컴퓨터와 관련된 다양한 리터러시 개념 등장 · 이용자 개념 등장 · 디지털 격차를 둘러싼 접근 강화 개념이 리터러시에 도입
인공지능	데이터 리터러시	데이터 경제 시대 (Data Economy)	· 데이터가 사람, 자본 등 기존의 생산 요소를 능가하는 핵심 자원으로 부상 · 데이터를 읽고, 해석하고, 창조하고, 의사소통할 수 있는 능력 중요

능력까지 포함한다. 단순히 수치뿐만 아니라 텍스트나 이미지를 포함한 데이터를 발견하고 조작하고 관리하고 해석하는 역량인 셈이다. 무엇보다 어떤 데이터를 만들어내고, 그 데이터가 어떻게 쓰이는가를 이해하는 능력이 필수적이라고 할 수 있다.

이러한 커뮤니케이션 기술의 발달에 따라, 리터러시를 매체 중심적 접근 방법이 아닌 '사회문화적 접근 방법'으로 개념화하려는 시도가 이루어지고 있다. 여기서 사회문화적 접근 방법은 새로운 커뮤니케이션 기술이 제기하는 다양한 방식의 사회문화적 변화를 리터러시에 반영해야 한다는 입장이다. 리터러시의 개념도 "문자화된 기록물을 통해 지식과 정보를 획득하고 이해할 수 있는 읽고 쓰는 능력"에서 "사람들이 역동적 표현 자원을 활용하여, 다양한 문화적 의도를 성취하기 위해 활동하는 과정에서 그것들에 의해 지속적으로 재구조화되는 것"으로 바뀌

었다(Cazden et al., 1996). 실제로 디지털 미디어 등장 이후 미디어의 생산 및 유통 방식이 변화하고 있어 전문가들로 구성된 매스미디어 조직이 미디어를 생산하던 시대와는 차별화된 리터러시 개념이 요구되고 있다. 이와 관련해서 랭크시어와 노블(Lankshear and Knobel, 2003)은 '뉴 리터러시' 개념을 제시했다. 뉴리터러시에서는 새로운 멀티텍스트를 대상으로 하기 때문에, 새로운 것일 뿐만 아니라 멀티텍스트를 둘러싼 새로운 기풍ethos, 즉 협동, 참여, 분산dispersion, 전문 영역의 분배distributed expertise를 반영해야 한다고 주장했다.

커뮤니케이션 기술이 요구하는 역량의 패러다임 변화에서 주목할 내용은 커뮤니케이션 기술을 이용하는 '인간'에 있다. 또한 커뮤니케이션 기술이 필요로 하는 역량이 지향하는 것은 커뮤니케이션 기술에 대한 개념적 이해보다는 오히려 새로운 시대를 살아가기 위해서 커뮤니케이션 기술을 활용하는 '활용 능력'의 중요성이 크다는 점이다. 새로운 기술의 등장에 따라 변화하는 커뮤니케이션 기술 능력의 지향점은 '새로운 시대를 살아가기 위한 표현 및 소통 능력으로서의 인간 능력 완성'에 있으며, 지능정보사회에서 더욱더 필요한 것이 바로 '인간 능력 Human Power'이라고 할 수 있다.

5. 사회 변화와 미래 역량

인공지능 기술의 도입과 확산은 우리 사회 전반에 새로운 변화를 가져올 것이다. 무엇보다 인공지능 기술의 등장으로 인간은 자신과 같은 인류와 비교되는 것이 아니라 기계와 비교되고 경쟁하는 세상에 살게

될 것이다. 체스나 바둑 등과 같은 특정 분야에서는 기계가 이미 인간의 능력을 넘어섰다. 이러한 변화의 과정에서 새로운 기술에 대한 적응 능력을 갖춘 이들은 미래를 개척하여 자신의 세상으로 만들어나갈 것이다. 반면, 새로운 변화에 적응하지 못한 이들은 불안과 두려움을 갖게 될 것이다. 사회로부터의 고립과 타인과 기계로부터의 뒤처짐에 대한 불안이자 두려움이다. 따라서 우리에게 지금 필요한 것은 인공지능 기술로 인한 불안과 두려움을 없앨 근본적인 대응 능력을 갖추는 것이다.

21세기가 이전 시대와 확연히 구별되는 특징이 인공지능 기술의 출현과 발달이라면, 이와 관련된 역량이 필수가 되는 것은 어쩌면 당연한 일이다. 이에 따라 인공지능 기술이 기반이 되는 사회에서 사회 구성원으로서 온전한 역할을 수행하며 삶을 영위하기 위한 기본적인 요건은 무엇인지, 무엇이 요구되며, 어떠한 능력을 가져야 하는지에 대해 이미 많은 학자와 기관에서 연구해 왔다. 그리고 이러한 21세기 역량에 대한 연구는 크게 두 영역으로 접근해 볼 수 있다. 하나의 영역은 '일반적인 필수 역량'에 대한 것이고, 다른 하나는 정보통신 기술과 우리 생활이 밀접히 연계된 만큼 인간의 'ICTInformation and Communication Technology 사용과 활용에 관련된 역량'이다.

지금까지 새로운 기술의 도입과 확산에 따른 사회 변화에 적응하기 위해 필요한 역량들이 다양하게 제시되어 왔다. 우선 ICT 사용 및 활용과 관련한 역량으로 젠킨스 외(Jenkins et al., 2009)는 미디어 리터러시의 개념을 놀이play, 수행performance, 시뮬레이션simulation, 전유 능력appropriation, 멀티태스킹multitasking, 집단 지성collective intelligence, 판단력judgement, 범미디어 네비게이션transmedia navigation, 네트워킹networking, 협상력negotiation으로 정의하여 보다 다양한 능력의 배양을 목표로 삼았다. 또한 라인골드(Rheingold, 2010)는 '21세기 리터러시 요소'로 주의attention, 참여participation, 협력collaboration, 네트워크 지식network awareness, 비판적 소비critical consumption 등 다섯 가지를 제시했다. 특히, 소셜미디어 시대에 필요한 능력 중 하나로 '참여'를 강조했다.

개별적인 연구자 차원이 아닌 집단 차원에서는 영국 정부의 지원으로 설립된 JISCJoint Information Systems Committee가 지난 2015년 디지털 리터러시를 "사람들이 디지털 사회에서 삶과 학습 그리고 일을 위해 갖추어야 할 능력"으로 정의하고, 디지털 역량을 구성하는 여섯 가지 요소를 발표했다(JISC, 2015). 이에 따르면, ICT 유창성ICT proficiency을 중심으로 정보, 데이터와 미디어 리터러시information, data and media literacy, 디지털 창조 혁신과 학문digital creation innovation and scholarship, 커뮤니케이션, 협력과 참여communication, collaboration and participation, 디지털 학습과 개발digital learning and development, 마지막으로 디지털 아이덴티티와 웰빙digital identity and wellbeing 등이 디지털 역량의 주요 구성 요소다(〈그림 2.8〉).

미국에서는 ISTEInternational Society for Technology in Education가 가장 대표적으로 디지털 기술의 변화에 따라 새롭게 요구되는 역량을 제시해 왔다(ISTE, 2016). 현재, 학생용, 교사용, 관리자용, 컴퓨터 교사용, 코치용 등으로 구분되어 있다. 그중 학생용은 1997년 처음으로 기술사용법learning to use technology을 제안했다. 2007년에는 기술을 사용한 학습using technology to learn을, 그리고 2016년에는 기술을 이용한 변화 학습transformative learning with technology을 제안했다. 특히 디지털 기술과 관련해서 ISTE가 제시하는, 학생들이 갖추어야 할 역량 또는 미래 가치는 총 일곱 가지로 구성되어 있다. 능력 있는 학습자empowered learner, 디지털 시민digital citizen, 지식 구성자knowledge constructor, 혁신적인 디자이너innova-

그림 2.8 JISC의 디지털 역량을 구성하는 여섯 가지 요소

tive designer, 컴퓨터적인 사고자computational thinker, 창조적 의사소통자creative communicator, 글로벌 협력자global collaborator 등이다(〈그림 2.9〉).

미래 역량 중 일반적인 필수 역량과 관련해서는 전미교육협회National Education Association가 컴퓨터와 과학기술, 정보통신 기술의 발달에 따라 그동안 강조했던 독서Reading, 글쓰기wRiting, 연산aRithmetic 등 3R를 버리고, 의사소통 능력Communication, 협동 능력Collaboration, 비판적 사고 능력Critical Thinking, 창의력Creating 등을 통칭하는 4C를 21세기 역량으로 강조했다. 또 2017년에는 전미사립학교협회National Association of Independent Schools가 역량 중심 교육으로의 전환을 발표했다. 특히 협회는 역량 중심 교육과 평가를 8대 핵심 역량으로 구분하고, 분석적이고 창의적인 사고analytical and creative thinking, 복합적 의사소통complex communication, 리더

그림 2.9 ISTE의 학생용 디지털 역량 표준 도식

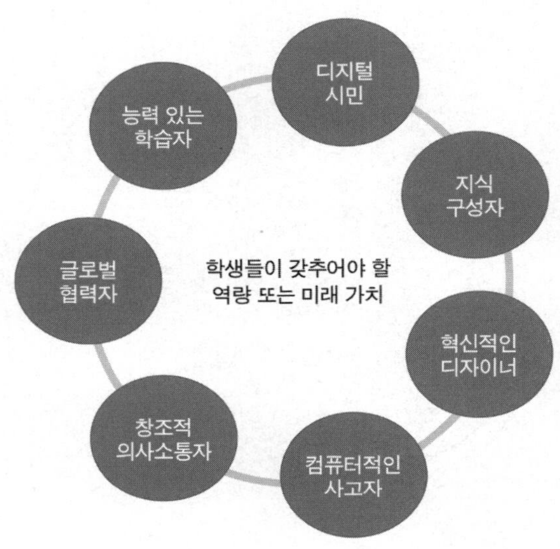

십과 리터러시leadership and teamwork, 디지털/양적 리터러시digital and quantitative literacy, 세계적 시각global perspective, 적응력/진취성/모험 정신adaptability, initiative and risk-taking, 진실성과 윤리적 의사결정integrity and ethical decision-making, 마음 습관/사고방식habits of mind 등을 제시했다(류태호, 2019).

지금까지의 미래 역량에 대한 논의를 바탕으로 공통적이고 핵심적인 것들을 도출하면 다음과 같이 일곱 가지 요소를 제안할 수 있다. 제일 먼저, 분석적이고 창의적인 학습자가 되어야 한다는 것이다. 분석적이고 창의적 역량이라는 말은 주어진 문제를 새로운 시각과 관점으로 분석하고 기존에 없던 새롭고 기발한 해결 방안을 제시하는 능력을 말한다. 이를 위해 문제 자체를 파악하고 파악된 문제에 적합한 해결책을 찾아내기 위해 알맞은 정보를 모으고 분석하며 처리할 줄 알아야 한다.

이때 편견이나 선입견을 배제하고 신뢰할 수 있는 정보를 구별할 수 있어야 한다. 또한 정보의 홍수 속에서 양질의 정보를 찾아낼 줄 아는 능력을 갖춰야 한다. 기존의 아이디어나 지식을 분석하여 새로운 지식이나 아이디어를 창조할 줄도 알아야 하며, 전혀 새롭고 복합적인 문제가 주어지는 경우에 시행착오를 두려워하지 않고 꾸준히 탐구하며 분석력과 창의력을 이용해 새로운 해결책을 도출할 수 있어야 한다. 마지막으로 인공지능 기술을 포함한 기술 작동의 근본적인 개념을 이해하고 새로운 기술을 탐험하는 데 이 기술을 활용할 줄 알아야 한다.

둘째, 비판적으로 사고할 수 있어야 한다. '비판적 사고'는 눈에 보이는 모든 것을 쉽게 믿거나 따르지 않으며 보수적으로 경직되지 않는 태도를 말한다. 나아가 그러한 태도로 대상의 합리 혹은 불합리한 부분을 꿰뚫어 보면서 자신만의 사상이나 관점을 확립하는 것이라 할 수 있다. 비판적으로 사고하기 위해 일상에서 실천할 수 있는 방법으로 라인골드(Rheingold, 2010)는 다음과 같이 제안했다. 첫 번째 단계는 정보를 생산한 저자의 이름을 검색해서 저자의 사회적 평판을 우선 확인하는 것이다. 이러한 단계가 끝나면, 정보의 출처와 저자의 사회적 연결 등을 확인할 것을 강조했다.

비판적으로 사고하기 위해서는 권위 있는 이론이나 전문가의 말에 의심을 품고 기존의 불합리한 사회, 도덕, 윤리, 풍습, 금기를 맹종하지 않아야 한다. 접하는 정보나 지시 글을 '의심'해 보면서, 매우 실용적인 동시에 진리를 탐구하는 자세로 문제를 분석하며 이성적으로 판단하고 선택해야 한다. 특히 과학계에서는 비판적 사고가 확고하고 권위에 굴복하지 않는 사람만이 최종적으로 성공을 거둔다는 것을 명심해야 한다.

자신만의 사상이나 관점을 내놓으려면 사고할 줄 알아야 한다. 여기서 말하는 사고란 일종의 자기 학습 과정으로, 기존 이론을 의심하고 비판적으로 자신만의 지식 체계를 수립하고 학습의 주체가 되는 것이다. 독립적으로 사고하지 못하고 혁신적인 의식이 없으면 자신만의 독특한 사상이나 관점을 형성하기 어렵다. 이런 이유로 비판적 사고란 창조적 인재로 성장하는 초석이라 할 수 있다.

셋째, 창조적인 의사소통자가 되어야 한다. 창조적 의사소통자로서 학생들에게 명확하게 의사소통하고 스스로 자신의 목표에 적합한 플랫폼, 툴, 스타일, 포맷, 디지털 미디어를 이용하여 다양한 목적을 위해 스스로 창조적으로 표현할 것을 주문한다. 자신의 창의와 의사소통에서 요구된 객관성에 부합하는 적합한 플랫폼과 툴을 선택해야 하며 오리지널 작업을 창조하고 디지털 자원을 책임 있고 새롭게 용도 변경하고 재조합해야 한다. 또한 시각화, 모델, 시뮬레이션과 같은 다양한 디지털 대상을 이용하거나 창조하여 명확하고 효과적으로 복잡한 아이디어를 의사소통하며 의도하는 청중들을 위해 메시지와 매체를 최적화하는 콘텐츠를 발표할 수 있어야 한다.

넷째, 리터러시 역량을 갖추어야 한다. 먼저, 디지털 리터러시는 정보를 검색하고 평가하고 창출하고 전달하기 위해 정보통신 기술을 활용하는 능력을 말한다. 또한 양적 리터러시는 인쇄된 교재에 있는 숫자들을 이용해서 단일적인 연산 또는 연속적인 연산을 수행하는 수리적 지식이나 산술 능력 또는 일상생활과 일자리에서 발생하는 수리적 상황에 효과적으로 대응하기 위해 필요한 기술, 지식, 신념, 기질, 사고방식, 의사소통, 역량, 문제 해결 능력의 집합체라 할 수 있다. 이러한 리터러시 역량을 개발하기 위해서는 무엇보다 정보통신 기술로 구현되는 디지털 테크놀로지를 잘 이해하고 필요한 곳에 제대로 이용할 줄 알고 적합한 상황에 적용해서 활용할 줄 알아야 한다. 또한 정보통신 기술을 기반으로 디지털화된 지식을 창출하고 전달하기 위한 디지털 매체를 개발할 수 있어야 한다. 디지털 환경 내에서 만들어진 지식과 정보를 효과적으로 전달하기 위해서는 멀티미디어를 잘 활용할 줄 알아야 하며, 컴퓨터나 정보통신 기술, 로봇이나 인공지능 등은 기본적으로 수리나 코딩을 기반으로 하기 때문에 고등수학을 숙달하고 이용하는 능력과 같은 양적 리터러시를 길러야 한다. 마지막으로 수학, 과학, 테크놀로지, 환경과학, 로보틱스, 기하학, 나노 테크놀로지, 바이오테크놀로지 등 전통적이거나 최근 새롭게 부각된 분야에 대한 이해력을 높여야 한다.

다섯째, 진취적이고 모험적인 태도를 가져야 한다. 전혀 예상하지 못한 새로운 상황이나 환경을 접하는 경우 그것을 극복하기 위해 필요한 태도라 할 수 있다. 새로운 상황이나 환경에 대한 적응력을 기반으로 위험을 두려워하지 않고 진취적으로 문제를 해결해 나가는 모험 정신이 발휘될 때 우리는 문제 해결에 한 걸음 더 다가서게 되는 것이다. 이를 위해서는 무엇보다 유연성, 민첩성, 적응력 등을 키워야 한다. 유연성은 상황이나 상태 변화에 쉽고 부드럽게 잘 맞추는 성질이고, 민첩성은 시각적으로 속도를 감지하고 몸의 움직임을 맞춰가는 재빠르고 날쌘 성질이다. 적응력은 일정한 조건이나 환경 따위에 맞추어 응하거나 알맞게 되는 능력을 말한다. 예상과 다른 상황이 발생했을 때 유연하고 민첩하게 반응하며 잘 적응하는 능력은 하루가 다르게 빨리 변화하는 인공지능 시대에 꼭 필요한 기본 역량이라 할 수 있다. 또한 전혀 새로운 기술을 개발하거나 여러 기술을 융복합하여 완전히 새로운 기술을 만들어낼 줄 알아야 하고, 변화하는 상황에서도 효과적으로 업무를 수행하고 좋은 결과를 이루도록 해야 한다. 실패를 교훈으로 여길 수 있고, 혁신은 잦은 실패와 작은 성공으로 이루어진다는 것을 받아들일 줄도 알아야 한다. 모험 정신과 관련이 있는 것으로는 익숙한 것에 안주하지 않고, 꾸준히 새로운 것을 탐구하고 실험하는 것, 실패를 두려워하지 않고 오히려 실패를 통해 교훈을 얻는 것이 모험 정신의 기본이다. 마지막으로 주어진 일이나 시키는 일만 하는 것이 아니라 자신이 중심이 되어 독립적으로 일을 수행해 나갈 수 있어야 한다.

여섯째, 진실 되고 윤리적으로 의사를 결정할 수 있어야 한다. 이는 목표나 성과 지상주의로 인해 간과하기 쉬우나 사회 구성원으로서 가장 기본적이고 중요한 역량이다. 여기서 진실성은 개인의 생각과 말, 행동이 일치하는 것으로, 진실성의 바탕에는 정직과 윤리 그리고 도덕이 놓여 있다. 또한 윤리적 의사결정은 윤리적 원칙에 일치하는 방법으로 다양한 대안들을 평가하고 선택하는 과정을 의미한다. 따라서 윤리적 의사결정은 일반적으로 공개성의 원칙, 공정성의 원칙, 불가피성의 원칙, 보편성의 원칙 등 네 가지 원칙을 따른다.

이를 위해 우선 상대에 대해 공감하고 이해할 때 생각과 말과 행동이 일치하고 공정성과 보편성을 기반으로 윤리적 의사결정을 내릴 가능성이 높아진다. 또한 진실성, 정직성, 공정성, 존경심을 함양해야 한다. 여기서 정직성은 마음에 거짓이나 꾸밈이 없고 바르고 곧은 특성, 공정성은 편견과 차별에 치우침 없이 대우하거나 행동하는 것, 존경심은 남의 인격, 사상, 행위 따위를 받들어 공경하는 마음으로, 정직성, 공정성, 존경심은 모두 진실성을 이루는 뼈대다. 이와 함께 부당한 상황에 마주쳤을 때 도덕적 용기를 보여주는 능력은 윤리적 의사결정 역량을 평가하는 주요 기준이며, 특정 개인이나 집단이 아닌 보다 큰 공동체의 이익과 행복을 추구하는 것이 윤리적 의사결정의 본질이라 할 수 있다. 마지막으로 인공지능 기술 등 새로운 기술의 윤리적 이슈나 딜레마에 대해 본질적으로 이해하는 능력이 필요하다. 윤리적 의사결정 영역을 좀 더 광범위하게 확장한다는 점에서 의의가 있다. 꾸준히 변화하고 발달하고 새롭게 등장하는 기술을 사용하면서 겪게 되는 이슈나 딜레마의 본질에 대한 이해를 바탕으로 윤리적 의사결정을 내릴 수 있는 능력이 필요하다.

일곱째, 세계적인 시각이 있어야 한다. 자신이 속한 나라나 문화권 외의 다른 나라의 문화를 이해하고 상호 존중하며 국제 사회의 구성원으로 역할을 수행해 나가는 역량을 의미한다. 다른 사람의 전통이나 가치에 대해 열린 사고를 발달시키는 능력으로, 나만 옳고 다른 사람은 틀리다는 이분법적 사고에서 벗어나 다른 사람들의 다양한 아이디어를 틀린 것이 아니라 다른 것으로 존중하고 받아들이는 열린 사고를 지녀야 한다. 또한 다른 지역의 역사, 정치, 종교, 문화를 이해하는 능력으로 겉핥기식의 표면적인 세계적 시각이 아닌 본질적인 세계적 시각을 갖기 위해서는 다른 지역의 역사나 정치, 종교나 문화 등에 대한 이해가 수반되어야 한다. 세계적 시각을 강화하기 위해 모국어 외에 전 세계적으로 통용되는 국제어 하나 정도를 구사할 수 있는 능력도 갖춰야 한다. 다양한 테크놀로지로 다양한 나라의 사람들과 함께 교류하고 함께 협업할 수 있어야 하며, 정보의 바다에서 양질의 정보를 찾아내고 거짓 정보를 걸러내기 위해 2차, 3차 정보가 아닌 1차 원천 정보를 찾아 활용하는 사회적·지적 능력이 매우 중요하다. 마지막으로 점점 더 복잡해지는 국제 사회의 글로벌 이슈들을 제대로 이해하도록 노력해야 하며 복합적인 문제를 해결하기 위해 서로 다른 사회나 문화에 대한 깊이 있는 이해를 통해 사회적·문화적 차이를 잘 활용할 줄 알아야 한다.

6. 인공지능 시대에 나아갈 방향

인공지능의 활용 범위가 급속도로 넓어지고 있는 21세기에는 이제까지 많은 사람들이 중요하게 생각해 왔던 표준화된 지능보다는 개인의 독특한 능력이 훨씬 중요한 역할을 하게 될 것이다. 컴퓨터와 인공지능의 발달로 인간이 필요한 일의 종류가 근본적으로 달라질 것이기 때문이다. 이에 따라 인간 문명의 발전을 가능하게 했던 지식 구조와 의사결정 과정이 변화하는 과정에서 인간이 갖추어야 할 능력이 무엇인지, 그리고 어디까지 인간의 역할을 인공지능 등에 넘겨주어야 할지 등에 대한 진지한 고민이 필요하게 되었다. 또한 인공지능이나 로봇 기술이 적용된 제품들을 이용하면서 살아가는 '양식 있는 이용자'로서 올바른 인공지능 기술 향유에 필요한 지식을 충분히 알고, 인공지능 때문에 생겨난 피해나 부조리에 적극적으로 대처하고 문제를 해결하려는 태도를 지녀야 한다.

과거에 우리는 많은 양의 지식을 저장하고 그중에서 필요한 정보를 기억해 내어 해결책을 찾아내는 일에 막대한 시간과 노력을 들여야 했다. 초등학교, 중학교와 고등학교 과정, 그것도 모자라 대학 과정 등을 거치면서 지식을 습득하고 정보를 처리하는 능력을 쌓는 데 시간과 돈과 노력을 투자했다. 그리고 다른 사람에 비해 더 많은 시간과 돈과 노력을 투자한, 의학이나 법처럼 특수한 분야에서 일하는 사람들은 자신이 투자한 시간과 노력에 대한 대가로 적잖은 보상을 받을 수 있었다.

또한 이러한 능력을 갖고 있는지를 가려내기 위해서 수많은 자격시험이 마련되기도 했다. 하지만 인공지능이 발전함에 따라 전문 지식을 현실적인 문제에 적용할 수 있는 능력이 보편화될 것이고, 지금까지 사용되어 왔던 지능 검사와 능력 검증 시험 등도 점차 그 중요성을 잃어갈 것으로 예상된다(이대열, 2021).

이에 따라, 인간이 기계와의 비교와 경쟁에서 살아남을 수 있는 유일한 방안은 실천적 지혜를 끊임없이 추구하는 것이다(정연재, 2019). 실천적 지혜는 기계적 판단이 불가능한 상황에서 내리는 최선의 판단과 의사결정을 의미한다. 일례로, 전문직으로서 의사의 지식은 숙련공의 지식과는 다르다. 의학 지식을 기계적으로 적용하는 테크니션이 아니라 특별한 상황에 놓인 환자의 요구를 민감하게 알아차릴 수 있는 능력과 적절한 방식으로 그 요구에 대응할 수 있는 실천적 능력을 지녀야 한다.

또한 인공지능과의 관계에서 인간으로서의 주체성과 자율성을 얻기 위해서는 인간이 인공지능과의 관계를 규정하는 데 있어서 주체가 되어야 한다. 이를 위해서는 반드시 지켜야 할 원칙이 있다. 그것은 인공지능을 장착한 기계가 스스로 복제하는 것을 허락해서는 안 된다는 것이다. 인공지능을 장착한 기계가 자기 복제를 한다는 것은 그와 같은 기계의 모든 부품을 스스로 수집해서 결합하는 모든 과정을 포함하는 것이다.

속도는 기술의 최대 강점이다. 기술과 정보가 속도를 무기로 효율성과 생산성 확대라는 미명 아래 우리의 변화를 재촉하고 있지만 정작 우리 자신의 합리적 사고는 더욱더 제한받고 있다. 오늘날의 우리에게, 기계적으로 습득해서 적용하는 기술적 지식이 아니라 끊임없는 자기화와 해석의 과정을 거치는 판단 형식, 즉 고도의 지적 감수성과 창의적 사고가 중요한 것은 이 때문이다. 하라리가 주장하는, 경험과 감성으로 구성된 지식과도 연결되는 부분이다. 기술적 전문성과 비기술적 통찰력을 함께 갖추어 서로 다른 세계를 자유롭게 넘나들 수 있는 사람만이 인정받을 것이라는 점을 명심해야 할 것이다.

참고문헌

뢰처, 플로리안(F. Rötzer). 2000. 『거대 기계 지식: 사이버 시대의 올바른 지식사회 구축을 위한 비전 (Megamaschine Wissen)』. 박진희 옮김. 서울: 생각의 나무.

류태호. 2019. 『성적 없는 성적표: 미국 100대 명문 사립고교가 몰고 오는 4차 산업혁명 시대의 교육 대혁신』. 서울: 경희대학교 출판문화원.

변순용·이연희. 2020. 『인공지능 윤리하다』. 서울: 어문학사.

이대열. 2021. 『지능의 탄생: RNA에서 인공지능까지』. 서울: 바다출판사.

정연재. 2019. 『포스트휴먼 시대의 윤리: 아리스토텔레스 윤리학의 현실성을 찾아서』. 파주: 아카넷.

한국정보화진흥원 (편). 2010. 『정보통신윤리의 이해와 실천』. 서울: 한국정보화진흥원.

한국정보화진흥원. 2016. 「지능화 시대의 패러다임 변화와 대응전략」. ≪IT & Future Strategy≫, 11호.

______. 2017. 『ICT Trend Caster』.

홍유진·김양은. 2013. 「미디어 리터러시(Literacy) 국내외 동향 및 정책 방향」. ≪코카포커스≫, 2013-01호(통권 67호).

Cazden, C., B. Cope, N. Fairclough and J. Gee. 1996. A Pedagogy of Multiliteracies: Designing Social Futures. *Harvard Educational Review*, Vol.66, No.1. pp.60~92.

Dobbs, R., J. Manyika and J. Woetzel. 2015. *No Ordinary Disruption: The Four Global Forces Breaking All the Trends*. New York, NY: PublicAffairs.

Harari, Y.N. 2015. *Homo Deus: A Brief History of Tomorrow*. London: Harvill Secker.

ISTE. 2016. "ISTE Standards for Students." http://iste.org/standards (검색일: 2021.9.23).

Jenkins, H., K. Clinton, R. Purushotma, A.J. Robison and M. Weigel. 2009. *Confronting the Challenges of Participatory Culture: Media Education for the 21st Century*. Chicago, Illinois: MacArthur.

JISC. 2015. "Digital Capabilities: The 6 Elements Defined." http://digitalcapabilitiy.jiscinvolve.org/wp/files/2015106/1.-Digital-capabilities-6-elements.pdf (검색일: 2021.9.23).

Lankshear, C. and M. Knobel. 2003. *New Literacies: Changing Knowledge and Classroom Learning*. Buckingham, PA: Open University Press.

Rheingold, H. 2010. "Attention and Other 21st Century Social Media Literacies." *Education Review*, Vol.45, No.5, pp.14~24.

03

디지털 플랫폼 시대의 게임 리터러시

장근영 | 한국청소년정책연구원 선임연구위원

디지털 플랫폼 시대의 게임 플레이는 혼자만의 단순한 세계 속에서 자폐적인 만족을 누리는 활동에서부터 네트워크를 통해 타인들과 실시간으로 가상 사회에 참여하는 시민 활동에 이르기까지 매우 넓은 스펙트럼을 이룬다. 이는 게임이 혼자 즐기는 스탠드얼론 게임에서 타인과 대결하는 멀티플레이 게임, 그리고 지속성을 가진 가상 사회 속에 참여하는 다중사용자 온라인 게임으로 진화했기 때문에 나타난 현상이다. 요컨대 21세기의 아동과 청소년들은 게임이라는 가상공간을 통해 온라인 커뮤니티를 통해 새로운 형태의 사회화 과정을 경험한다. 전통적인 디지털 게임에 비해서 온라인 플랫폼에서의 게임은 더 많은 가능성과 함께 더 많은 위험 요소와 해결해야 할 문제들을 제시한다. 이제 '게임 리터러시'는 게임 자체를 이해하고 효과적으로 플레이하는 기술이라는 소극적인 정의를 넘어서, '게임이라는 매체에 담긴 정보와 기술을 이해하고 활용함으로써 게임 속과 밖에서 자신이 접하는 문제들을 바람직한 방향으로 해결하고, 부정적인 영향을 최소화할 수 있는 능력 혹은 그런 능력을 습득하고 키워갈 수 있는 역량'이라고 정의할 수 있다.

이와 같은 맥락에서 여기서는 게임 리터러시를 단순한 문해력 혹은 문화나 미디어 이해력이 아니라 역량(competencies)의 일부로 접근하고자 한다. 역량의 3대 요소인 지식, 기술, 태도와 게임 자체, 게임에서 만나는 자아와 타인, 그리고 게임을 둘러싼 사회문화적 맥락이라는 세 개 범주의 대상을 중심으로 아홉 개의 게임 리터러시 영역을 제시하고 각각의 영역에 해당하는 게임 리터러시의 주제들을 제시했다. 이를 통해 디지털 플랫폼 시대의 게임 리터러시는 미래 기술 환경에 성공적으로 적응하기 위한 가장 기본적인 기술이나 지식, 태도라는 점을 설명하고자 한다.

1. 들어가며

1972년 최초의 디지털 게임인 〈퐁〉이 출시된 이후 이 미디어 분야가 50년도 되지 않아 1758억 달러[약 210조 원, 2021년 뉴주(Newzoo) 추정치] 규모의 시장으로 성장할 것이라 예상한 사람은 아마 없었을 것이다. 디지털 게임 시장은 이미 2010년대부터 영화와 음반 시장을 합한 것보다 커졌으며 코로나19와 함께 그 비중은 더욱 높아지고 있다. 게임의 확장은 이용자들의 범주에서도 나타난다. 한때 정상적인 취미 생활을 못 하는 남자 컴퓨터 괴짜들의 전유물로만 알려졌던 디지털 게임은 이제 대다수 남녀 청소년들의 여가 생활 속에 자리 잡았을 뿐만 아니라 성인과 노년층에게도 침투하고 있다(조영준, 2020.7.1). 스마트폰을 통해 디지털 게임을 접한 50세 이상의 그레이 게이머Grey Gamer(노인 게이머)들은 점차 무시할 수 없는 규모의 사용자 그룹으로 성장하고 있다.

디지털 게임의 잠재력은 단지 그 규모에만 있는 것이 아니다. 기술적인 첨단성은 미디어로서의 게임이라는 디지털 게임의 속성을 잘 보여준다. 정보통신 기술과 미디어가 한 차원 진화할 때마다 게임 산업이

그림 3.1 2016년 콘텐츠 시장 규모 비교

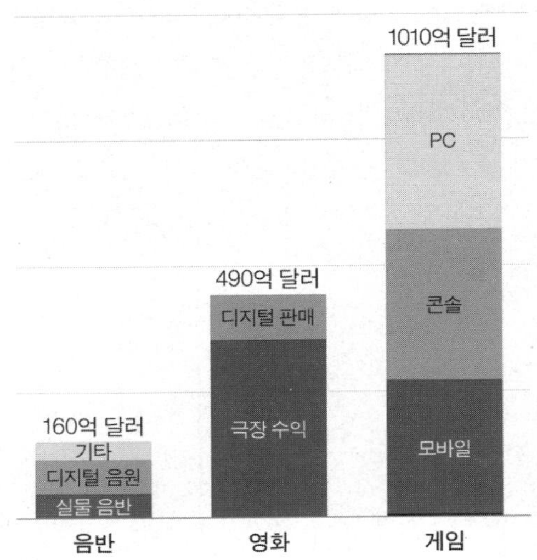

자료: Vanillaplus(2018.7.5).

제일 먼저 그 기술의 가치를 키우는 역할을 했다. 스마트폰의 대중화와 소셜네트워크의 확산은 〈앵그리버드〉, 〈캔디크러시〉와 같은 소셜네트워크 게임이라는 새로운 게임 장르와 새로운 시장을 만들어냈다. 2020년 기준, 모바일 게임은 매달 26억 명이 넘는 이용자가 몰리고 60억 달러 이상의 매출을 올리는 신산업이다. 이렇듯 디지털 게임은 새로운 정보통신 기술과 융합되면서 확고부동하게 매체의 주축이 되었다. 코로나19 이후의 세계에서 부각된 비대면 커뮤니케이션이 메타버스Metaverse 같은 통합적인 플랫폼으로 이행하면서 디지털 게임의 역할은 더욱 확장될 것으로 보인다. 그동안 디지털 게임 장르들은 인간의 생활을 모사하면서 진화해 왔다. 단순히 가상의 목표를 추적하거나 적중시키는 활동에서 시작한 게임 속 활동은 이제 지속 가능한 가상 사회를 구성하고 경제활동을 영위하고 역사와 문화를 형성하는 수준에 이르렀다. 그 결과, 인간의 삶이 비대면 영역으로 넘어가야 하는 이 순간에 디지털 게임만큼 폭넓은 스펙트럼을 제공할 수 있는 플랫폼은 존재할 수 없게 된 것이다.

그러나 우리는 아직까지 디지털 게임에 대해 충분히 알지 못한다. 디지털 게임의 영향력이나 산업 규모는 실제보다 늘 과소평가되어 왔으며, 그 부작용은 늘 과대평가되어 왔다. 2020년대에 들어서도 디지털 게임의 속성이나 기능에 대한 잘못된 우려와 잘못된 기대는 여전히 존재한다. 디지털 게임은 지금도 부모와 자녀 간의 갈등, 세대 간의 몰이해가 가장 많이 불거지는 분야이기도 하다. 그 와중에도 디지털 게임은 IT 기술의 급속한 발전을 가장 먼저 체험할 수 있는 장면을 제공하면서 꾸준히 진화하고 있다. 디지털 게임을 이해하는 것은 21세기를 이해하고 미래 세상을 미리 준비하기 위해서 반드시 필요한 일일지도 모른다.

2. 게임 리터러시 부상의 맥락

1) 게임 리터러시의 정의

흔히 '문해력'으로 번역되곤 하는 리터러시literacy는 전통적으로는 단순히 '글을 읽고 쓰고, 숫자 셈을 하는 능력'을 의미했다. 그러나 예전부터 리터러시는 단순한 문해력 이상의 의미로 사용되어 왔다. 특히 전통적인 계층구조를 가진 사회에서 리터러시는 계층을 구별하는 지표이기도 했다. 누군가가 어떤 어휘를 사용하고 어떤 문서를 알고 있거나 읽었거나 암송할 수 있는지 등을 통해 그 개인이 어떤 계층 출신인지가 확인되었기 때문이다. 즉, 리터러시는 자신을 둘러싼 문화를 이해하고 사용할 수 있는 능력, 그리고 그 능력의 배경을 구성하는 문화적 자본을 함축하는 단어였다. 그렇기 때문에 리터러시라는 개념은 미디어의 발달과 함께 그 범위가 꾸준히 확장되어 왔다. 이미 1987년에 허시(Hirsch, 1987)는 문화 리터러시cultural literacy라는 개념을 제시했는데, 이 문화 리터러시는 "어떤 문화를 이해하고 참여하는 능력, 문화 속 미디어 자체와 그 미디어가 전달하는 내용의 이해를 넘어 미디어가 당대의 사회적 맥락에서 어떤 의미를 지니며 그것을 매개로 어떻게 소통하는지, 그리고 그 사회문화적 효과는 무엇인지를 이해하는 능력"을 포함한다고 정의했다. 그리고 2003년에 버킹엄(Buckingham, 2003)이 '미디어 리터러시new literacy' 개념을 제안하면서 리터러시는 인터넷과 컴퓨터를 포함한 뉴미디어의 올바른 이해와 활용 능력으로 확장되기 시작했다. 21세기 들어 리터러시에는 고전적인 의미의 문해력뿐만 아니라 디지털 게임이나 SNS와 같은 뉴미디어에 대한 이해와 활용 능력이 포함된다는 인식이 보편적으로 공유되기 시작했다. 2006년에 유네스코에서 발간한 「모두를 위한 교육: 생활 문해력Education for All: Literacy for Life」에서는 리터러시를 "언어와 숫자, 이미지, 컴퓨터 시스템 그리고 다른 현대사회의 도구들을 통해 새로운 지식과 그 배경에 깔린 복잡한 사회문화적 맥락을 이해하고 다양한 문제 해결에 활용하는 능력"이라고 정의한다(UNESCO, 2005). 이를 보다 간결하게 요약하자면 미디어 리터러시는 인터넷을 포함한 현존하거나 앞으로 나타날 모든 매체에 담긴 정보와 기술을 이해하고 이를 활용해서 자기 자신과 공동체의 문제를 바람직한 방향으로 해결할 수 있는 능력이라고 말할 수 있다.

그렇다면 '게임 리터러시'는 무엇일까? 전통적인 리터러시의 정의를 따라 '게임을 잘하는 능력'이라고 말할 수 있다. 게임을 잘한다는 것은 협소하게는 어떤 게임에서 높은 점수나 높은 승률을 얻는다는 뜻일 것이다. 이런 의미로 게임을 '잘하기' 위해서는 시각과 운동 협응 능력, 순발력, 지구력, 주의 집중, 냉정함의 유지와 같은 다양한 신체적·정서적 능력이 필요하다. 넷플릭스의 다큐 〈하이스코어〉(Acks et al., 2020)에 등장하는 게임 챔피언들은 공통적으로 "우승자를 결정하는 마지막 경기가 끝날 때까지 냉정함과 침착함을 유지하고 주의를 집중한 것"이 자신이 승리한 비결이라고 말한다. 물론 누구보다 긴 시간 동안 게임의 경로와 논리, 그리고 다음 단계로 넘어가기 위해 필요한 조작 기술을 숙련하는 것은 당연한 일이다. 하지만 그것만이 전부는 아니다. 우리가 게임을 하는 이유가 뭔가. 그것이 게임 속 능력이든 게임 밖에서도 유용한 능력이든 어떤 능력이나 가능성을 구현하고, 경쟁을 통해 짜릿함과 재미를 경험하면서 즐기기 위함이다. 즉, "게임을 잘한다는 건 게임을 하면서 많은 즐거움과 재미를 느낀다는 뜻"이다. 하지만 실제 게임 유저들 중에는 그렇지 못한 경우가 많다. 게임을 할수록 더 화가 나는 사람, 게임 하다가 친구와 싸우고 인간관계가 망가지는 사람, 강박적으로 게임에 자신의 자산을 쏟아붓는 사람, 게임 때문에 진짜 중요한 일을 하지 못하는 사람, 게임 속에서 범죄를 저지르는 사람, 게임을 오랫동안 즐겼지만 그 게임에서 아무것도 얻거나 배우지 못한 사람…. 이런 사람들은 게임 속에서 아무리 대단한 실적을 올렸더라도 결국 게임을 잘하지 못한 셈이다. 그리고 연구들에 따르면, 이런 사람들일수록 게임 속에서도 한심한 행동을 한다. 그러므로 '게임을 잘하는 능력'이라는 정의는 단순해 보이지만 사실은 매우 넓고 깊은 의미를 포함하고 있다. 게임 리터러시는 전통적인 관점에서 접근하더라도 결국은 전통적인 리터러시의 정의를 벗어날 수밖에 없다. 요컨대 게임 리터러시가 전통적인 리터러시의 범주에서 벗어날 수밖에 없는 이유는 계속 확장되는 디지털 게임 자체의 속성에서 기인한다. 디지털 게임은 진화하고 있으며, 그 때문에 디지털 게임 리터러시 역시 진화하게 된다. 이러한 배경에서 디지털 게임 리터러시는 끊임없이 진화하는 디지털 게임에 적응하고 이를 통해 그 잠재력을 최대한으로 발휘하는 능력이라고 재정의할 수 있다. 따라서 디지털 게임의 진화 양상을 간략히 살펴봄으로써 각 단계의 게임 환경에서 요구하는 리터러시를 유추하고자 한다.

2) 게임의 진화와 리터러시

(1) 스탠드얼론 게임

컴퓨터 게임은 그 초창기에는 단순히 콘솔 박스나 PC에 설치된 게임 프로그램을 조작control하는 것으로 시작했다. 인베이더, 갤러그, 보글보글, 테트리스 같은 전통적인 컴퓨터 게임들이 바로 여기에 해당한다. 이런 게임들을 '스탠드얼론 게임stand-alone game' 혹은 '싱글 플레이 게임'이라고 부른다. 요즘도 이런 싱글 플레이 게임들이 많이 나온다. 이 유형의 게임은 일종의 살아 움직이는 만화책이나 모니터 속의 장난감이라고 할 수 있다. 이런 게임은 디지털 퍼즐과 비슷한 것으로, 게이머 혼자서 프로그램을 상대로 플레이하기 때문에 사회적 요소가 포함되어 있지 않았다. 이들 스탠드얼론 게임은 기기의 정보 처리 용량 부담을 최소한으로 줄이기 위해 현실 세계에 비해서 단순한 수학적 원칙을 기초로 한다. 복잡해 보이는 게임도 대부분은 그와 같이 단순한 논리를 여러 겹으로 중첩시킨 것이다. 따라서 현실 세계에 비해 이해하고 적응하기 쉽다. 또한 이와 같은 이유로 반복 가능성이 높다. 같은 스테이지에서는 거의 비슷한 방식으로 사건이 전개된다. 따라서 예측하기 쉽고 반복 숙달하기도 쉽다. 또한 현실의 활동은 실패했을 때 치러야 하는 비용이 매우 높고 특히 신체적인 위험도가 높은 반면, 대부분의 디지털 게임은 이런 비용이 매우 적다. 예를 들어, 현실에서 자전거를 타다가 잘못 넘어지면(실패) 다치거나 심하면 죽을 수도 있다(비용). 하지만 디지털 게임 속에서는 어떤 사고가 벌어지더라도 내 물리적 신체는 안전하다. 목표 달성에 실패했다면 별다른 비용을 지불하지 않고도 리셋 reset 후에 다시 게임을 할 수도 있다. 또한 디지털 게임 세계에서는 성취도의 평가 역시 매우 즉각적이고 직접적이고 명료하다. 내가 이번 스테이지에서 공격 성공률이 몇 퍼센트였는지, 점수는 몇 점인지, 그에 소요한 시간은 얼마나 되는지까지 모두 정확하게 보여준다. 현실에서는 기대할 수 없는 정확한 피드백이다. 단, 이 유형의 게임은 플레이의 상대가 컴퓨터 프로그램이기 때문에 사회성은 존재하지 않는다. 따라서 이 유형의 게임은 현실에 비해 이해하기 쉽고 적응하기도 쉽다. 현실에서는 적응하기 어려울 정도로 자기 효능감이 낮은 개인이라도 스탠드얼론 게임 세계에서는 적응할 수 있다. 그리고 게임을 통해 게임을 구성하는 프로그램 논리 이해력, 눈과 손의 협응 능력, 순발력, 게임 정보에 대한 기억력 같은 것이 향상될 수 있다. 반면에 게임을 하느라 친구들과의 사회적 교류가 줄어들고, 그에 따라서 대인 관계 지능의 발달이나 사회적 기술 습득을 저해할 가능성도 있다.

표 3.1 현실 대비 스탠드얼론 게임의 특성

	현실 세계	스탠드얼론 게임
논리, 인과관계	복잡함, 이해하기 어려움	단순함, 상대적으로 이해하기 쉬움
반복 가능성	매우 낮음	매우 높음
실수, 실패	많은 비용 요구	비용 적음
신체적 위험성	높음	거의 없음
성취도 평가	간접적, 느림, 부정확	직접적, 즉각적, 명쾌함
인간적 요소	매우 많음, 사회성 요구	매우 적음, 자폐적

(2) 멀티플레이 게임

1990년 일본의 콘솔 게임 회사 캡콤Capcom에서 최초의 대전 게임인 〈스트리트 파이터Street Fighter〉를 내놓으면서 디지털 게임은 다른 유저와 직접 대결하는 게임 플랫폼으로 진화하기 시작했다. 그리고 초기에 유저와 유저가 일대일로 대결하던 게임은 이드 소프트웨어Id Software의 〈둠Doom〉을 시작으로 온라인 환경 다수의 유저가 다른 다수의 유저들을 상대로 승패를 가리는 양상으로 진화했다. 이렇게 다수의 유저가 서로 경쟁하고 승패를 가리는 게임을 멀티플레이 게임multi-play game이라고 한다. 새로운 게임인 것 같지만 사실 이 멀티플레이 게임이야말로 인류가 오래전부터 즐겨온 게임의 원형이다. 바둑이나 장기, 트럼프나 화투도 전형적인 멀티플레이 게임이기 때문이다. 단지 여기서 말하는 디지털 멀티플레이 게임은 디지털 환경에서, 주로 인터넷을 통해 그와 같은 활동을 한다는 차이가 있을 뿐이다. 예를 들어, 한국에서 가장 잘 알려진 멀티플레이 게임인 〈스타크래프트〉는 '사이버 시대의 장기'라고도 불린다.

멀티플레이 게임을 잘하는 능력을 멀티플레이 게임 리터러시라고 했을 때, 그 내용은 스탠드얼론 게임과는 본질적으로 달라진다. 우선 게임의 복잡성이 한 차원 높아진다. 디지털 게임 플랫폼 자체는 스탠드얼론 게임과 크게 다르지 않은 논리 구조에 따라 작동하지만 그것을 조작하는 주체가 나와 같은 사람이기 때문이다. 멀티플레이 게임을 잘하기 위해서는 단순한 기술의 반복 숙달만으로는 부족하다. 나와 대결하는 상대방의 마음을 읽어야 한다. 다시 말해서, 멀티플레이 게임은 상대방의 입장이 되어 생각할 수 있는 '조망 수용perspective-taking 능력'을 요구한다. 이는 바둑이나 체스, 장기에서 상대방의 수를 읽는 것과 같은 의미다. 이는 매우 복잡한 사회적 활동이다. 멀티플레이 게임을 하면서 우리는 상대의 행동을 예측함과 동시에 상대가 내 다음 행동을 어떻게 예측하고 있을지도 예측할 수 있다. 내 의도에 대한 상대의 예측을 뒤흔들거나 상대의 행동을 유도하기 위한 기만술까지도 포함된다. 이런 활동이 적절히 정확하게 그 목표를 달성할 때 게임에서 이길 수 있다.

승패는 멀티플레이 게임부터 발현되는 게임의 새로운 측면이다. 스탠드얼론 게임에는 승패가 없다. 어떤 스테이지를 클리어clear하는지의 여부만 있을 뿐이다. 멀티플레이 게임은 반드시 끝나며, 끝났을 때는 반드시 승패를 가린다. 승자가 있으면 필연적으로 패자가 발생한다. 우리가 승리했을 때는 만족감이나 우월감을 경험하지만, 패배했을 때는 좌절감과 열등감을 경험한다. 멀티플레이 게임을 하면서 모든 게이머는 패배에서 오는 부정적인 감정을 조절하고, 패배를 사실로 받아들이고, 노력을 통해 패배를 승리로 전환시키는 과제에 직면한다. 이 과제를 적절히 해결하는 것 역시 멀티플레이 게임 리터러시에 포함된다.

멀티플레이 게임 리터러시 교육이 적절히 이루어지지 않은 경우, 유

표 3.2 현실 대비 멀티플레이 게임의 특성

	현실 세계	멀티플레이 게임
논리, 인과관계	복잡함, 이해하기 어려움	단순한 룰, 복잡한 전개
반복 가능성	매우 낮음	매우 낮음
실수, 실패	많은 비용 요구	승리 대 패배
신체적 위험성	높음	거의 없음
성취도 평가	간접적, 느림, 부정확	직접적, 즉각적, 명쾌함
인간적 요소	매우 많음, 사회성 요구	매우 많음, 조망 수용 능력, 전략적 사고력, 감정 조절 능력 요구

저들은 자신 이외의 모든 사람을 싸움 상대로만 여기는 듯 호전적인 태도를 보이거나 패배의 감정을 제어하지 못하는 모습을 보인다. 멀티플레이 게임부터는 사회생활의 연장이기 때문에 규칙을 지키고 상대를 존중하는 법을 배울 필요가 있다. 이는 멀티플레이 게임 리터러시가 사회화 과정과 이어진다는 의미다. 멀티플레이 게임 속에서 어떤 유저는 남을 부당하게 공격하거나 절도, 사기 등을 저지를 수도 있다. 아동·청소년기에는 모험심과 규칙을 위반해 보려는 욕구가 자연스럽다. 하지만 그것이 잘못된 게임 윤리 의식과 결합하면 게임 밖에서도 삐뚤어진 태도로 연결될 수 있다. 멀티플레이 게임에서 룰과 예의를 지켜야 하는 이유와 현실 세계에서 룰과 예의를 지켜야 하는 이유는 본질적으로 동일하다. 게임 속에서 그것을 깼다면, 현실 세계에서도 깰 수 있다. 따라서 게임 속에서, 특히 실제 사람을 상대하는 멀티플레이 게임 속에서 삐뚤어진 행동은 다른 사회 활동 영역에서 나타날 수 있다. 이런 주제들이 모두 멀티플레이 게임의 리터러시에 포함된다.

(3) 다중사용자 온라인 롤플레잉 게임

1996년 한국의 넥슨Nexon에서 서비스를 시작한 〈바람의 나라〉와 1997년에 역시 한국의 NC소프트에서 서비스하기 시작한 〈리니지〉는 세계 최초의 그래픽 기반 '다중사용자 온라인 롤플레잉 게임'이다. 이 게임의 유저들은 중세 판타지 세계를 모사한 가상의 세계에 아바타를 빌려 접속과 종료를 반복하며 그 세계에서 가능한 온갖 활동에 참여한다. 이런 게임을 다중사용자 온라인 롤플레잉 게임Massively Multi-play Online Role Playing Game: MMORPG 혹은 줄여서 다중사용자 온라인 게임MMOG이라고 부른다. 이 유형의 게임에서는 수천 명 혹은 수만 명의 플레이어가 어떤 세계를 지속적으로 공유한다. 이 유형의 게임은 승패를 가리며 종료되지 않으며, 개별 유저의 접속 여부와는 무관하게 계속된다. 실제로 앞서 언급한 두 MMOG는 지금까지 20년 이상 계속되고 있다. 이렇게 수십만 혹은 수백만 명의 게이머가 수십 년간 가상 세계를 지속적으로 공유하기 때문에 MMOG는 게임이라기보다는 가상 세계이며 메타버스의 시초라고 할 수 있다. 각각의 게임 세계는 수십 년간 축적된 자체적인 역사와 문화를 가지게 되며 게임 속의 사회적 활동 역시 위계질서나 신뢰, 의리와 충성심, 자기의 명예나 불명예 같은 가치관까지 확장된다.

MMOG의 리터러시는 더 이상 현실 세계를 살아가는 능력과 구별되지 않는다. 게임 속에서 유저들이 직면하는 문제들은 현실과 본질적으로 동일하기 때문이다. 예를 들어, MMOG의 세계에서는 경제적 사고력이 요구된다. 시장경제의 원리로 움직이는 이 세계 속 아이템의 가격은 게임 세계 속 지역에 따라서, 시기에 따라 계속 변동한다. 따라서 어떤 시점에 어디서 물건을 구매하고 어디서 판매할지를 판단하기 위해서는 시장경제의 원리와 비용 대對 효과와 같은 경제적인 개념을 이해

표 3.3 현실 대비 다중사용자 온라인 롤플레잉 게임의 특성

	현실 세계	MMORPG/MMOG
논리, 인과관계	과학적 원리, 인간적 논리	마법의 원리, 인간적 논리
반복 가능성	매우 낮음	현실과 동일
실수, 실패	많은 비용 요구	보상하기 위한 시간과 노력 요구
신체적 위험성	높음	거의 없음
성취도 평가	간접적, 느림, 부정확	직접적, 즉각적, 명쾌함
인간적 요소	매우 많음, 사회성 요구	현실과 동일

해야 한다. 또한 사회적 영역에서는 다른 유저들과의 기본적인 대인 관계 기술뿐만 아니라 길드 혹은 혈맹과 같은 지속적인 공동체 생활을 위한 기술까지 요구된다. 이 세계 속에는 '선행 대 악행', '이타 행동 대 범죄', '사회적 정의 대 불의'도 존재한다. 따라서 유저들은 정의가 무엇이며, 어떻게 정의를 세울 것인가와 같은 질문에도 도달할 수 있다. 실제로 2004년 〈리니지〉 서버 중 하나에서 벌어진 '바츠 해방전쟁' 사건은 다수의 게임 유저들이 게임 속에서 벌어지는 불의에 항거하기 위해 협력하고 다시 반목했던 역사적인 사건이다. 길게는 4년간 연인원 20만 명에 달하는 유저들이 이웃 세계의 정의를 구현하기 위한 전쟁에 의용병으로 참전했다(황대영, 2019.10.23). 이와 같은 거시적인 사회적 주제뿐만 아니라 (유저) 자신의 마음속에서 일어나는 일을 이해하기(게임이 잘 안 되면 화가 나는 이유가 뭘까? 실패 앞에서 나는 어떻게 해야 제일 좋을까?), 함께 게임 하며 상호작용하는 동료들을 이해하기(다른 게이머들은 어떤 사람일까? 내가 왜 그들을 이해해야 할까?), 가치관이나 성격이 다른 이들과 교류하기 위한 기술을 습득하기, 자기 의사를 표현하는 기술뿐만 아니라 부당한 대우를 받을 때 항의하거나 정당한 권리를 주장하고 관철하

는 기술을 배우기 등이 모두 게임 리터러시의 영역이다.

MMOG에 참여하는 유저들은 새로운 세계에서 또 다른 자아Self를 형성해서 키워가는 경험을 하게 된다. 이 세계의 자아는 분명히 아바타를 통해 구현되는 대리 자아지만 그 의미와 가치가 매우 커질 수 있다. 게임 속에서 실력이 뛰어나다고 남들에게 인정을 받는 것은 마치 현실 사회에서 성적이 좋아서 상장을 받는 것과 같은 경험이 된다. 이런 게임에서 남들에게 인정을 받으려는 욕구가 생기는 것은 자연스러운 일이다. 하지만 이런 것이 지나치면 다른 사람이 나에게 내리는 평가에 지나치게 의존하거나, 자기가 원하지 않으면서도 다른 사람들에게 의존하는 등의 병적인 사회관계도 나타날 수 있다. 자기는 원하지도 않는데 친구들 때문에 억지로 게임을 한다거나, 게임 속에서 의도하지 않았던 범죄를 저지르는 등의 문제가 생길 수도 있다.

3) 게임 리터러시와 역량

기술의 발전과 함께 게임은 인터넷(혹은 모바일 인터넷)을 통해 타인들과 실시간으로 연결된 상태에서 진행되는 온라인 게임으로 진화했으며, 현재 아동과 청소년들이 즐기는 게임이 바로 이와 같은 (모바일) 온라인 게임들이다. 아동과 청소년들은 스마트폰이나 인터넷에 연결된 PC 혹은 온라인으로 연결된 콘솔(엑스박스, 플레이스테이션 등)을 이용해 전 세계의 다른 유저들과 실시간으로 게임을 즐긴다. 이렇게 전 지구적으로 연결된 게임은 혼자서 하는 게임과는 달리 매우 강력한 사회문화적 맥락 속에서 플레이할 수밖에 없다. 따라서 이런 게임을 잘 플레이하기 위해서는 이전에 요구되지 않았던 능력들이 필요해졌다. 이런 게임에서는 앞서 혼자 하는 게임에서 결핍을 우려했던 사회적 기술이 매우 많이 요구된다. 여기서는 타인과의 교류를 통해서 다양한 기술과 지식을 습득할 수도 있고, 그 관계를 이용해서 원래 게임 프로그램에 없던 새로운 차원의 활동을 시작하고 발전시킬 수도 있다. 지금 아동과 청소년들은 게임이 이루어지는 가상공간의 온라인 커뮤니티를 통해 새로운 형태의 사회화 과정을 경험한다. 반면에 이런 게임에서는 반칙을 하거나 속임수를 쓰는 등의 일탈 행동이나 온라인에서 일어난 갈등을 바람직한 방향으로 해결하지 못하면 오프라인에서 만나서 실제 신체적인 폭력으로 이어지는 문제까지 벌어진다. 즉, 이전의 혼자 하는 게임에 비해서 온라인 게임은 더 많은 가능성과 함께 더 많은 위험 요소와 해결해야 할 문제들이 생겨났다. 따라서 이제 '게임 리터러시'는 게임 자체를 이해하고 효과적으로 플레이하는 기술이라는 소극적인 정의를 넘어서, '게임이라는 매체에 담긴 정보와 기술을 이해하고 활용함으로써 게임 속과 밖에서 자신이 접하는 문제들을 바람직한 방향으로 해결하고, 부정적인 영향을 최소화할 수 있는 능력 혹은 그런 능력을 습득하고 키워갈 수 있는 역량'이라고 정의할 수 있다.

따라서 게임 리터러시는 단순한 문해력 혹은 문화나 미디어 이해력이 아니라 역량competencies의 일부로 보아야 한다. 예를 들어, OECD에서는 기술의 급속한 발전과 사회문화적 변화에 따라 유효기간이 점차 짧아지는 기술이나 지식 중심의 교육에서 벗어나 보다 근본적인 능력과 품성의 개발을 교육의 목표로 삼아야 한다는 필요성을 인식하고 1997년부터 미래 사회에 요구되는 핵심 역량을 결정하고 정의하기 위한 DeSeCo 프로젝트The Definition and Selection of Key Competencies project를 시작했다. 이 프로젝트의 결과, 최종적으로 개인적인 측면에서 스스로 삶

그림 3.2 DeSeCo의 핵심 역량 구성 개념도

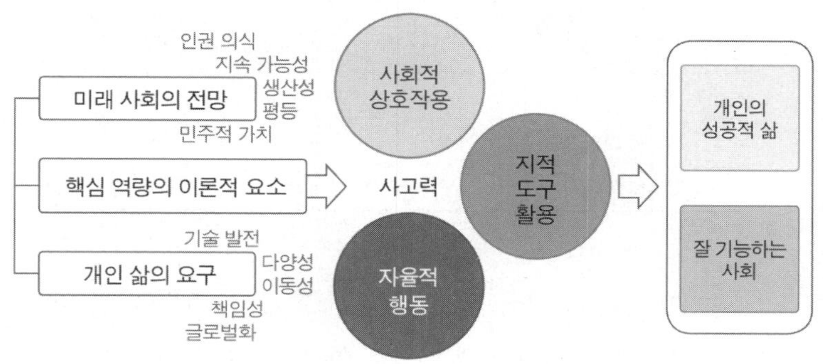

자료: 김기헌 외(2010).

의 목표를 결정하고 이를 달성해 나가는 능력인 '자율적 행동 역량', 자기와 다른 타인이나 집단을 이해하고 협력과 타협을 이끌어낼 수 있는 능력인 '사회적 상호작용 역량', 그리고 사회문화적 지식과 기술을 이해하고 활용하는 능력인 '지적 도구 활용 역량'의 3대 역량을 미래 사회에서 요구되는 핵심 역량으로 선정했다. 게임 리터러시의 개념에 이 DeSeCo가 제안한 핵심 역량을 적용해 보자면, 게임 리터러시는 '디지털 게임'이라는 지적 도구를 다루고 활용하는 능력이고, 스스로 게임과 관련된 목표를 정하고 달성하는 능력이며, 게임 안과 밖에서 만나는 타인들을 이해하고 협력과 타협을 이끌어내는 역량이라고 정의할 수 있다.

3. 게임 리터러시의 프레임

앞서 게임 리터러시를 '포괄적인 디지털 역량'으로 정의하자고 제안

표 3.4 게임 리터러시의 프레임

차원 \ 영역	기술	지식	태도
게임 자체	I-1	II-1	III-1
자아와 타인	I-2	II-2	III-2
사회문화적 맥락	I-3	II-3	III-3

했다. 그렇다면 기술과 지식, 태도의 3대 축으로 정의하는 다른 역량과 마찬가지로 게임 리터러시의 핵심 요소 역시 기술과 지식 그리고 태도로 나눌 수 있다. 기술은 행동적인 영역이며, 지식은 인지적인 영역, 태도는 정의적인 영역이라고 할 수 있다. 또한 게임 리터러시의 대상을 가장 좁게는 게임 자체에 대한 기술/지식/태도에서부터, 게임을 하는 자기 자신과 타인에 대한 기술/지식/태도, 그리고 가장 넓은 차원인 게임을 둘러싼 사회문화적 맥락에 대한 기술/지식/태도로 나누어볼 수 있다. 이렇게 게임 리터러시의 영역과 대상을 구분해 보면 게임 리터러시는 크게 아홉 개의 주제로 구분해 설명할 수 있다.

각 섹터에 해당하는 내용을 구체적으로 제시하자면 다음과 같다.

(I-1) 직접적인 게임 플레이 기술 (게임 내 기술 영역)

이 영역은 고전적인 관점의 게임 리터러시에 해당한다. 게임의 원리를 이해하고 능숙하게 플레이하는 능력이라고 할 수 있다. 이를 위해서는 게임의 작동 원리와 핵심 규칙들을 이해하는 인지적 능력, 그리고 이렇게 이해한 규칙들을 잘 이용하기 위한 시각-동작 협응 기술의 숙련도, 게임이 작동되는 기반 기술(컴퓨터, 인터넷 등)에 대한 이해 등이 필요하다. 이 섹션에 해당하는 능력은 실제 게임을 많이 하는 유저들이 가장 잘 알고 있으며, 게임의 외부자인 교사나 부모들에게는 가장 이해하기 어려운 영역 중 하나다. 구체적으로는 다음 항목들이 이 영역에 해당한다.

- 게임의 표면적 작동 원리 이해력
- 게임의 룰(채점 규정, 승패 규정, 반칙 이해) 이해력
- 게임 플레이 기술(컨트롤, 아이템 운용, 전술)
- 게임 플레이에 필요한 작업의 우선순위 설정하기
  예) 업데이트, 레벨업, 아이템 습득…

(I-2) 게임 내 사회적 기술 (자아와 타인 × 기술 영역)

이 영역은 게임 자체가 아니라 게임을 플레이하며 만나게 되는 다양한 사람들을 이해하고 대하는 기술을 말한다. 게임 속에서 만나는 다른 유저들과 효과적으로 협력하거나 경쟁하기 위해서 필요한 기술들이 이 영역에 해당한다. 일반적인 대인 관계 기술과 유사하지만 '멀티플레이 게임'이라는 환경 맥락에 특화된 기술이라고 할 수 있다. 구체적으로는 멀티플레이 게임에서 반드시 요구되는 전략적인 사고력, 인터넷을 통한 비대면 상황에서 상대방의 의도를 이해하고 대응하는 기술, 특히 게임 속에서 위험한 상대방을 발견하고 기피하거나 대응하기 위한 기술, 유저들 간 서로 다른 이해관계와 능력 수준을 고려해 타협안을 도출하는 기술 등이 여기에 포함된다. 구체적으로는 다음과 같은 항목을 제시할 수 있다.

- 상대방의 입장에서 생각하기(사회성, 전략적 사고)

• 초보자와 숙련자 식별법
• 믿을 만한 동료 대 배신자/사기꾼 식별법
• 반칙/해킹 대응 방법(사전 식별, 직면 대응, 사후 대응-보복하기)
• 팀원 각자의 장단점을 발견하고 적절하게 배치하기
• 그 외 협동과 사회적 상호작용에 필요한 기술

(I-3) 환경 맥락 기술 (사회문화적 맥락 × 기술 영역)

이 영역은 게임을 둘러싼 사회적 맥락에 대한 이해력이다. 왜 어떤 게임은 성공하고 어떤 게임은 실패하는지에 대한 의문이나 대답을 찾아가는 것도 이 영역의 주제다. 스탠드얼론 게임조차도 사회적 맥락을 고려할 때 새로운 가능성이 나타날 수 있다. 예를 들어, 본인이 유색인종인 게임 디자이너 고든 벨러미Gordon Bellamy는 EA사의 풋볼 게임 디자인에 참여해 1995년 게임 역사상 최초로 흑인 선수 캐릭터를 등장시켰다. 이는 이 게임의 현실성을 한 단계 향상시킴과 동시에 게임의 상업적 성공에 크게 기여했다(Gartland, 2020.8.19). 이와 같은 거시적인 개념뿐만 아니라 미시적인 환경 맥락 기술도 요구된다. 예를 들어, 내가 게임을 즐겁게 계속하기 위해서 어떤 현실 세계의 규칙을 지켜야 하는지에 대한 인식과 이를 실현할 수 있는 사회적 기술과 자기통제력은 모두 이 영역의 리터러시 주제들이다. 구체적으로는 다음과 같은 항목들이 이 주제와 관련된다.

• 게임 밖의 외부자들과의 관계를 우호적으로 형성하고 유지하는 데 필요한 기술
  예) 내가 게임 하는 걸 부모가 싫어하는 이유 이해하기(폭력적이 되어서,

공부를 안 해서, 돈을 많이 써서…), 사회에서 게임에 대해 부정적인 여론이 생기는 이유 이해하기, 그리고 내가 할 수 있는 대응

- 게임을 모르는 사람에게 게임을 설명하기
  예) 게임에서 일어난 일 이야기하기, 게임 속 사건의 중요성 설명하기, 게임 재미 전달하기, 부모에게 자신의 게임 플레이 이해시키기
- 게임에서 얻은 기술을 다른 사회문화적 맥락에서 응용하기
  예) 게임에서의 경쟁과 협동 전략을 학교나 직장에서의 과제 수행에 적용하기, 게임 속에서 습득한 리더십을 오프라인 환경에서 발휘하기, 게임에서 얻은 경험을 이용해 창의적인 콘텐츠 생산하기 등

(II-1) 게임 자체에 대한 지식

이 영역의 리터러시는 말 그대로 게임 자체로서의 게임에 대한 지식을 말한다. 최근 유행하는 게임이 무엇인지, 그 게임이 어떤 유형에 해당하고, 그 유형에 해당하는 게임의 특성은 무엇인지, 최근 접한 게임 중에서 재미있는 게임과 재미없는 게임은 무엇인지 등이 모두 이 영역의 주제들이다. 이런 지식들이 축적되면 앞으로 잘될 게임과 그렇지 않은 게임을 판별하거나 자기 취향에 맞는 게임을 선택하는 등이 가능해진다. 이 영역은 게임을 많이 접할수록, 게임 분야에 많은 관심을 가질수록 향상될 것이다. 또한 같은 게임을 즐기는 또래나 관련 커뮤니티를 통해서도 습득하고 향상될 수 있다. 이 영역의 주제 중에서 특별히 리터러시 교육의 주제로 삼아야 하는 것은 위험한 게임과 안전한 게임을 판별하기 위한 기준, 불쾌하거나 부적절한 게임을 판별하는 기준 등이 될 수 있다.

(II-2) 자아와 타인에 대한 지식

게임 리터러시에서 주로 자신의 통제력과 대인 관계 기술에 관련된 주제들이 이 영역에 포함된다. 앞서 언급했듯, 자기 정서에 대한 자의식self awareness 혹은 마음챙김mindfulness을 통한 내적인 성찰, 그리고 타인과의 교류를 통해 얻는 사회생활의 기초 지식이 여기에 포함된다. 이 영역의 주제는 게임을 하는 동안 누구나 경험하지만 아동·청소년의 경우(심지어 성인조차도) 이 주제들을 의식적으로 중요한 문제로 부각시켜서 생각과 수련의 대상으로 삼는 경우는 매우 드물다. 그와 같은 자기 성찰과 숙고의 과정을 거치지 않고서는 스스로 이 분야의 지식을 축적할 기회를 얻지 못할 가능성이 높다. 따라서 이 주제는 매우 중요한 게임 리터러시의 영역이라고 할 수 있다. 구체적으로는 다음과 같은 주제들이 이 영역의 리터러시에 포함된다.

- 내 마음속에서 일어나는 일에 대한 지식

  예) 게임이 잘 안 되면 화가 나는 건 나만 그런가? 보편적인 건가? …
- 게임 하는 동료들에 대한 지식

  예) 다른 게이머들은 어떤 사람인가? 그들은 나와 어떻게 다른가? 가치관과 성격의 차이 이해하기 등
- 자기 권리 주장에 대한 지식

  예) 내가 행사할 수 있는 정당한 권리는 무엇인가? 부당한 권리는 무엇인가? 어떻게 내 의사를 표현하나? 어떻게 항의할 수 있나? 항의하면 효과는 있을까? 효과적으로 내 의견을 주장하고 관철하는 방법은 무엇인가?

(II-3) 게임의 사회적 맥락에 대한 지식

게임의 사회적 맥락에 대한 지식은 게임에 대해 누군가와 이야기하기 위한 핵심 콘텐츠다. 이 지식은 게임의 의미를 더 깊이 이해하고 현재 자신이 즐기는 게임을 통해서 게임의 과거와 미래를 조망할 수 있는 능력의 기반이 된다. 게임의 과거를 알면 게임의 미래도 예측할 수 있다. 또한 게임을 둘러싼 사회문화적인 맥락을 이해하면 단지 게임을 좋아하거나 싫어하는 태도에서 벗어나 게임의 가치와 의미에 대해 생각할 수 있는 기반이 만들어진다. 게임을 다른 타인에게 설명하거나 게임의 가치를 누군가에게 설득하기 위해서는 게임을 기반으로 타인과 교류하는 기술과 함께 그 게임의 맥락이라는 내용이 필요하다. 구체적으로는 다음과 같은 내용들이 이 주제의 리터러시에 해당한다.

- 게임의 역사에 대한 지식

  예) 내가 하는 게임의 기원은 무엇인가? 어떻게 여기까지 발전했나?
- 게임 산업에 대한 지식

  예) 게임 회사는 왜 이런 설계를 했을까? 이윤 추구, 규제, 소비자로서의 권리에 대한 지식
- 게임과 다른 문화적 창작물의 관계에 대한 지식

  예) 내가 하는 게임 속 이야기와 장면들은 어디서 참조되었나? 그것들이 게임을 통해 어떻게 변화되거나 결합되었나?
- 게임에 대한 사회적 태도의 역사, 다른 미디어에 대한 사회적 태도의 역사 지식

  예) 사람들은 게임을 왜 위험하다고 생각할까?
- 고정관념과 편견의 기능과 역할, 어떻게 변화시킬 수 있는지에 대한 지식

예) 나는 게임이나 다른 것에 대해 고정관념과 편견을 가지고 있지 않나?

(III-1) **게임에 대한 태도**

게임에 대한 태도는 매우 가치지향적인 리터러시 요소다. 게임 자체에 대한 태도도 포함된다. 예를 들어, 게임을 하는 것이 좋은 일인지, 나는 게임을 통해서 무엇을 얻을 수 있고 그 대신에 어떤 비용을 지불하고 있는지, 어떻게 게임을 즐기는 것이 적당한 것인지 등은 모두 이 주제에 관한 질문들이다.

뿐만 아니라 게임 속 규칙이나 게임 자체에 대한 존중도 이 영역의 주제들이다. 어떤 게임이든 그 게임의 규칙을 지킬 수도, 위반할 수도 있다. 그런 경우 왜 규칙을 지켜야 하는지, 규칙을 위반하는 이유가 무엇인지, 그렇게 반칙을 통해 얻은 결과에 가치를 부여해야 하는지, 그리고 규칙이 서로 상충하는 상황에서 우선으로 지켜야 하는 규칙은 무엇인지와 같은 문제들이 포함된다.

- 게임 자체에 대한 태도

  예) 게임을 하는 건 좋은가 나쁜가? 어떻게 게임을 하는 것이 좋은가?
- 게임 규칙에 대한 태도(스포츠맨십)

  예) 규칙은 왜 필요한가? 지켜야 하나? 안 지키면 어떻게 되나? 어떤 규칙이 제일 중요한가?

(III-2) **자아와 타인에 대한 태도**

앞서 기술한 바와 같이, 멀티플레이 게임 이후 단계에서부터는 게임은 자폐적인 활동이 아니라 사회성으로 가득한 활동이 된다. 우리는 타인과의 상호작용을 통해서 자신의 모습을 깨닫는다. 즉, 게임 속의 사회적 상호작용은 자아와 타인에 대한 올바른 태도를 형성하는 과제라고 할 수 있으며 이는 크게는 시민의식이나 민주주의의 원칙에 대한 이해와도 연결되는 주제다. 구체적으로는 다음과 같은 내용들이 포함될 수 있다.

- 자아에 대한 태도
  예) 나는 괜찮은 사람인가? 나는 능력 있는 사람인가?
- 삶의 방식에 대한 태도
  예) 어떤 플레이가 좋은 플레이일까? 어떻게 사는 것이 좋은 삶일까?
- 타인에 대한 태도
  예) 게임 내 차별은 왜 나쁜가? 초보자들, 남과 여, 연령 차별, 타 지역, 타 게임을 차별해도 되나? 그러면 안 되는 이유가 뭔가?
- 공동체의 원칙
  예) 누구를 배척해야 하나?(반칙쟁이, 사기꾼…) 그런 경우 어떻게 배척하나? 누구를 배척하지 말아야 하나? 왜 배척하면 안 되나?

(III-3) 사회에 대한 태도

마지막 영역은 게임을 둘러싼 사회 그 자체에 대한 태도나 가치관의 문제다.

가장 중요한 요소는 신뢰trust다. 신뢰는 정부나 학교, 지자체와 같은 시민사회의 기본 구성체들에 대한 신뢰와 지역사회 공동체, 학교를 포함해 자신이 직간접적으로 접하는 다양한 공동체와 조직의 구성원들에 대한 인간적인 신뢰로 나눌 수 있다. 사회에 대한 태도는 게임 자체와 그 게임 속에서 일어나는 일에 대한 사회의 입장이나 방침에 대한 신뢰 혹은 수용 여부와 직결된다. 예를 들어, 정부를 믿지 못하는 개인은 그 정부가 게임에 관련되어 제시하는 방침에 자발적으로 협조하지 않을 가능성이 높다. 이는 부모나 교사에 대해서도 마찬가지다. 부모와의 신뢰 관계는 부모가 제시하는 게임 관련 규범에 대한 신뢰로 이어진다. 게임을 둘러싼 부모-자녀 간 갈등은 게임 자체로 인한 것일 수도 있지만 기존에 잠재되어 있던 부모-자녀 간의 신뢰 관계 문제가 게임을 계기로 부각되는 경우도 생각할 수 있다. 이런 문제들은 모두 사회에 대한 태도와 연관되어 있다. 이 역시 게임 리터러시의 주제이자 민주시민 교육에서 다루는 중요한 주제다.

- 신뢰(사회적 자본), 긍정적/부정적 태도
- 부모는 어떤 사람인가? 내가 부모님 말씀을 들어야 하는 이유는?
- 학교는 어떤 곳인가? 믿을 수 있는 곳인가? 나는 왜 공부를 해야 하나?

4. 게임 리터러시 교육의 주체

이와 같이 게임 리터러시의 영역을 게임과 게임 속 자아와 타인, 그리고 게임을 둘러싼 사회문화적 맥락의 축×기술, 지식, 태도로 분류하면 게임 리터러시 교육에 관련하여 몇 가지 통찰을 얻을 수 있다.

리터러시 교육을 생각할 때 주제나 내용의 변동성은 중요한 변수다. 예를 들어, 게임 리터러시의 주제들 중에 어떤 것은 유효기간이 매우 짧지만, 어떤 것은 우리 사회 문화의 기본 상식으로 계속 지속되는 주

표 3.5 게임 리터러시 영역의 변동성과 가치지향성

(가치중립적 ↔ 가치지향적 / 변동성 ↔ 안정성)

	기술	지식	태도
게임 자체	게임 플레이 기술	게임에 대한 지식	게임에 대한 태도
자아와 타인	게임 속 대인 관계 기술	대인 관계 관련 지식	게임 속 사회에 대한 태도
사회-문화	게임 기술의 사회문화적 의미	사회문화적 배경지식	게임과 사회에 대한 적절한 태도

제임을 알 수 있다. 게임 자체에 관련된 주제들일수록 그 유효기간은 짧다. 매년 새로운 기술과 함께 새로운 게임이 등장하며, 그때마다 게임에 대한 지식이나 사용 기술은 새로이 업데이트되어야 한다. 게임 리터러시 교재에 이렇게 변동성이 높은 주제에 관한 기술이나 지식을 담는다면 그 교재의 유효기간은 2~3년을 넘기지 못할 것이다. 반면에 사회나 문화에 관련된 기술이나 지식, 태도 영역의 유효기간은 매우 길다. 왜냐하면 이 주제들은 인간성에 대한 것이기 때문이다. 즉, 우리가 인간인 한, 인류의 문화가 지속되는 한, 이 주제에 관련된 리터러시 교육 내용은 계속 유지될 것이다. 또한 리터러시의 영역에 따라 가치 지향 수준도 다를 수 있다. 게임 리터러시 영역 중에서 기술이나 지식 영역의 내용은 객관적인 사실 중심의 교육의 대상이다. 반면에 태도 영역은 무엇이 옳고 그른지에 대한 교육, 즉 가치관 교육의 대상이다. 게임에 관련된 구체적인 지식 분야는 게임의 문외한인 교사나 부모가 접근하기 어렵지만, 옳고 그름의 원칙은 어른들이 가르쳐야 할 중요한 내용이다.

또한 이와 같은 프레임을 통해서 게임 리터러시 교육에 관련된 주체들이 각자 어떤 영역에서 어떤 역할을 담당할지에 대해서도 설명할 수 있다.

우선 게임 자체의 플레이 기술이나 지식에 대한 리터러시는 실제 게임을 플레이하는 유저들이 가장 잘 알고 있는 영역이다. 이 분야에 대해 게임을 잘 모르는 교사나 학부모가 교육을 할 수는 없다. 아동과 청소년들이 이 영역에 대해서만은 학생이 아니라 교사 혹은 가이드 역할을 담당할 수 있다. 실제로 아동과 청소년들에게 자기가 즐기는 게임에 대해 교사나 부모 같은 어른들에게 설명을 하고 가르칠 기회를 제공하는 것은 게임 하는 자신의 모습을 객관적으로 성찰하고 보다 큰 그림을 그리도록 유도하는 교육 방법이 될 수도 있다.

게임을 둘러싼 사회문화적 맥락에 대한 기술이나 지식에 있어서는 게임 분야 전문가들이 담당할 수 있다. 이들은 이에 관련된 내용을 최대한 이해하기 쉽게 정리해서 교과서나 교육 매뉴얼을 통해 교사와 학생들에게 전달하는 역할을 담당한다.

게임에 대한 태도는 교육의 영역이기 이전에 정책 결정의 영역이다. 이 분야는 정부와 정책 담당자들이 주체가 된다. 이들이 게임을 잘 알아서가 아니라, 정부의 정책이 결정되면 교육은 이에 준해서 이루어지기 때문이다. 단, 이 분야의 주체가 정부나 정책 담당자라 할지라도 이들은 정책적 결정 이전에 다른 리터러시 영역에 대해 학습하거나 교육을 받을 필요가 있다. 그것이 타당하고 실효성 있는 정책 결정의 기반이 되기 때문이다.

마지막으로 학부모나 교사의 전문 영역은 게임 리터러시 중에서도 게임 속에서 만나는 사람들을 대하는 법, 게임과 사회에 대한 올바른

표 3.6 게임 리터러시 영역별 주체의 도해

게임 유저 아동·청소년 / 정부·정책 담당자 / 게임 전문가(학계/업계) / 학부모·교사

	기술	지식	태도
게임 자체	게임 플레이 기술	게임에 대한 지식	게임에 대한 태도
자아와 타인	게임 속 대인 관계 기술	대인 관계 관련 지식	게임 속 사회에 대한 태도
사회-문화	게임 기술의 사회문화적 의미	사회문화적 배경지식	게임과 사회에대한 적절한 태도

태도와 같은 태도와 가치관, 그리고 대인 관계 관련 지식과 기술의 영역이다. 이 분야는 사회생활 기술과 밀접하며 성인들이 가장 능숙한 분야이기도 하다. 이렇게 서로의 전문 영역과 그에 따른 역할을 나눔으로써 게임 리터러시 교육의 실효성이 담보될 수 있다. 예를 들어, 현장에서 게임을 잘 모르는 교사가 게임 자체에 관련된 지식이나 기술을 가르치는 것보다는 오히려 학생들에게 자기가 즐기는 게임을 설명하도록 하는 것이 더 효과적인 교육이 될 수 있다.

참고문헌

김기헌·장근영·조광수·박현준. 2010. 「청소년 핵심역량 개발 및 추진방안 연구 III: 총괄보고서」. 한국청소년정책연구원.

조영준. 2020.7.1. "코로나 사태 이후 글로벌 게임 시장의 현황". ≪동아닷컴≫. https:/ /www.donga.com/news/It/article/all/20200701/101774264/1 .

황대영. 2019.10.23. "게임 속 역대급 전쟁… 리니지2 '바츠해방전쟁'". ≪이코노믹리뷰≫. https://www.econovill.com/news/articleView.html?idxno=374630.

Acks, W. et al. 2020. "High Score." Netflix.

Buckingham, D. 2003. *Media Education: Literacy, Learning and Contemporary Culture*. Cambridge, UK: Polity.

Gartland, D. 2020.8.19. "How Gordon Bellamy Brought an Element of Realism to EA Sports' Madden Series." Sports Illustrated. https://www.si.com/extra-mustard /video/2020/08/19/bringing-realism-to-ea-sports-madden-series.

Hirsch, E.D. 1987. *Cultural Literacy: What Every American Needs to Know*. New York: Vintage Books.

UNESCO. 2005. "Education for All: Literacy for Life." EFA Global Monitoring Report.

Vanillaplus. 2018.7.5. "The Revenues for Video Games Dwarfs Those of Music and Movies." https://www.vanillaplus.com/2018/07/05/.

04

영상을 통한 소통과 미디어 리터러시

권장원 | 대구가톨릭대학교 언론광고학부 교수

경쟁적 미디어 환경이 본격화되면서 미디어 리터러시에 대한 교육의 필요성이 갈수록 부각되고 있다. 애초 영상 미디어 환경에서의 유해성으로부터 어린이와 청소년을 보호하고자 하는 차원에서 출발한 미디어 리터러시 교육은 최근 정치, 경제, 사회, 문화 전반에 걸쳐 부각되고 있는 지식과 정보를 공유함으로써, 각 분야에서 보다 효율적으로 이들 지식과 정보를 축적해 나갈 수 있는 환경을 조성해 준다. 그뿐만 아니다. 국민적 기본권과의 충돌 가능성으로 인해 기존의 규제 영역에서 다루기 어려운 각종 미디어 관련 폐해들에 대한 사회적 자정 기능(social filtering function)으로 작용하기도 한다. 국가와 사회 안전망 구축의 교두보로서 적지 않은 의미와 가능성을 제공할 수 있다고 간주되고 있기 때문이다. 더 나아가, 미디어를 통한 소통 환경의 경우, 사상과 표현의 자유, 국민의 알 권리 등과 같이 국민의 기본권과 밀접한 관련이 있어 입법 과정을 통한 영향력 행사가 쉽지 않다는 점에서, 그리고 최근 AI를 비롯한 다양한 차원에서의 미디어 테크놀로지의 급격한 발전으로 인해 미디어 환경에 대한 정부의 정책적 대응이 즉각적으로 이루어지기 어려울 정도로 변화 속도가 빠르다는 점에서 미디어 리터러시 교육의 필요성은 더욱 강조될 수밖에 없다.

이 장에서는 특히 정보통신 테크놀로지의 발전 지향과 함께 미디어 리터러시에 대한 교육에서 중요하게 다루는 영상 언어에 대한 기본적인 이해를 중심으로 살펴보고자 한다. '해독(解讀)의 수월성'과 '공감대 형성의 용이성'이라는 특징을 토대로 4차 산업혁명 시대에 대한 국민의 관심과 인식을 이끌어내는 원동력으로도 작용하고 있는 영상 언어가 소통 메시지 구성을 기반으로 한 영상 표현에 있어 실제 현실과 차이가 있을 수밖에 없다는 점에서 일종의 재구성된 현실(reconstructed reality)이라는 비판적 인식이 가능하다. 이런 문제 의식에 입각하여, 미디어 리터러시에 대한 교육이 진정한 의미에서의 미디어 리터러시 교육으로 거듭나기 위한 지향점과 전제 요건들에 대해 함께 고민해 보는 계기를 제공하고자 한다.

1. 미디어 리터러시에 대한 교육, 그 필요성과 지향점

1) 4차 산업혁명 시대의 미디어 리터러시, 왜 필요한가?

미디어 리터러시에 대한 사회적 관심이 커지고 있다. 주된 논점은 크게 몇 가지로 정리해 볼 수 있다. 우선, 각종 미디어 테크놀로지 발전과 함께 다양한 미디어가 도입되고 있으며, 새로운 미디어 환경이 우리의 삶과 생활을 급격하게 변화시키고 있다는 점이다. 정치, 경제 등 사회 전반에 기반한 거시적 차원에서의 상호작용은 물론이고, 사적이고 개인적인 차원에서의 미시적 상호작용에 이르기까지 미디어 테크놀로지가 우리 삶에 미치는 영향력은 개인 간, 개인과 조직 간, 더 나아가 인간과 기계 간 상호작용에 이르기까지 상호작용 범위와 속도, 규모 면에서 갈수록 확장되고 있다. 최근 10년간 '언론수용자 조사' 결과를 살펴보면 텔레비전, 신문, 라디오, 잡지 등 전통적인 미디어 이용은 감소하고 있는 반면, 인터넷 기반 미디어 이용은 급증하고 있으며, 특히 종이 신문, 잡지 등 종이와 활자에 기반한 인쇄 미디어 활용은 급격하게 감소하는 반면, 디지털 온라인 기반의 이미지, 동영상 플랫폼은 급부상하고 있다. 온라인 동영상 플랫폼에서 유튜브의 활용이 가장 두드러지게 나타나고 있는데, 2018년 12월 31일 기준으로 한 유튜브 기초 통계에 따르면, 1분 동안 621시간 분량의 동영상이 등록되었으며, 등록된 동영상의 평균 길이는 15분으로 매년 늘어나는 경향이 있다. 등록 동영상 수는 13억 개이며, 동영상을 하나라도 등록한 사람의 수는 1억 100만 명으로 나타났다. 2018년 한 해 동안 유튜브의 동영상 총 조회 수는 29조 회이며, 동영상에 달린 댓글 수는 330억 개로 보고된 바 있다(오세욱·송해엽, 2019에서 재인용). 현시점에서 유튜브가 전 세계에서 가장 지배적인 플랫폼이라는 논점은 더 이상 재론의 여지가 없다. 이런 상황에서, 유튜브로 대표되는 미디어 플랫폼이 기존의 전통적 미디어 시장을 블랙홀처럼 흡수하고 있으며, 미시적·거시적 차원에서의 미디어 소통 환경은 그동안 축적되어 온 기존 정보와 지식의 상호 공유는 물론이고, 정치, 경제, 사회, 문화 전반에 걸쳐 활발한 시민 참여를 유도하고 있다. 기존의 소수 엘리트 중심이 아닌 시민 중심의 소통 구조로 급격하게 재편하는 과정에서 영상 기반의 리터러시 능력이 더욱 강조되는 환경이 조성되고 있는 셈이다.[1]

---

1 스마트폰 등을 이용하여 OTT 플랫폼을 활용하는 이용자는 언제 어디서나 어떤 유형의 단말기(AnyWhere, AnyTime, Any Device: AWATAD)로도 콘텐츠를 시청할 수 있으며, 연계 이용(sequential usage)과 동시 이용(simultaneous usage), 그리고 타인과의 공유에 입각한 사교적 시청(social viewing) 등의 특징들을 지니게 된다(박찬희, 2016)는 논

한편, 초창기 미디어 리터러시 교육의 필요성은 영상 매체가 주요 미디어로 부각된 이후 영상 내 행위 모방과 관련한 폭력성, 선정성 등으로부터 청소년을 보호해야 한다는 논점에서 출발한다(홍유진·김양은, 2013; 정용복, 2020에서 재인용; 권장원·이근형·곽현자, 2015). 이후, 미디어 환경이 급격히 재편되고 시민 중심의 대중적이고 경쟁적인 미디어 소통 구조가 부각되는 과정에서 가짜 뉴스와 같이 여론 형성 과정에서 의도된, 그리고 왜곡된 미디어 활용에 따른 각종 부작용이 심각한 사회적 폐해[2]로 부각되고 있으며, 과거와 같이 법제도적 차원에서 이들 문제들의 해법 찾기가 갈수록 쉽지 않은 상황이다. 언론의 주요 역할이라 할 수 있는 사상과 표현의 자유, 국민의 알 권리 등 국민의 기본권을 침해할 수 있는 소지가 있을 뿐만 아니라 미디어 테크놀로지의 급격한 발전으로 인해 정책적 차원에서의 미디어 환경에 대한 정부의 대응이 즉각적으로 이루어지기 어려울 정도로 변화 속도가 급격한 것 또한 해법 찾기를 어렵게 하는 중요한 원인 중 하나다.

물론 제도적 보완도 필요하겠지만, 제도와 규제만으로는 해결이 어려운 상황이라는 것이 중론이다. 시민들에게 미디어 활용에 대한 리터러시 교육을 강화하여, 보편적 차원에서의 미디어 소통 능력을 활성화시키고, 이를 토대로 미디어 환경에서 법제도적 차원이 해결하기 어려운 문제들에 대한 해법을 보다 근본적인 차원에서 찾아나가야 한다는

의도 리터러시의 필요성을 보여주는 사례 중 하나라 하겠다.

2 가짜 뉴스를 비롯하여 편파 및 복제, 뉴스 어뷰징, 받아쓰기식 보도 행태, 정치 및 자본 권력의 여론 독점화, 인터넷상의 사이버 폭력과 상호 비방 등 미디어에서 비롯되는 사회적 혼란과 갈등 요소들이 부각되면서 여론 시장의 왜곡은 물론이고, 전체 사회의 소통 구조에 심각한 위협 요인으로 작용하고 있다는 지적이 대표적이다.

목소리가 힘을 얻고 있는 것은 바로 그 때문이다. 특히, 최근 4차 산업혁명에 대한 논의에서 강조되어 온 '초연결'과 '초지능' 테크놀로지 발전으로 인해 언제 어디서든 국민 참여가 가능한 쌍방향interactivity, 더 나아가 다방향multi-way 소통 환경이 현실로 다가온 현 상황에서 미디어 생산과 유통 그리고 소비 과정에서 비롯되는 다양한 사회적 폐해들을 국민의 직접적인 참여와 의식 공유를 통해 보다 근본적인 차원에서 해소하고자 하는 다양한 시도 또한 목도할 수 있다. 이런 관점에서 볼 때, 미디어 리터러시 교육은 정치, 경제, 사회, 문화 전반에 걸친 지식과 정보 공유를 토대로 각 분야에서 필요로 하는 지식과 정보를 보다 효율적으로 축적해 나갈 수 있도록 해줄 뿐만 아니라 그에 부합하는 윤리적 행위 규범에 대한 사회 감시망으로 작용하여, 국민적 기본권과의 충돌 가능성으로 인해 기존의 규제 영역에서 다루기 어려운 각종 미디어 관련 폐해들에 대한 사회적 자정 기능social filtering function으로서, 그리고 국가와 사회 안전망 구축의 교두보로서 적지 않은 의미와 가능성을 포함하고 있는 셈이다.

2) 미디어 리터러시 교육에 대한 연구 성과와 지향

한국에서의 미디어 리터러시 교육에 대한 연구는 1980년대 초 소수의 언론학자들이 미디어에서 비롯되는 유해 콘텐츠로부터 일반 대중이나 어린이·청소년 등이 스스로를 보호할 수 있도록 하는 미디어 능력을 배양할 필요성이 있다는 논의를 하면서 시작된다(김기태, 2009, 2010에서 재인용). 이후, 미디어 리터러시 교육에 대한 논의가 본격화되면서 외연을 확장시키기 위한 다각도의 연구 성과들이 이루어진 바 있으며,

2000년 이후 리터러시와 관련한 학술적 연구 성과들이 급증하고 있는 경향을 보이고 있다.[3] 미디어 교육의 필요성과 당위성, 미디어 교육 개념 및 정의에 입각한 한국에서의 미디어 리터러시 교육의 지향점 및 방향성, 미디어 교육의 제도나 체계화에 기반한 정책 논의, 다양한 교육 현장 사례 발굴 및 정리, 분석, 미디어 리터러시 교육 관련 교재 분석이나 시안 개발, 교육 대상에 따른 교과 과정이나 커리큘럼 개발, 미디어 현장 사례에 따른 효과 분석, 미디어 교육 교수-학습법 관련, 새롭게 등장하는 테크놀로지 기반의 미디어 교육 특징 및 방안 모색, 시민운동과 미디어 리터러시 교육 간의 상호 관련성 연구, 다문화·장애인 등 사회적 소수자 기반의 미디어 리터러시 방안 모색 등이 대표적이다(강진숙, 2005, 2007; 김양은, 2005; 김기태, 2007; 권장원·이근형·곽현자, 2015에서 재인용; 안정임·서윤경·김성미, 2017). 이후, 신문과 방송 미디어 기반의 콘텐츠를 수용자가 스스로 만들어낼 수 있는 메시지 생산 능력에 대한 관심이 가세하면서 미디어 리터러시에 대한 교육 논의는 몇 가지의 세부적인 지향점으로 축약되는 경향을 보인다. 매스미디어에 대한 지식, 정보 습득과 함께, 미디어 해독 능력, 메시지를 읽고 비판적으로 이해하는 '리터러시 차원에서의 분석이나 평가 능력', 미디어를 통해 의사소통할 수 있는 능력을 개발하는 데 역점을 두는 '실무 지식 습득 및 소통 활용 능력', 인간의 비평-성찰에 입각한 '건전한 미디어 환경 구축과 올바른

---

3 비록 국내 리터러시 연구 현황과 관련하여 체계적이고 종합적인 연구 동향 고찰 및 분석 노력은 매우 드물지만, 리터러시가 학술지 논문 제목에 포함된 사례가 KCI 등재 학술지 기준 1990년대 2건이던 것이 2000년 이후 2018년 3월까지 1149건으로 증가하고 있다는 논점(김도헌, 2020에서 재인용)을 통해 볼 때, 2000년 이전의 리터러시에 대한 연구는, 특히 미디어 전공 분야를 중심으로 미디어에 대한 리터러시 교육 필요성 논의들이 주로 이루어져 왔던 것으로 해석 가능하다.

미디어 활동 유도 능력’ 등이 대표적이다.[4] 비록 미디어에서 비롯되는 유해 환경으로부터 어린이와 청소년을 보호해야 한다는 현실적인 문제에 대한 대안을 모색하는 차원에서 출발했지만, 실제 교육에서의 적용 가능성에 대한 논의와 함께 구체적인 교육 대안이 모색되어야 한다는 차원으로 그 논의가 확장되면서 이론과 실무 간의 상호작용은 물론, 실제 교육 현장에서 활용하기 위한 구체적인 교안 개발과 한국형 리터러시 교육 모델 개발에 대한 필요성이 지속적으로 제기되고 있는 것이 현실이다.[5]

하지만 미디어를 통한 소통 구조의 변화가 학교 교육 영역과 어떤 방식으로 연결, 도입되어야 할지에 대한 논점을 보다 근본적인 차원에서 조망하고 이를 기반으로 바람직한 교육 대안을 모색하기 위해서는, 미디어가 사람들의 인식과 태도 그리고 행동 전반에 걸쳐 적지 않은 영향력을 미치고 있고, 그 결과 사회 전 분야에 걸쳐 급격한 변화를 초래하고 있다는 결과론적 인식에만 머물러서는 곤란하다. 미디어를 통한 소

---

4 미디어 리터러시에서 강조하는 핵심적 교육 역량과 관련하여 서구에서는 OECD, Partnership for 21st Century(2009), ATC21S, CML(2012), UNESCO(2014) 등에서 제시한 바 있으며, 국내에서는 안정임 외(2009), 안정임 외(2017), 정현선 외(2015) 등 다양한 학자들에 의해 논의된 바 있다(정현선, 2018; 정용복, 2020).

5 미디어 리터러시 관련 논의의 외연 확장과 함께, 교육 및 시민사회 교육 분야에서 실제 어떻게 적용할 수 있을지에 대한 적지 않은 논의가 이루어지고는 있지만, 현실적인 차원에서는 미디어 리터러시 논의들의 개념과 지향에 대한 논점부터 적지 않은 혼란이 존재한다. 각자의 분야에서 고려하는 미디어 리터러시 내용과 지향 그리고 방법 측면에서 일부 차이들이 존재하는 것도 사실이지만, 상호 소통의 연결 고리로 작용할 수 있는 법제도적 여건 또한 적지 않은 영향을 미치는 것으로 이해될 수 있다. 상호 간의 소통 노력을 통해 개념과 내용, 지향과 방법 등에 대한 상호 합의를 찾아나가지 않더라도 각 분야에서의 필요성과 지향에 따라 독자적인 리터러시 구축과 활용이 가능하기 때문이다.

통에 내재한 특성과 메커니즘에 대한 이해가 전제되지 않을 경우, 기존의 학교 교육과의 관계 정립이 어려울 뿐만 아니라 보다 실효성 있는 교과 과정의 개발과 교육 방법의 적절성을 판단하기가 쉽지 않기 때문이다. 그뿐만 아니다. 개별 행위자와 사회 전반에 걸쳐 미디어의 보편적 활용이 갈수록 증가하고 있는 현실에서, 미디어를 통한 지배적 소통 구조의 자발적 적응 과정과 그로부터 비롯되는 소통 체계의 역동적 변화 메커니즘에 대한 고려와 인식이 생략된 채로 미디어 리터러시에 대한 교육적 실천 방안을 위한 현실적 차원에서의 제도 모색이 이루어질 경우, 미디어 리터러시 교육이 특정 목표를 추구하는 조직이나 집단의 숨은 의도에 활용될 수 있는 가능성 또한 배재하기 어렵다. 이런 문제의식에 입각하여, 이 장에서는 소통 구조의 변화를 초래한 가장 핵심적인 변화 요인으로서의 소통 테크놀로지의 발전 및 특징에 대한 이해를 토대로, 이들 소통 테크놀로지가 일반 행위자와 사회 전반에 걸쳐 보편적 활용이 가능했던 원인, 대중화에 성공한 결과로서 개별 행위자 및 전체 사회에 초래한 핵심적인 변화 요인 등 테크놀로지 개발이 사회 변화와 어떻게 연결될 수 있는지에 대한 메커니즘을 조망해 보고자 한다. 미디어를 통한 소통에 내재하고 있는 맥락과 상호작용 메커니즘에 대한 전반적인 논의를 제시함으로써 미디어 리터러시 교육 논의에 대한 현실적 지향점을 보다 구체화하는 데 따른 기본적인 인식의 단초를 제공하고자 하는 것이 이 장의 궁극적인 목적이라 하겠다.

2. 4차 산업혁명 시대의 미디어 테크놀로지 발전과 소통 환경의 변화

1) 미디어 테크놀로지 발전에 따른 소통에서의 상호작용과 범위, 대상의 변화

최근 4차 산업혁명과 미래의 일자리 문제가 교육과 취업 분야의 핵심적 화두로 부각되고 있다. 4차 산업혁명 시대라는 화두가 던져진 2016년 다보스 세계경제포럼에서 의제로 채택한 과학기술의 가장 큰 특징은, 특히 인터넷과 모바일 등으로 대표되는 정보통신 기술과 IT 산업이 결합된 3차 산업혁명을 토대로 우리 일상에 널리 활용될 수 있는 범용적 기술 분야의 획기적인 발전과 변화가 이루어질 수 있는 환경이 조성되었다는 점에 있다(권장원, 2018). 디지털 정보통신과 바이오, 물리학의 경계를 상호 융합, 연결하는 테크놀로지에 대한 막대한 자본 투자가 이루어지면서 인공지능AI, 로보틱스, 사물인터넷, 자율주행 자동차, 3D 프린팅, 나노 및 바이오 기술, 클라우딩 컴퓨팅과 빅데이터 등의 신개척 분야가 제시되고 있으며, 이들 테크놀로지 분야의 혁명적 발전은 사회적 동물로 일컬어지는 인간의 삶과 생활에 효율성 기반의 가치를 강조하면서, 우리 사회 전반을 근본적인 차원에서 변화시키고 있다는 점이 핵심이다. 결국, 인간과 사회의 제반 문제 해결과 변화 가능성이 이들 테크놀로지의 발전이 지향하는 핵심적인 가치이며, 3차 산업혁명 시대를 대표하는 정보통신 분야 기반의 소통 테크놀로지의 획기적인 발전은 개별 행위자의 상호작용 방식과 직접적 참여 가능성의 확장을 토대로 4차 산업혁명 시대에서의 핵심적인 신개척 분야를 유도, 견인하고 있다는 점이 가장 두드러진 특징이라 할 수 있다.

한편, 상호작용 방식의 경우 과거 아날로그 시대에는 일방향one way적 전달 차원의 소통 구조가 지배적이었다. 소통 과정에서 지식이나 정보를 보다 많이 확보하거나 공유할 수 있는 조직과 행위자를 중심으로 정보와 지식에 기반한 영향력이 파생될 수 있는 환경이 조성되고, 지식과 정보 소유 여부와 소통 경로에 대한 지배력 유무에 따라 비대칭적 소통 메커니즘이 작동되고, 고착화할 수밖에 없는 것은 당연한 귀결이자 실제 현실이기도 하다. 하지만 디지털 시대로 전환되면서, 쌍방향two way, 더 나아가 복수의 통로multi way 차원으로 소통 방식이 전환, 확장되는 추세이며, 이를 기반으로 행위자 간의 소통 과정에서 발생할 수 있는 다양한 차원에서의 비대칭성은 갈수록 완화되고 있다. 정치, 경제, 사회, 문화 전반에서 이루어지는 다양한 정보 공유는 물론, 정보와 지식 생산 및 소비 환경 전반에 걸친 소통 과정에서 (과거 일방적인 전달과 영향력의 대상에 머물렀던) 개별 행위자 역시 직접 참여할 수 있는 환경의 토대 또한 실제 현실로 부각되고 있다. 특히 유튜브, 페이스북 등과 같은 스마트 미디어를 통해 개별 행위자 중심의 미시적 행위와 전체 사회로 대표되는 거시적 구조 간의 직접적이고 지속적인 상호작용이 본격적으로 이루어지고 있을 뿐만 아니라, 지리적 근접성에 입각한 물리적 경계는 물론이고, 개인 행위자와 기관, 사회 구조 간의 심리적 경계를 초월한 역동적인 상호작용과 소통이 활성화되는 경향 또한 쉽게 발견할 수 있다. 직접적인 개별 경험이나 학교 및 대중 미디어를 통해 확보해 왔던 공적인 지식 및 정보 환경 체제에서 누릴 수 없었던 직간접적 경험 영역의 확장이 가능해진 것이다. 그 결과, 개별 행위자들은 온라인 접속을 토대로 전 세계에서 발생하고 있는 각종 정보와 지식을 실시간으로 확보하고 상호작용할 수 있게 됨으로써 자신의 사고방식way of thinking과 태도attitude에서부터 실제 행위에 이르기까지 삶과 생활 전반에 걸쳐 보다 능동적인 차원에서 연쇄적이고 역동적인 변화를 직접 경험할 수 있는 조건을 갖추게 된다.

그뿐만 아니다. '휴먼 인터페이스' 테크놀로지 발전과 함께, '센서'라는 정보 감지 테크놀로지를 통해 보다 효율적인 차원에서 지식과 정보의 공유와 축적이 이루어질 수 있게 되면서, 소위 '초지능super-intelligence'의 체계를 구축, 활용할 수 있게 되고, 이는 테크놀로지 분야는 물론 정치, 경제, 사회, 문화 전반에 걸쳐 보다 효율적인 변화를 가져올 수 있는 원동력으로 작용하게 된다. 시공간적 경계를 넘어 다양한 영역에서 축적된 지식과 정보를 인공위성, 대기권 내 전파, 땅 밑 케이블 등과 같은 다양한 전송 경로를 통해 24시간 쉼 없이 세계 구석구석까지 보다 빠른 전송 속도로 상호 연결해 주는 '초연결hyper-connection' 테크놀로지 개발 및 발전을 토대로 지식 네트워크 협업에 입각한 '집단 지성'과 '집단 감시' 기능이 상시적이면서도 보다 효율적으로 가동될 수 있는 환경이 조성되었기 때문이다. 이런 점에서, 인공지능과 로봇 테크놀로지로 귀결되는 '초지능'과 '초연결' 테크놀로지의 상보적 관계는 결국 소통 미디어 테크놀로지의 급격한 발전과 변화에 기반하고 있으며, 유비쿼터스 기반의 소통 미디어를 매개로 다각도의 정보와 지식의 효율적 처리와 축적을 이끌어내고 있는 것이 현재의 변화가 지향하는 모습이다. 더 나아가, 상호 소통의 대상과 범위가 인간과 인간 간의 상호작용 관계에 국한되는 것이 아닌 인간과 기계, 기계와 기계 등으로 확장되는 시대적 변화의 흐름을 만들어가고 있는 것 또한 동일한 맥락에서 이해될 수 있다.

결과적으로 볼 때, 4차 산업혁명 시대의 핵심적인 테크놀로지 분야는 테크놀로지와 자본이 함께 결합하여 정보통신 분야, 즉 미디어 기반의 소통 테크놀로지의 발전과 그에 따른 지식과 정보 축적이 보다 효율적으로 구조화되고 활용된 결과물로 이해될 수 있다. 하지만 미디어를 통한 소통 방식은 비단 지배적인 미디어의 플랫폼 테크놀로지 특성뿐만 아니라 해당 미디어에서 활용되는 언어의 성격 또한 중요한 영향력의 요인으로 작용한다. 미디어 리터러시를 위한 교육 지향이 비단, 지배적인 미디어 플랫폼 테크놀로지의 변화 경향과 활용 방식에만 머물러서는 곤란한 이유이다. 산업혁명 시대의 테크놀로지와 자본 간의 상호작용 방식이 실제 사회 구성원들에게 받아들여지기 위해서는 소통을 위한 가장 기본적인 도구인 '언어'를 통할 수밖에 없다는 점에서, 지식과 정보를 보다 효율적으로 상호 공유할 수 있도록 해주는 당대의 지배적인 언어의 특성을 파악하는 것 또한 매우 중요한 의미와 가치를 지닐 수밖에 없다. 특히, 현 시점에서의 지배적인 소통 언어이자 미디어 리터러시 교육의 필요성을 부각시킨 언어의 유형이 바로 영상이라는 점에서, 영상 언어의 특징과 변화에 대해 미디어 리터러시 교육에서 보다 중요하게 다룰 필요가 있다.

2) 영상 언어와 미디어 테크놀로지의 결합에 따른 소통 환경의 변화

(1) 영상 콘텐츠 생산에서의 생비자 시대의 개막

미디어 테크놀로지 환경 변화가 영상 언어와 결합하여 개인적·사회적 소통 방식에 영향을 초래한 역사적 경험은 몇 가지의 테크놀로지 지향과 관련된다(〈표 4.1〉). 우선, 아날로그 테크놀로지 시대에서 디지털 시대로의 전환이다. 아날로그 시대에는 신문과 방송이 가장 대표적인

표 4.1 미디어 테크놀로지 환경 변화에 입각한 소통 방식의 변화 경향

주요 미디어 환경	테크놀로지의 특징	소통 방식의 변화 경향
아날로그 시대의 영상 미디어	· 생산자와 소비자 간 경계 형성	· 영상 제작 전문가에 의한 콘텐츠 생산 · 영상 언어의 보편화와 미디어 콘텐츠 소비의 대중화
디지털 시대의 영상 미디어	· 장비 및 설비의 저렴화, 경량화 · 장비 및 설비 활용 용이성(사용자 친화성) · AR-VR 기반의 입체 영상	· 기능과 역할에 따른 경계 와해[생산자와 소비자, 전문가와 비전문가 등 생산과 수용 간의 결합에 입각한 생비자(프로슈머) 개념 등장] · 영상 콘텐츠 생산의 저변 확대
인터넷 기반의 멀티미디어	· 미디어 콘텐츠의 보편적 유통 환경 형성	· 미디어 콘텐츠 유통에서의 수용자 참여 활성화 · 인터넷 사용자 간의 정보 및 의견 교류 활성화 · 오프라인 공간과 온라인 공간 간의 융합 현상 가속화
모바일 기반의 소셜미디어	· 시간과 공간 극복에 입각한 개인적 유통 환경 형성	· 미디어 접근 및 활용의 개인화/대중화 · 개인과 각 사회 분야 간 직접적인 소통 가능 · 사적 이용과 공적 영향력 간의 상호작용 가능성 부각

자료: 권장원(2020).

미디어 유형이라 할 수 있는데, 이들 신문과 방송의 경우 문자 언어와 영상 언어를 토대로 지식이나 정보 그리고 의견을 일방적으로 전달하는 소통 구조로 되어 있으며, 해당 미디어에서 활용하는 전문적인 소통 지식과 경험을 기반으로 형성된 전문가들이 콘텐츠 생산자로서 소비자들의 인정을 받으면서, 생산자와 소비자 간의 경계 구분이 명확하다는 것이 특징이다. 하지만 최근 방송 영상 언어는 디지털 테크놀로지와의 결합으로, 영상을 기반으로 하는 시청각 미디어 도구의 발전과 대중화에 따른 급격한 변화를 거듭하고 있다. 보다 향상된 품질과 기능을 지닌 영상 콘텐츠를 누구나 쉽게, 그리고 보다 저렴하게 제작할 수 있는 방식의 영상 촬영 및 편집 관련 테크놀로지가 개발, 보급되기 시작한 것이다. 그 결과, 영상 관련 전문가들의 특화된 영상 제작 역량에 의존해 왔던 영상 메시지와 영상 콘텐츠 제작 영역은 생산과 소비 간의 경

계가 와해되는 상황에 직면하고, 생산자와 소비자의 역할과 기능이 함께 결합된, 소위 생비자prosumer의 시대로 급격하게 전환된다. 영상 언어 기반의 소통 표현물 생산에 소비자가 참여하면서, 영상 콘텐츠 생산 분야에서의 대중화가 더욱 확장될 수 있는 가능성이 열린 것이다.

(2) 영상 플랫폼 개발과 유비쿼터스 시대의 개막

영상에 입각한 콘텐츠 생산 구조의 변화를 초래한 또 하나의 요인은 바로 영상 플랫폼 테크놀로지 개발과 대중화가 본격화되었다는 점이다. 온라인 기반의 테크놀로지 발전으로 인해 콘텐츠 공유에 입각한 비즈니스 모델 논의가 활성화되면서 디지털 영상 플랫폼이 지배적인 산업적 영역이자 블루오션으로 급부상한 것이다. 특히 기존의 콘텐츠 생산자뿐만 아니라 일반 소비자도 실제 영상 콘텐츠 생산자로 참여할 수 있을 뿐만 아니라 자신이 제작한 콘텐츠로부터 수익까지도 창출할 수 있는 디지털 영상 플랫폼 생산 및 유통 환경이 조성됨으로써 소비자들 역시 영상 콘텐츠를 통한 표현과 참여 의식이 보다 직접적이고 광범위하게 이루어질 수 있는 여건이 형성되었다. 디지털 영상 플랫폼을 통해 개인과 사회가 영상 언어를 매개로 직접적인 차원에서 상호 소통할 수 있는 환경이 조성되고, 이를 토대로 비단 경제적인 측면뿐만 아니라 정치, 문화 등 사회 전 분야에 걸쳐 생비자(프로슈머)를 중심으로 한 일반 행위자들이 제작, 생산한 콘텐츠들이 대중적 영향력을 행사할 수 있는 시대가 열린 것이다.

특히 페이스북, 유튜브 등 새롭게 등장한, 참여와 상호작용 기반의 디지털 영상 플랫폼이 활성화되고, 기존의 콘텐츠 유통 및 소비가 새롭게 도입된 이들 플랫폼으로 급격하게 이동하면서, 아날로그 시대의 지배적 미디어인 신문과 방송 미디어 역시 변화를 모색할 수밖에 없다. 경쟁적 환경에서 생존하기 위해 콘텐츠 소비자들의 관심과 선택이 집중되는 콘텐츠 유통 경로를 고려하지 않을 수 없기 때문이다. 조직 내부 구성원들을 통한 자체 콘텐츠 생산과 유통에 집중하던 기존의 조직 구조에서 탈피해, 유튜브 등 다양한 미디어 플랫폼에서 대중적으로 인기 있는 콘텐츠를 제작한 외부 제작 인력이나 해당 포맷을 방송사 내부의 자체 콘텐츠 생산에 활용할 수 있는 경로를 만들어가는 것은 물론이고, 유튜브 등에 자사 콘텐츠를 유통함으로써, 다양한 채널을 통해 대중적 인지도를 확보하고자 하는 등의 시도도 함께 이루어지고 있는 것이 현실이다. 콘텐츠 생산 및 유통, 소비 경로에 걸쳐 새롭게 부상한 스마트 미디어 기반의 디지털 영상 플랫폼이 급변하는 미디어 콘텐츠 소비 시장에 적응하기 위한 지배적인 유통 행위 경로로 부각된 셈이다.

한편, 온라인 테크놀로지 환경이 유선에서 무선으로 이동한 현실 역시 기존의 소통 구조를 변화시키는 데 적지 않은 영향력을 미치고 있다. 유선 테크놀로지의 한계로 인식되던 물리적 경계가 허물어지고, 통신을 넘어 방송 콘텐츠 송출에도 용이한 광대역대의 위성 전파 테크놀로지가 가세하면서 콘텐츠 유통 및 소비 경로는 지역적 경계를 넘어 전 세계 시장을 대상으로 한 콘텐츠 생산과 소비 시대를 열어나가고 있기 때문이다. 그 결과, 24시간 끊임없이 전 세계 차원에서 구축된 정보와 지식 그리고 의견을 망라하는 콘텐츠들이 디지털 영상 플랫폼 산업을 통해 유통되면서 모바일 기반의 유비쿼터스 환경이 본격화되고 있다. 테크놀로지의 발전과 소통 구조의 변화 경향을 통해 볼 때, 소통 테크놀로지의 개발과 보급이 생산자와 소비자, 전문가와 비전문가, 시공간적-이념적 차이 등에 의해 형성되어 온 다양한 차원에서의 경계를 와

해시키고 있으며, 시장 경제를 기반으로 하는 보편적 가치를 중심으로 지식과 정보 그리고 의견 공유 시장에서의 상호 소통이 지역에서 국가로, 그리고 다시 전 세계 차원으로 확대되고 있는 현실을 개별 행위자들도 쉽게 체험하고 인식하고 참여할 수 있는 소통 환경으로 급변하고 있는 셈이다.

3) 영상 미디어 테크놀로지 기반의 상호작용: 꿈은 이루어진다!

(1) 영상을 통한 다양한 현실의 체험: 시공간의 경계를 초월한 새로운 경험의 확장

테크놀로지 발전의 흐름을 통해 볼 때 3, 4차 산업혁명 시대에서 강조되었던 정보통신과 인공지능 테크놀로지의 개발은 결국 획기적인 소통 구조의 변화를 바탕으로 전 세계의 지식과 정보 체계, 그리고 이를 토대로 구축되어 온 권력 구조를 급격하게 변화시키고 있다는 점으로 요약 가능하다. 변화를 이끌어내고 있는 주요 요인은 바로 소통communication 이며, 소통은 개별 행위자가 '무엇을 어떻게 생각할 것인가'를 결정하는 단계는 물론이고, 인식 및 생각의 단계가 실제 행동 단계로 연결되는 전 과정을 포함하여, 전반적인 차원에서 영향을 미칠 수 있다는 것이 핵심이다. 특히, 대중적 차원에서 보편적으로 활용되는 미디어를 통해 정보 혹은 메시지가 공유될 경우 그 영향력의 범위와 강도는 더욱 강력할 수 있다. 다른 사람들도 해당 정보(혹은 메시지)를 알고 있고, 그에 입각한 생각과 태도를 기반으로 의도한 행위를 수행할 것이라는 인식을 제공함으로써 자신의 사회적 행위에 대한 예측 가능성과 함께 행위에 따른 불확실성을 최소화해 줄 수 있다는 믿음과 신념을 제공하기 때문이다. 비록 현재의 과학기술 영역으로부터 제공받은 미래의 변화 '가능성'에 대한 담론에 불과할 수도 있겠지만, 전문가의 전문적 견해와 각종 관련 학술적 근거가 콘텐츠 제작자의 '창의적 표현력'과 결합할 경우 '새로움과 신기함 그리고 그럴듯함'에 기반한 미래의 사실fact of future로 전환되어, 머지않은 시기에 우리의 현실로 펼쳐질 것이라는 현실에 대한 인식(혹은 일종의 착시)과 확신을 가져올 수 있다. 그리고 이는 대중들에게 그리고 우리 사회에서, 추구해야 하는 새로운 욕구이자 삶의 좌표로 부각된다.

(2) 영상 언어 기반의 콘텐츠 소비: 미래 테크놀로지의 체험과 사회적 공감대 형성

"꿈은 이루어진다Dreams Come True." 과학기술의 발전에 따라 각종 분야에서 활동하는 기업들의 캐치프레이즈 아래 과학기술이 제공할 것으로 예상되는 미래의 가능성이 각종 영상 콘텐츠로 제작, 공유되면서 대중적 차원에서 회자되고 있는 문구다. 이러한 사회적 분위기에 힘입어 각 분야에서 부각되는 관련 테크놀로지에 대한 소개가 각종 미디어를 통해 홍보되면서 해당 상품에 대한 개인적·사회적 차원에서의 활용 및 소비 욕구가 사회 전반으로 확산되고, 그와 동시에 해당 상품에서 비롯되는 정치·경제적 효과가 부각되면서, 기업과 정부(정치계 포함)가 과학기술 분야에 관심을 갖게 되는 유인 요인으로 작용하게 된다. 대중적 관심과 욕구는 기업으로서는 지속적인 시장 선점을 위한 경쟁력 강화 차원의 투자 경로로서, 정부(및 정치계)로서는 국민적 지지 기반을 유지(혹은 확보)하기 위한 유권자 확보 경로로서 매우 중요한 필요조건이기 때문이다. 정부와 기업을 중심으로 시장 선점과 경쟁력 제고라는 당면 목표하에 관련 분야에 대한 자본 투자와 정책 개발이 이루어질 수 있는 사회적 공감대가 형성되고, 해당 과학기술이 가져올 것으로 예상되는 세부 성과 목표를 달성하기 위한 구체적인 행위 경로가 설정됨에 따라 이들 행위 경로 정보에 대한 영상 메시지 생산과 유통은 정치, 경제, 사회, 문화 등 전 분야에 걸쳐 핵심적인 화두이면서 시급한 현안을 공론화시키는 데 있어 중요한 소통 수단으로서 의미를 지니게 된다. 특히, 세계적인 플랫폼 기업들이 전 세계 각지에서 실제 활용되고 있는 차별적인 언어들 간의 직접적이고 즉각적인 상호 소통을 위해 적지 않은 투자와 성과를 유도하고자 하는 시도와 함께, 문자 언어에서 이미지를 포함한 영상 언어 중심으로 플랫폼 정보 전달 환경을 지속적으로 전환시키는 과정을 거치면서, 영상 언어는 다가올 미래에 대한 변화 범위와 속도를 결정하는 데 있어 중요한 정보 확산 및 공감대 형성 수단으로 활용되고 있는 셈이다.

3. 소통 언어 요인
: 지식과 정보 축적 및 공유에 따른 영상 언어 특징

1) 영상 언어의 특징과 소통에서의 변화 지향

언어는 의견이나 감정 그리고 정보 등을 말 또는 글 등을 통해 전달하는 수단이자 현실을 표현하고 기록할 수 있도록 해주는 일종의 기호 체계다. 과거 지배적인 언어인 문자의 경우 필기구와 종이를 활용해 전하고자 하는 내용을 전달하는 반면, 영상 언어는 카메라 렌즈로 대표되는 영상 장비를 통해 피사체를 시각적으로 재현, 복제하는 방식으로 개별 행위자의 생각이나 의견에 대한 정보를 전달하는 동시에 실제 현실을 표현하고 기록하는 기능을 수행한다. 특히, 영상 콘텐츠의 경우 시각과 청각 등 복수의 인간 감각에 의존하여 외부 피사체를 재현, 인식하도록 하는 동영상 표현물로서, 복제한 낱장의 정지 이미지, 즉 낱장의 연속적인 이미지 프레임이 연속해서 넘어가면서 순간의 장면 전환을 제대로 인식하지 못하는 눈의 착시 현상과 결합하여 나타난 결과물로 이해할 수 있다. 카메라가 작동하는 순간부터 멈추는 그 순간까지 하나의 사건이나 장면을 연속적으로 촬영한 숏shot 개념의 경우 정지 이미지와 동영상, 그리고 문자 언어와 음향 등 다양한 차원에서의 시각과 청각 기호를 활용함으로써 영상은 현실에 대한 입체적인 이미지 구성체로 작용하여, 우리가 직면한 현실을 다양한 감각 기관을 통해 인지하고, 마치 체험한 것 같은 느낌을 제공하기 때문이다.

(1) 선택과 배열에 입각한 영상에서의 현실 구성: 화면 속 현실과 화면 밖 현실

퍼스는 기호의 유형을 구분하면서, 특히 이미지, 형상 혹은 닮은꼴로 일컬어지는 기호를 도상icon 기호로 분류, 성질의 유사성, 즉 화상畫像을 통해 대상을 나타내는 기호로 정의한다.[6] 카메라 렌즈에 포착된 피사체를 이미지 형식으로 표현한 사진이나 움직이는 피사체를 촬영, 재현한 영상물 역시 도상 기호로 표현된 텍스트로 간주할 수 있다. 이들 도

6 미국의 기호학자 찰스 S. 퍼스(Charles S. Peirce)는 기호를 도상 기호(iconic sign), 지표 기호(indexical sign), 상징 기호(symbolic sign) 등 세 유형으로 분류했다. 관련 논의는 원용진(2010)을 참고할 것.

상 기호를 활용한 텍스트 메시지는 화면 내에서의 피사체 위치와 크기에 따라 해당 피사체에 대한 시청자의 관심 내지 주목도의 차이를 발생시킬 수 있으며, 해당 피사체가 화면 밖으로 벗어날 경우 해당 이미지가 구현하는 현실에서 그 피사체의 존재는 사라진다. 이에 비해, 동영상의 경우 각각의 이미지 프레임에서 구성되는 화면 내에서의 피사체의 위치와 크기는 물론, 영상 간의 배열 흐름 또한 현실 재현과 해독의 단서를 제공하는 중요한 구성 요소다. 특히, 영상의 경우 편집 과정을 통해 해당 피사체와 관련된 맥락을 드러내주는 세부적인 관련 영상 단서들도 편집 배열 속에 포함하여 함께 노출하고 있다는 점에서, 정지해 있는 이미지 프레임에서 제시되는 현실 구성과는 차이가 있다. 하지만 실제 대상과 그 대상을 둘러싼 맥락을 실제 현실에서와 같이 다양한 측면과 함께 입체적으로 재현하기에는 동영상 또한 적지 않은 한계가 작용한다. 영상 관련 전문가가 아닌 일반 시청자의 입장에서는 맥락의 단서가 함께 작용하는 영상의 선택과 편집 과정에 참여할 수 없다는 점에서 해당 영상에 내재한 실체적 진실과 의도를 파악하기에는 적지 않은 어려움이 존재할 수밖에 없기 때문이다. 결국, 제작자가 아닌 수용자의 관점에서 볼 때, 영상 언어를 통해 현실을 체험하기는 하지만, 해당 영상을 기획, 제작한 생산자가 의도한 방향에 따라 영상 이미지를 소비할 수 있는 가능성이 커진다[7]는 점에서 영상 언어를 통해 제공된 메시지가

7 최근 AR, VR 등의 영상 기술은 기존의 영상과는 달리 화면을 선택할 수 있으며, 특히 관련 영상 테크놀로지를 활용한 게임의 경우, 해당 화면에 부합되는 이야기도 함께 선택할 수 있는 가능성을 제공해 준다. 물론 그 역시 제작진이 설정한 선택권의 범주이기는 하지만, 이미 제작자들이 하나의 흐름이나 내용으로 강요하는 기존의 영상과는 달리 수용자에게 선택권을 부여한다는 점에서 영상 테크놀로지의 변화가 영상 관련 분야의 전문가나 제작자보다 수용자와 대중의 선택권을 중심으로 점차 변화하고 있는 특징을 보이고 있다.

현실 그 자체를 맥락과 함께 정확하게 표현하고 있다고 이해하기에는 기본적으로 한계가 있을 수밖에 없다. 단지, 감각 기관을 통해 현실에서 직간접으로 해당 현실을 접해본 개인적 경험에 입각하여 화면 속에서 보이는 피사체와 그 주위에 위치하고 있는 주변 이미지, 앞뒤 영상 간의 관계와 흐름에 대한 유추나 해석 등을 토대로 표현된 영상물을 해독, 이해한다고 느낄 뿐이다.

(2) 문자 언어와 영상 언어에서의 학습 지향점의 차이, 무엇이 왜 다른가?

문자와 영상은 교육을 수행하는 데 있어 상호 차별화된 요소들을 내재하고 있다. 가령, 문자와 정지된 이미지(그림 등)로 메시지 내용이 구성되는 출판 미디어는 필기 및 인쇄 도구와 종이만 있으면 메시지 내용에 내재해 있는 정보와 지식 축적이 비교적 용이하게 이루어질 수 있지만, 메시지 내용 생성과 해독을 위해서는 문자 언어를 통한 상호작용을 가능하게 해주는 문자 구성 원리와 체계에 대한 이해는 물론, 해당 문자의 활용에 담겨 있는 문화적 코드와 의미에 대한 별도의 교육이 필요하다. 이에 비해 영상 언어를 활용하여 메시지를 만들어내기 위해서는 우선, 기획한 영상의 조각들을 선택하고 배열하기 위한 카메라와 편집 도구를 비롯한 장비나 시설에 대한 교육이 필요하며, 그 과정에서 카메라의 경우 어떤 장면을 피사체로 선정할 것인가의 문제가, 편집의 경우 카메라로 포착한 영상 중 어떤 영상이나 이미지를 어떻게 선택하고 배열할 것인가의 문제가 핵심적인 교육 내용으로 부각될 수밖에 없다.[8]

---

8 보다 자세한 사항은 미장센과 몽타주에 대한 다양한 기존 논의들을 참고할 것.

하지만 일단 만들어진 영상 표현물을 해독, 이해하는 데 있어서는 별다른 학습이나 교육 필요성을 느끼지 않는다. 연령대와 성별, 빈부, 교육 수혜 여부를 떠나 영상을 통해 재현된 현실에 대한 공통의 지각知覺과 인식認識 제공이 가능한 도상 기호로서의 특성으로 인해 언어 체계에 대한 사전 교육이 필요한 기존의 문자 언어 기반의 콘텐츠보다 수용자의 폭과 범위를 보다 넓고 광범위하게 확산시킬 수 있으며, 영상을 통해 피사체로 포착된 현실을 마치 바로 옆에서 눈과 귀로 직접 경험하는 듯한 느낌을 제공하여, 문자 언어에 비해 메시지에 대한 수용자의 공감대 역시 직접적이면서도 더욱 강하게 형성시킬 수 있기 때문이다.[9] 영상 미디어 콘텐츠 소비 시장이 급격하게 성장한 것도 바로 '해독의 수월성'과 '공감대 형성의 용이성'이라는 특징 때문으로 해석이 가능하다. 문자 언어 기반의 콘텐츠가 생산과 해독에 있어 문자라고 하는 언어의 구조와 활용에 대해 주안점을 두는 반면, 영상 언어 기반의 콘텐츠에서는 영상에 대한 언어의 구조와 활용 특성보다 콘텐츠 생산에 따른 장비와 시설 활용에 대해 별도의 교육 필요성을 느끼는 이유는 바로 해당 언어들에 내재한 고유한 특성에서 비롯되는 자연스러운 현상으로 이해될 수 있는 대목이다.

---

9 최근 초등학교 어린이들이 유아 시절부터 부모의 스마트폰 등 디지털 기기와 앱을 이용하며 자라나고 있고, 글자를 모르거나 컴퓨터 자판을 사용하지 못하는 시기에도 음성 검색과 이미지 검색을 하거나, 인공지능 스피커를 활용해 정보를 찾는 경우가 많아진(정현선, 2018) 것 또한 이미지와 영상 콘텐츠에 대한 노출 과정에서 비롯된 검색 욕구의 일환으로 이해할 수 있다.

2) 영상 언어에 포함된 문자 언어의 기능과 역할

디지털 기반의 영상 테크놀로지가 스마트 미디어와 결합하여 영상 언어를 통한 표현물의 생산이 보다 보편화되고 유튜브와 같은 영상 기반의 유통 플랫폼이 활성화되면서, 문자 언어로 만들어진 기존의 각종 정보와 지식들은 영상 언어를 통해 각색脚色되는 과정을 거치게 된다. 이 과정에서 문자 언어를 기반으로 지식과 정보를 상호 교환해 왔던, 과거의 엘리트 고급문화 기반의 소통 방식과 구조는 영상 언어의 활용 능력에 입각한 소통 경로 기반의 구조로 급격하게 전환되어야 할 필요성에 직면한다. 하지만 문자 언어가 영상 언어로 완전히 대체될 것으로 보기에는 적지 않은 현실적 어려움이 내재하고 있다. 영상 표현물은 전달하고자 하는 영상 메시지의 내용 구성 및 표현에서 정지 이미지와 동적 이미지가 핵심 요소이지만, 내레이션과 자막 또는 타이틀로 표현되는 말과 글이 영상 메시지 생산 및 해석 과정에서 여전히 중요한 요인일 수밖에 없기 때문이다. 다만, 기존의 문자 언어와는 달리 영상 언어를 통한 표현에서는 문자가 영상을 보조하는 요소로 작용한다는 점에서 차이가 있을 뿐이다. 이런 점에서, 영상 언어는 단순히 정적·동적 이미지로만 보기보다는 문자 언어도 함께 아우르는 멀티미디어 기반의 언어적 기호 체계로 인식할 필요가 있다.[10] 영상 언어에 대한 리터러시 교육이 단순히 영상이나 이미지에 대한 교육에만 머물러서는 안 된다고 보는 이유이다.[11]

---

10 비록 문자 언어를 활용하지만, 영상 언어에 부합하는 차원에서의 보조적 방식으로 활용되는 경향이 강하다는 점에서, 영상 언어에서 활용되는 문자 언어는 기존의 인쇄 미디어 시대의 문자 언어 활용과는 다소 차이가 있다고 하겠다.

한편, 영상 언어로 표현, 제작하기 위해서는 여전히 적지 않은 장애 요인이 작용한다. 우선, 영상 언어는 시각이나 청각 등 감각 기관에서 감지할 수 있는 피사체나 영상으로 구현할 수 있는 실제 대상이 존재하거나, 최소한 각종 그래픽 테크놀로지를 통해 이미지 차원에서의 재현이 가능해야 한다. 문자 언어의 경우 인간의 감각 기관을 통해 현실적으로 받아들일 수 없는 추상적인 피사체나 대상까지도 신조어 개발과 이에 대한 학습을 기반으로 표현하고 해독하는 것이 가능한 것과는 분명히 차이가 있는 셈이다. 두 번째는 개인적·사회적 관계 형성과 상호작용을 위해 활용되는 소통 도구적 측면에서 영상 언어는 문자 언어와는 차별적인 특성을 내재하고 있다는 점이다. 기존의 문자 언어를 통해 전달되는 메시지는 주로 필기 및 인쇄 도구와 종이가 필요하지만, 이들 도구는 별다른 교육이나 학습 없이도 누구든지 비교적 손쉽게 구입, 활용할 수 있다. 반면, 영상 언어로 제작, 표현하기 위해서는 카메라와 편집 도구를 구입, 활용해야 하며, 이들 장비의 경우 구입과 활용에 있어 적지 않은 장애 요인이 작용한다. 일정 수준 이상의 영상 품질을 얻기 위해서는 촬영 및 편집에 부수되는 다양한 차원에서의 제작 도구와 이들 영상을 저장할 수 있는 저장 매체 등 여러 기술적 요인들이 상호 결합된 테크놀로지 구입 과정에서 적지 않은 비용이 소요될 뿐만 아니라 해당 장비의 기술적 메커니즘에 대한 이해와 활용 역량이 요구되기 때

---

11 물론 저자의 의도와는 차이가 있을 수 있겠지만, "텍스트 중심의 교육과정(문자 리터러시)을 극복하고, 텍스트-이미지-사운드의 통합적인 지식과 정보 형태(multi-media)를 통한 새로운 커뮤니케이션 수행 능력과 비판적 판단력, 참여적 활용 능력을 가르치고 배우는 멀티-리터러시 교육과정이 시급히 구성되어야 한다"라는 지적(서곡숙, 2020)도 동일한 맥락에서 이해할 수 있을 것으로 생각된다.

문이다. 보다 높은 품질을 산출하기 위해서는 촬영 및 편집에서 요구되는 부속 장비나 시설 등에 대한 교육과 학습 또한 불가피하다.[12] 단순히 표현과 해독의 문제만 놓고 보자면, 문자 언어는 언어 습득과 활용 방식에 대한 교육 필요성이, 영상 언어는 영상 촬영과 편집을 위한 장비나 기자재 활용의 교육 필요성이 부각되지만, 영상 언어를 활용한 표현이나 제작 역시 현실에 대한 문제의식을 기반으로 하고 있다는 점, 기존의 정보와 지식 체계가 여전히 문자와 정지 이미지(그림이나 사진)를 중심으로 기록, 축적되어 왔다는 점, 동영상으로 담거나 표현하는 데 따른 개별 역량이 부족하거나 실제 영상으로 구현하기 어려운 내용이 존재할 경우 말이나 글로 해당 영상을 보완할 수밖에 없다는 점 등을 고려할 때, 영상 언어와 문자 언어 간의 관계는 비록 정도의 차이는 있겠지만, 현재의 시점에서는 상호 대체적 관계라기보다는 상호 보완적인 특성이 강하다고 할 수 있다.

그뿐만 아니다. 기존의 아날로그 시대에서 문자 언어는 종이에, 영상 언어는 필름에 기록된 콘텐츠라는 점에서 이들 콘텐츠를 보관하기 위해서는 물리적 차원에서의 공간 확보가 중요한 요인일 수밖에 없다. 하지만 디지털 테크놀로지 시대로 접어들면서 종이에서 전자 화면에 표현할 수 있는 데이터 파일 기반의 저장 및 축적 테크놀로지 기반으로 대체되고, 이들 콘텐츠 저장 및 축적을 위해서는 메모리나 사이버 공간에 보다 효율적으로 접근, 활용할 수 있는 재원과 개별 역량이 요구된다. 해당 데이터 공간을 보다 효율적으로 관리하기 위한 파일 압축 테

---

12 서곡숙(2020)은 영상의 경우 풍부하고 구체적인 표현이 가능하고 이해가 용이한 장점이 있지만, 문자에 비해 표현의 경제성이 떨어지고 보편적 표현의 가능성도 떨어진다고 지적하고 있다.

크놀로지 활용 역량과 개인정보를 보다 효과적으로 보호하고 통제할 수 있는 보안 역량 기반 또한 부수적이지만 중요한 고려 사항이다. 유비쿼터스 기반의 미디어 테크놀로지 환경과 영상 언어의 결합으로 인해 시공간의 경계와 언어적 경계를 넘어 대중적 소통이 이루어지는 과정에서 개별 행위자로서는 문자 언어 기반의 데이터에 비해 훨씬 더 큰 데이터 축적 공간이 필요하다. 기본적으로 영상에 포함된 데이터 양이 문자에 비해 비교가 되지 않을 정도로 많을 뿐만 아니라 해독과 공감대 형성의 용이성으로 인해 문자 언어에 비해 보다 광범위한 소비자를 대상으로 노출, 활용될 수 있기 때문이다. 이 과정에서, 개별 행위자들이 온라인에서의 검색과 접촉 과정을 통해 형성, 축적한 방대한 양의 데이터가 개인의 관심과 태도를 보여주는 개별 행위자 행위 결과이면서 사회적 현실 분석을 위한 중요한 단서로서 가치를 지님과 동시에 정치, 경제, 사회, 문화 전반에 걸쳐 다각도로 활용될 수 있는 산업적 가능성을 제기하고 있는 것 또한 부인하기 어려운 현실이다. 4차 산업혁명 시대의 새로운 산업 영역으로 떠오르고 있는 빅데이터와 클라우딩 서비스 산업의 활성화가 대표적이다. 종이를 기반으로 하는 문자 언어 시대에서의 소통 구조가 영상 테크놀로지의 발전과 함께 디지털 영상 기반의 소통 구조로 변화되면서 소통 환경과 소통 방식 그리고 소통 결과에 따른 콘텐츠 축적 방식 등 소통 환경 전반에 걸쳐 적지 않은 변화를 초래하고 있는 셈이다.

하지만 기존의 문자 언어 기반의 소통 구조에서 고착화된 행위 경로를 변화시키기 위해서는 적지 않은 어려움이 존재한다. 가장 대표적인 어려움은 경로 전환에 따른 비용이 적지 않게 소요된다는 점에 있으며, 기존의 지배적인 언어 환경에 익숙한 개별 행위자들이 새로운 언어 환경에 적응하기가 쉽지 않기 때문에 새로운 언어 환경에 대한 행위자 차원에서의 저항이 발생할 수 있다는 점 또한 간과하기 어려운 문제 중 하나이다. 종이 신문 플랫폼에 기반한 기존의 뉴스룸이 복수의 다양한 매체에 필요한 뉴스 생산과 공급 필요성으로 인해 통합 뉴스룸 체제로 전환되어야 한다(황용석, 2013)는 논점이 오래전부터 적지 않은 화두가 되었음에도 불구하고 중소 규모의 언론사들이 곧바로 새로운 테크놀로지에 부합하는 뉴스룸 체제를 갖추기 어려운 것 또한 기존의 행위 경로에 따른 익숙함과 함께, 콘텐츠 생산과 유통 그리고 축적 및 데이터 활용 과정에서 적지 않은 비용 투자가 쉽지 않은 측면이 존재하기 때문이다. 더 나아가, 영상 콘텐츠 생산과 공급 구조에 부합하는 비즈니스 모델과 부수 사업 운영 기획, 새로운 소비 환경에서의 소비자 확보를 위한 경쟁적 마케팅 비용 투입 등 영상/이미지에 기반한 새로운 표현 테크놀로지 경로에 부합하는 다각도의 비용 투자 역시 필연적으로 뒤따를 수밖에 없다. 영상 언어에 내재한 대중적 소통의 특징이 시장 경쟁을 위한 자본의 투자 및 영상 테크놀로지와 함께 결합하여 디지털 기반의 영상 콘텐츠 시장을 더욱 확대 재생산하는 데 일종의 시너지 요인으로 작용하고 있지만, 기존의 문자 환경에서 형성된 정보와 지식들이 영상 언어로 재편되는 과정에서 콘텐츠 전환에 따른 생산, 유통, 축적, 소비 전반에 걸친 경로 이동에 필요한 각종 인프라 구축과 이에 걸맞은 인적·사회적 자본의 축적 경로의 변화 등 다양한 차원에서 막대한 자본 투입이 불가피하다. 이런 점에서, 기존의 문자 언어 기반의 소통 경로가 영상 미디어 기반의 현시점에도 적지 않은 영향력을 행사할 수밖에 없으며, 기존의 문자 언어 환경에서 작동해 온 소통 구조의 급격한 변화가 어려울 수밖에 없는 원인을 찾을 수 있다.

4. 영상을 통한 미디어 리터러시 교육의 방향 모색

1) 테크놀로지와의 연계에 기반한 영상 언어의 내재적 특성과 미디어 리터러시

고대 그리스 철학자 아리스토텔레스Aristotle(B.C. 384~B.C. 322)가 『정치학Politics』에서 제기하고, 고대 로마제국 정치인인 세네카Lucius Annaeus Seneca(B.C. 4~A.D. 65)가 이를 번역하는 과정에서 부각된 "사회적 동물로서의 인간"이라는 표현은 소통을 통한 사회적 관계 형성이 얼마나 중요한지에 대한 근본적인 화두를 제공한다. 인간들은 사회 속에서 끊임없이 다른 사람들과 관계를 맺고 상호작용하면서 자신의 존재를 확인하며, 인간들 간의 상호작용 결과 '관계'가 형성되고, 이들 '관계'로 형성된 '사회' 속에서 인간 스스로는 자신의 존재 의미와 가치를 발견한다는 것이다. 그리고 언어는 소통을 통한 관계 맺기를 추구하는 데 있어 가장 기본적인 도구이며, 언어에 내재한 특성이 소통에 적지 않은 영향력을 미친다는 점에서 언어의 특성은 그 사회의 관계적 특성을 결정하는 중요한 요인으로 작용한다. 더 나아가, 당대의 지배적인 언어로 축적된 지식과 정보의 성과물은 과거와 현재를 매개하는 중개자의 역할을 수행하여, 과거와 현재의 소통을 통해 역사적·사회적 공감대 형성과 합의 창출, 국민적 차원에서의 가치 지향을 만들어가는 데 적지 않은 영향력을 미친다. 결국 소통의 문제는 시간적·공간적 상호작용의 성과이자 결과물로서의 의미와 함께, 미래를 만들어가는 경로를 찾아가기 위한 절차적 과정으로서의 의미를 지니고 있는 셈이다. 4차 산업혁명 시대에 대해 각 국가와 국민들이 상호 공감대를 가질 수 있었던 것도, 그리고 이것이 3차 산업혁명 시대를 거치면서 획기적인 변화를 유도하고 있는 디지털 기반의 소통 테크놀로지의 연장선상인 동시에, 토대하에서 가능한 발전이자 변화로 이해될 수 있는 것도 바로 그 때문이다.

하지만 테크놀로지의 발전만을 변화의 주요 원인으로 보기에는 적지 않은 한계가 있다. 산업혁명이 사회 변화에 추구해 온 바는 기계와 에너지 그리고 소통 분야의 테크놀로지 발전이 핵심적인 요인으로 이야기되고 있기는 하지만, 그 이면에는 자본 중심의 경제적·보편적·대중적 가치가 내재하기 때문이며, 이들 가치에 대한 사회적 합의가 이루어지는 과정에서 대중 미디어, 특히 영상 기반의 지배적인 소통 미디어 구조가 사회 변화를 이끌어내는 주요한 원동력으로 작용하기 때문이다. 테크놀로지와 자본의 결합에 기반한 새로운 행위 경로의 채택이 기존의 제도에서 형성된 공식적·비공식적 행위의 변화를 요구하지만, 이미 기존 제도에서 형성된 기존 행위 경로에 대한 변화는 그 성과에 대한 불확실성으로 인해 여전히 쉽지 않다. 특히, 입시 중심의 교육 행위 경로에 익숙한 한국적 교육 환경에서 영상 언어를 매개로 하는 또 다른 방식의 교육 행위 경로를 채택하는 것은 추가 노력과 비용 투자 문제도 물론 있지만, 교육적 성과에 대한 평가 역시 기존의 문자 언어 기반의 환경에서 형성, 활용된 방식으로 축적되어 왔다는 점에서 영상 언어로의 변화에 따른 성과를 명확하게 제시하는 방안도 기존의 문자 언어 환경과의 타협이 없이는 그 대안을 찾기가 쉽지 않은 것이 현실이다.[13]

---

13 신제도주의에서 W. 브라이언 아서(W. Brian Arthur)가 제시한 기술의 자기 강화 메커니즘 개념에서 차용한 경로 의존성(path-dependency) 개념은 기존의 과학기술 발전 과정에서 형성된 특정 유형의 행위 경로가 비공식적 규범으로 고착화된 결과, 기존의 행위 경로를 지속적으로 유지하도록 만드는 요인으로 작용함으로써 사회 변화를 어렵게 하는

미디어 리터러시를 위한 교육의 실효성을 확보하기 위해 일차적으로 기존의 입시 중심의 교육 환경과 미디어 리터러시 학습을 위해 필요한 교육 환경 간의 관계 정립과 변화 지향에 대한 사회적 합의가 선결될 필요가 있다고 보는 것은 바로 그 때문이다. 이런 점에서, 디지털 미디어 테크놀로지가 우리 사회의 소통 구조에 미치는 영향과 이들 디지털 테크놀로지가 영상 언어와 결합하는 과정에서 미디어 리터러시에 대한 교육 방안은 과거와 현재의 지배적인 테크놀로지와 지배적인 언어를 기반으로 한 상호 소통과 합의를 위한 융합 가능성에서 출발할 필요가 있으며, 문자 시대의 문자 언어와 현행 영상 언어에 내재한 공통점과 차이점에 대한 논의에 입각하여 기존 교과와의 상호 융합에 따른 실천적 방안 모색 과정에서 교과의 특성에 따라 교육 과정의 세부 내용에 대한 융합이 순차적으로 이루어질 필요가 있다는 점은 현시점에서 중요하게 고려해야 할 대목이다.

2) 미디어 리터러시를 통한 교육에서 미디어 리터러시 교육으로의 진화를 위하여

(1) 영상 언어에 내재한 '도구적 접근'과 '언어적 접근'

미디어 리터러시 교육에 대한 학술적·사회적 관심이 높다. 하지만

요인으로 작동하게 된다는 설명 논리이다. 비공식적인 규범으로 고착화된 행위 경로가 선택 가능한 다양한 행위 경로에 대한 잠재적 우위를 확보하기 때문이다(권장원, 2020에서 재인용). 해당 개념에 내재해 있는 논리적 기반에 입각해 볼 때, 입시 중심의 교육 경로가 지배적인 한국적 교육 환경에서 영상 리터러시에 대한 교육적 고려 역시 문자 언어 기반의 기존의 교육 경로를 거스르기 쉽지 않다는 점을 유추해 볼 수 있다.

실제 교육을 수행하는 데 있어 영상 언어에 대한 논의는 학술적 지향에 따라 다소 차이가 있거나 혼란스럽게 이루어지는 경향이 크다. 여러 가지 이유가 있겠지만, 영상 언어에 내재한 성격에 대한 기존 논의가 '도구'와 '언어'로서의 의미를 아우른다는 점에서 영상 언어에 대한 실제 교육 수행에 따른 논의 역시 기존의 문자 언어를 기반으로 하는 교육 경로의 연장선상에서 다루어질 수밖에 없다는 현실적 문제가 내재하고 있기 때문이다. 통상, 도구적 접근은 영상 언어의 실천적 활용에 기반한 관점으로 기존의 교과 내용을 더욱 효과적으로 가르치거나 표현하기 위한 '수단'으로 미디어를 활용하는 접근이다. 미디어 자체에 대한 관심보다 성취해야 할 주어진 교육 목적을 위해 미디어를 어떻게 활용할 것인지에 방점이 있는 셈이다. 반면, 언어적 접근은 영상 미디어를 포함한 다양한 미디어 전체를 의사소통의 수단인 언어의 일종으로 간주한다는 점에서 미디어 자체의 성격에 관심을 갖는 접근이며, 학습자가 자신이 경험하는 미디어 문화와 메시지에 대해 비판적 성찰을 하도록 하는 시민 교육의 일환으로 자리매김되고 있다(이진호·곽덕주, 2020에서 재인용). 따라서 전자의 경우 지식이나 정보의 상호교환적 관점에서 유용하지만, 후자의 경우 상호 의견 교환이나 협의 과정에서 공감대 형성에 유용한 측면이 있다. 영상 언어를 활용한다는 점에서는 동일하지만, 활용 방식에 따라 효과의 지향점이 다르다는 점에서 영상 언어에 내재한 언어적·도구적 기능에 부합하는 기초적인 지식과 정보에 입각해 각 교과 영역별로 영상 언어를 어떠한 지향을 가지고 활용할지에 대한 논의가 선결될 필요가 있다. 아울러, 각 교과의 특성에 따라 때로는 도구적 측면이, 때로는 언어적 측면이 더욱 강조될 수 있겠지만, 영상에 포함되어 있는 다양한 표현 방식들에 대한 논의를 교육 내용 구성에 포함함으로써 기존의 교과 교육에서 다루어지는 각종 지식과 정보들이 영상 언어 기반의 소통 구조에 부합하는 방향으로 재검토될 수 있도록 하기 위한 상호작용의 토대를 마련하는 것 또한 심도 있게 고려해 볼 필요가 있다. 통상, 기존의 지식과 정보를 기반으로 관련 영상을 기획할 수 있으며, 그에 걸맞은 영상의 선택과 선택된 영상의 구성을 토대로 보다 효율적인 창작과 소통, 상호 합의와 공감대 형성에 따른 다각도의 교육적 성과를 이끌어낼 수 있기 때문이다. 더 나아가, 개별 교과에서 요구되는 '집단 지성'의 효율적 소통은 물론, 그 범위의 확장 가능성과 관련해서 영상에서의 표현 방식과 온라인 공간에서의 에티켓과 윤리적·법적 문제 등에 대한 교육 내용 또한 함께 고려할 필요가 있다. 집단 지성 역시 상호 신뢰 형성에 필요한 공식적·비공식적 규범에 입각한 상호작용과 그에 따른 관계 맺기가 전제되지 않으면 상호 신뢰를 바탕으로 한 교육적 효과가 효율적으로 작동하기 어렵기 때문이다.

(2) 미디어 리터러시 교육으로의 진화를 위한 소고

영상 언어를 통한 표현은 촬영하고자 하는 피사체를 결정하고 카메라 렌즈로 포착하는 영상의 범위를 정하는 과정에서, 그리고 어떤 영상을 편집 과정에 포함시킬지 여부를 판단하는 과정에서 원작자와 제작진을 포함한 생산자의 의도가 포함될 수밖에 없다. 비록 방식에서는 다소 차이가 있을 수 있지만, 생산자의 의도가 영상 메시지 속에 용해될 수밖에 없다는 문제의식은 문자 언어를 통한 메시지 생산의 논의에서 이미 제기된 바 있다. 비록 해독의 용이성은 존재하지만, 실제 현실을 그대로 재현한다고 보기에는 영상 언어에 의한 표현 역시 한계가 있다고 간주되는 이유이다. 이런 점에서, 영상 분야에서의 미디어 리터러시는 영상 언어를 통해 체험한 현실 역시 영상 언어와 디지털 영상 기반의 테크놀로지가 함께 결합하여 만들어낸 재구성된 현실reconstructed reality이며, 실제 현실과 차이가 있을 수밖에 없는 비판적 인식에서 출발할 필요가 있다. 다만, 문자 정보에 비해 정보나 의견들에 대해 다양한 감각기관을 활용하여, 실제로 체험한 것과 유사한 경험을 제공함으로써 정보나 의견 간의 상호작용에 따른 즉각적인 효과가 더욱 강할 뿐이다. 하지만 이러한 문제의식에도 불구하고, 해당 경험에 자신의 경험이나 의견 그리고 자신만의 상상을 추가함으로써 창의적인 영상 콘텐츠로서 발돋움할 수 있으며, 그 성과가 비단 경제적인 측면뿐만 아니라 사회문화적 측면에서도 적지 않은 활로를 열어줄 수 있는 가능성 또한 간과해서는 곤란하다. 매스미디어 콘텐츠 창작 분야가 경제적 측면에서 고부가가치 산업으로서 관심을 받고 있는 것도, 최근 미디어 분야에서 트랜스미디어 스토리텔링transmedia storytelling에 대한 관심이 증가하는 것도 동일한 맥락에서 이해할 수 있다. 소통 테크놀로지의 발전과 영상 언어의 결합이 실제 소통을 통해, 그리고 창의적 표현물을 통해 정치, 경제, 사회, 문화 전반에 걸쳐 야기하는 막대한 영향력을 고려할 때, 디지털 영상 미디어 리터러시에 대한 구체적인 교육 방안은 매우 신중하게 모색될 필요가 있다. 특히, 교육의 지향점과 관련하여 테크놀로지 자체의 적응 및 활용에 대해서는 물론이고, 생산자의 의도와 화면 밖 현실의 정보와 지식에 대한 교육과 함께 병행될 수 있도록 구성하여, 영상 언어를 통해 제작된 각종 소통 내용과 성과가 공익 차원에서 경제적·문화적 가치를 보다 활성화시키는 방향으로 이행될 수 있어야 하기 때문이다. 이와 함께, 미디어 리터러시에 대한 교육이 진정한 의미에서의 미디어 리터러시 교육으로 거듭나기 위해 해당 교육에 기여할 수 있는 다양한 분야들 간의 '소통'과 이를 통한 '관계 맺기'가 매우 중요하다. 교과서를 비롯한 기존의 텍스트 속에 담겨 있는 교과 지식과 현실 정보 간의 상호 소통 및 융합이 영상 언어를 통해 이루어질 때, 보다 확장적이고 효율적인 차원에서의 교육 효과로 연결될 수 있다고 보기 때문이다.

참고문헌

강진숙. 2005. 「독일에서의 초중등학교 미디어 교육 교과과정 연구」. 한국언론학회 미디어교육위원회 제1차 콘퍼런스 발표 논문.

______. 2007. 「미디어 능력 제고를 위한 미디어 교육의 과제와 문제점 인식 사례 연구: 심층인터뷰와 이메일 인터뷰를 이용한 미디어 교육 전문가 사례를 중심으로」. ≪한국언론학보≫, 51권 1호, 91~113쪽.

권장원. 2018. 「미디어 테크놀로지와 자본의 관점에서 본 미디어 리터러시 교육」. 한국언론학회 엮음. 『4차 산업혁명 시대의 미디어 리터러시 교육』. 서울: 지금.

______. 2020. 「경로의존적 관점에서 본 뉴스 미디어 기술 혁신」. 『혁신 기술 기반 뉴스 미디어 변화의 조건』. 2020 한국언론정보학회 가을철 정기학술대회.

권장원·이근형·곽현자. 2015. 『올바른 방송·통신 미디어 이용을 위한 교육방안 연구』. 서울: 방송통신심의위원회.

김기태. 2007. 「한국 미디어 교육의 성격 분석 및 논의」. ≪한국언론정보학보≫, 통권 37호, 139~167쪽.

______. 2009. 「미디어 교육 연구: 역사와 현황」. 한국언론학회 엮음. 『한국언론학회 50년사』. 서울: 한국언론학회.

______. 2010. 「한국 미디어교육연구 실태 및 경향 분석 연구」. ≪인문사회과학연구≫, 29집, 170~204쪽.

김도헌. 2020. 「국내 미디어·디지털·정보·ICT 리터러시의 연구동향 분석」. ≪교육문화연구≫, 26권 3호, 93~119쪽.

김양은. 2005. 「리터러시 관점에서의 미디어교육에 관한 연구: 언어로서의 미디어에 대한 인식을 중심으로」. ≪한국언어문화≫, 27권, 427~450쪽.

박주연. 2013. 「디지털 시대 청소년의 미디어 리터러시에 관한 탐색적 연구: Jenkins의 참여문화 향상을 위한 "리터러시 핵심능력" 분석을 중심으로」. ≪커뮤니케이션학 연구≫, 21권 1호, 69~87쪽.

박찬희. 2016. 「미디어 생태계 변화와 참여기업의 정책적 시사점: 플랫폼 전략의 관점에서」. ≪유라시아 연구≫, 13권 4호(통권 43호), 141~164쪽.

사이먼, 필(P. Simon). 2013. 『플랫폼의 시대: 아마존, 애플, 페이스북, 그리고 구글은 비즈니스를 어떻게 발전시켰나(The Age of the Platform: How Amazon, Apple, Facebook, and Google Have Redefined Business)』. 장현희 옮김. 파주: 제이펍.

서곡숙. 2020. 「영상을 활용한 문화교육 방안」. ≪국제문화예술≫, 1권 2호, 41~52쪽.

슈밥, 클라우스(K. Schwab). 2016. 『클라우스 슈밥의 제4차 산업혁명(The Fourth Industrial Revolution)』. 송경진 옮김. 서울: 새로운현재.

안정임·김양은·박상호·임성원. 2009. 『미디어교육 효과측정 모델: 미디어 리터러시 지수 개발』. 서울: 한국언론재단.

안정임·김양은·전경란·최진호. 2017. 『지능정보사회에서의 미디어 리터러시 이슈 및 정책방안 연구』. 과천: 방송통신위원회.

안정임·서윤경·김성미. 2017. 「국내 미디어 리터러시 연구 동향 분석」. ≪한국방송학보≫, 31권 5호, 5~49쪽.

양정애. 2017. 「정보를 제대로 활용하는 21세기 핵심역량, 미디어 리터러시」. ≪미디어 리터러시≫, 1호(여름).

원용진. 2010. 『새로 쓴 대중문화의 패러다임』. 서울: 한나래.

오세욱·송해엽. 2019. 『유튜브 추천 알고리즘과 저널리즘』. 서울: 한국언론진흥재단.

이진호·곽덕주. 2020. 「새로운 교육매체로서 영상 미디어의 본성에 대한 교육철학적 고찰: 빌렘 플루서의 '기술이미지' 개념을 중심으로」. ≪교육철학연구≫, 42권 4호, 137~163쪽.

정용복. 2020. 「미디어 리터러시 교육 인식과 정책 방안 연구: 제주지역 학교와 사회 미디어 교육 관계자 심층 인터뷰」. ≪한국소통학보≫, 19권 3호(통권 46호), 51~86쪽.

정현선. 2018. 「초등 국어 교과서에 반영된 미디어 리터러시 학습 내용에 대한 비판적

고찰: 3-4학년군 1학기 교과서를 중심으로」. ≪한국초등국어교육≫, 65권, 191~223쪽.

정현선·박유신·전경란·박한철. 2015. 『미디어 문해력(Media Literacy) 향상을 위한 교실수업 개선 방안 연구』. 세종: 교육부.

홍유진·김양은. 2013. 「미디어 리터러시(Literacy) 국내외 동향 및 정책 방향」. ≪코카포커스≫, 2013-01호(통권 67호).

황용석. 2013. 『온라인 저널리즘』. 서울: 커뮤니케이션북스.

CML[Center for Media Literacy]. 2012. "What is Media Literacy? A Definition… and More". http://www.medialit.org/reading-room/what-media-literacy-definitionand-more (검색일: 2021.2.10).

Partnership for 21st Century. 2009. "P21 Framework Definitions." http://www.p21.org/about-us/p21-framework (검색일: 2016.12.13).

UNESCO. 2014. "Paris Declaration on Media and Information Literacy in the Digital Era."

05

인공지능 시대의 비판적 데이터 리터러시

오연주 | 한국지능정보사회진흥원 정책본부 책임연구원

이 장에서는 인간의 활동과 사회적 현상이 점차 정량적 데이터로 구현되고, 그 데이터에 기반하여 다양한 수준의 알고리즘이 인간 삶의 전 영역에 영향력을 행사하는 오늘날의 맥락에서, 비판적 데이터 리터러시는 어떤 의미와 어떤 내용을 담고 있어야 하는지를 다룬다. 소위 데이터 주도 사회(data-driven society) 또는 데이터화된 사회(datafied society)에 대한 관점에 따라서 데이터 리터러시의 의미와 내용이 달라진다. 데이터 중심 사회는 누군가에게는 세상을 해석하고 재현하는 방법이 확장된 것일 수도 있고, 누군가에게는 경제 발전과 상업적 이익을 위한 추동력이 생긴 것이기도 하며, 또 다른 누군가에게는 효율성이라는 이름으로 인간의 자유, 권리, 행위성이 위험에 처하게 된 것을 의미하기도 한다.

이 장에서는 마지막 관점에서 데이터 리터러시를 바라본다. 전반부에서는 오늘날 데이터가 우리 사회에서 어떻게 작동하고 있는지 관련 사례들과 학술적 논의를 토대로 살피고, 후반부에서는 다양한 데이터 리터러시의 정의에서 발견되는 공통된 테마를 바탕으로 비판적 데이터 리터러시의 구성 요소 다섯 가지를 제안한다. 비판적 데이터 리터러시는 1) 정량화된 데이터를 통한 가치 창출 과정, 2) 정량화된 데이터의 특성, 3) 데이

터 생태계의 정치경제학적 측면, 4) 데이터 생태계의 인프라스트럭처를 이해하는 인지적인 측면과 5) 시민으로서 데이터화에 저항하는 행동적 요소로 구성된다. 비판적 데이터 리터러시 교육의 필요에 대한 공감은 증가하고 있지만, 근거에 기반한 교육 방법의 개발 및 유사 리터러시 교육들 간의 융합을 위한 거버넌스 구축은 여전히 과제로 남아 있다.

1. 들어가며

이야기 1. 2019년 학술 저널인 ≪사이언스≫에 미국의 건강 의료 체계 시스템이 인종적 편향에 근거한 알고리즘을 활용한다는 논문이 실렸다. 미국에서는 환자의 필요에 따라 의료 자원을 분배하고자 건강 위험 예측 소프트웨어 프로그램을 사용한다. 일반적으로 흑인이 백인보다 건강 위험 정도가 높음에도 불구하고, 논문에서 분석한 프로그램은 고위험 의료 관리 프로그램 서비스 제공 시 흑인을 후순위로 배정했다. 문제는 건강 위험 정도를 예측하기 위한 요인으로 프로그램의 알고리즘에 연간 의료비를 포함한 데서 발생했다. 흑인은 낮은 소득으로 인해 의료비 지출이 적을 수밖에 없는데, 이를 건강 위험 정도가 낮은 것으로 계산한 것이다(Obermeyer et al., 2019).

이야기 2. 2020년 영국에서는 코로나19 팬데믹으로 인해 우리나라 수능 격인 A레벨 시험을 치르지 못하게 되었다. 이에 영국 정부는 알고리즘을 활용하여 A레벨 시험 예상 점수를 산출했다. 알고리즘의 기준은 네 가지로, 학생이 다니는 학교가 과거에 A레벨 시험에서 얼마나 많은 우수 성적

학생을 배출했는지를 고려한 학교의 수준, 학생이 과거에 받은 중등교육 자격시험의 성적, 평소 내신 성적, 담당 교사가 학생별로 예상한 A레벨 점수가 그것이었다. 이 알고리즘은 학교의 수준을 반영하여 좋은 사립학교에 다니는 학생들에게 유리한 결과를 주었을 뿐만 아니라, 학생 개인의 수준을 예측하는 데 실패하여 36%의 학생들이 교사의 예상 점수보다 한 단계 낮은 점수를 받았다. 성적 발표 이후 학생 시위와 사회적 비난이 쏟아졌고, 영국 정부는 교사의 예측 점수만을 고려하되, 알고리즘의 점수가 그보다 높을 때에만 활용하는 것으로 계획을 변경했다(불리, 2020.9.19).

이야기 3. 2020년 민주사회를 위한 변호사모임 디지털정보위원회, 사단법인 정보인권연구소, 진보네트워크센터 등 세 개 시민단체는 직원 채용 시 인공지능 면접을 도입했던 공공기관을 상대로 한 정보공개 청구 결과를 발표했다. 발표 내용에 따르면, 해당 공공기관의 대부분이 공정한 업무와 기밀의 보호를 이유로 정보를 비공개했으며, 일부는 인공지능 면접의 운영은 용역사가 수행한 것으로 정보가 없다고 밝혔다. 또한 인공지능 면접 후의 사후 점검과 평가 여부와 관련해서도 해당 공공기관의 다수가 비공개로 응했으며, 일부는 사후 점검을 시행하지 않았다고 답변했다(진보넷, 2020.10.27).

의료, 입시, 채용은 누군가의 건강과 죽음에, 노동의 권리와 남은 인생의 여정에 지대한 영향을 미치는 사안이다. 앞의 사례들은 오늘날 인생의 중대한 사안이 맥락화되지 않은 데이터, 이들 데이터를 근거로 하는 편향적 알고리즘의 개발과 적용, 그리고 그 내용과 과정에 대한 불투명성이 만연한 환경에서 다루어지고 있음을 보여준다. 또 다른 주목할 점은 앞의 사례 모두 공공의 영역에서 발생했다는 점이다. 공정성과 투명성이 가장 중요시되어야 할 공공의 영역에서 데이터 기반 의사결정의 효율성이라는 명목으로 공익을 저해하는 일들이 발생하고 있다. 전 세계적으로 데이터 기반의 국정 운영이 부상하는 가운데 의료, 입시, 채용뿐만 아니라 공공 서비스 전반의 분배, 범죄의 감시와 예측, 민원 처리, 각종 도시 문제 해결에 이미 알고리즘이 사용되고 있거나 사용될 예정이다.

더욱 우려되는 것은 기계에 대한 의존도가 높은 인공지능 알고리즘의 활용이다. 미국의 의료 체계와 영국의 A레벨 시험 결과 예측의 경우, 인간의 편향이 알고리즘에 개입한 지점을 파악할 수 있었다. 그러나 인공지능 알고리즘을 활용한 서비스 또는 의사결정에 대해서는 역추적과 평가가 어렵고, 가능하더라도 인공지능을 활용한 측에서 기계의 결정이 사람의 결정보다 더 공정하고 중립적이라고 주장하거나, 문제가 발생할 때 기술에 책임을 전가할 여지를 준다. 우리나라에서 반복하여 제기되는 문제인 포털 서비스 뉴스 기사 배열은 그 대표적인 예다. 대표 포털사인 네이버는 뉴스 기사 배열에 대한 비판에 더 나은 알고리즘을 대안으로 제시해 왔으며, 2018년에는 인공지능 알고리즘 추천 기술을 확대하고 편집자의 영역을 축소하겠다고 발표했다(금준경, 2019). 기계의 결정이 인간의 의사에 우선하는 환경 속에서 인간의 행위성은 그 자리를 잃어가고 있다.

이 장에서는 인간의 활동과 사회적 현상이 점차 정량적 데이터로 구현되고, 그 데이터에 기반하여 다양한 수준의 알고리즘이 인간 삶의 전 영역에 영향력을 행사하는 오늘날의 맥락에서, 비판적 데이터 리터러시는 어떤 의미와 어떤 내용을 담고 있어야 하는지를 다룬다. 소위 데이터 주도 사회data-driven society 또는 데이터화된 사회datafied society에 대한 관점에 따라서 데이터 리터러시의 의미와 내용은 달라진다. 데이터 중심 사회는 누군가에게는 세상을 해석하고 재현하는 방법이 확장된 것일 수도 있고, 누군가에게는 경제 발전과 상업적 이익을 위한 추동력이 생긴 것이기도 하며, 또 다른 누군가에게는 효율성이라는 이름으로 인간의 자유, 권리, 행위성이 위험에 처하게 된 것을 의미하기도 한다. 이 장에서는 마지막 관점에서 데이터 리터러시를 바라본다. 이 장의 전반부에서는 오늘날 데이터가 우리 사회에서 어떻게 작동하고 있는지를 관련 사례들과 학술적 논의를 토대로 살피고, 후반부에서는 다양한 데이터 리터러시의 정의에서 발견되는 공통된 테마를 바탕으로 데이터 중심 사회에서 비판적 데이터 리터러시는 어떠한 구별된 특징을 갖는지를 다룬다.

2. 비판적 데이터 리터러시 부상의 맥락

인간의 행동과 사회적 현상을 데이터화하고 활용하려는 시도가 최근에 시작된 것은 아니다. 멀게는 17세기에 인구의 개념이 생겨나면서 데이터화가 시작되었으며(Hacking, 1991), 프랑스에서는 1930년대에 데이터를 수집하고 가공하여 판매하는 데이터 브로커 사업의 개념이 등장했다(McHugh, 2018.4.24). 우리나라에서도 1990년대 들어서 이용자 데이터 분석을 통해 마케팅 활동을 하는 고객관계관리Customer Relationship Management: CRM가 활성화되었다(정용찬, 2012). 그러나 비교적 최근까지 데이터를 저장하는 것은 방대한 저장 공간과 비용을 의미했으며, 이에 기업들은 데이터를 축적하는 대신 삭제하는 방법을 택했다(Oracle and MIT Technology Review Custom, 2016).

리터러시의 필요성에 대한 담론은 특정한 기술적·정치적·사회적 맥락 속에서 그 대상과 목적을 구체화할 때 발생한다(Carmi et al., 2020). 데이터 리터러시에 대한 학술적 논의는 2000년대 중반부터 본격화했으며, 최근 몇 년 사이 증폭되었다. 이와 같은 관심의 증가는 공공, 민간, 학계 등 관련 분야에서 데이터화된 사회를 살아가는 모든 사람들이 데이터화의 기회와 함의를 이해하는 것의 중요성을 인식한 데서 비롯된다. 그렇다면 데이터 리터러시의 중요성을 깨닫게 만든 기술적·정치적·사회적 맥락은 무엇일까? 다음에서는 그 맥락을 파악하기 위해 데이터화와 관련한 주요한 역사적 사건들을 소개한다.

1) 1990년대 말~2000년대: 테크 기업 중심의 데이터 활용 확산

1998년 아마존에서는 책들의 유사성을 비교해 이용자에게 추천하는 시스템을 도입했다. 그 전의 추천 방식이 이용자의 특성에 기반한 것이었다면, 아마존의 추천 방식은 이용자가 구입하거나 장바구니에 담아 둔 책들의 특성에 기반한 것이라는 점에서 차이가 있다. 2003년 아마존의 연구자들은 해당 추천 방식을 설명한 논문을 발표했고, 2017년 미국 전기전자기술협회Institute of Electrical And Electronics Engineers: IEEE가 장기간 영향력을 미친 논문에 수여하는 상인 '테스트 오브 타임Test of Time'의 수상작으로 선정되었다(Hardesty, 2019.11.22). 2002년과 2005년에는 취향에 따라 음악을 선곡해 주는 인터넷 라디오 서비스인 라스트FM과 판도라가 출시되었다. 판도라의 설립자인 팀 웨스터그렌Tim Westergren은 "종교적 경험"과도 같은 새로운 음악의 발견의 기회를 다른 사람들과도 나누기 위해서라고 창업의 이유를 밝힌 바 있다(Olsen, 2006.7.20). 세 개의 서비스 모두 취향 데이터 분석을 통해 수익을 창출하거나 확대하는 혁신을 이루었지만, 수익 구조와 데이터 활용 범위는 제한적이었다. 아마존은 1998년까지만 해도 도서, CD, DVD를 판매하여 발생하는 수익으로 운영되는 소매유통업체였다. 라스트FM과 판도라의 경우, 이용자들이 원하는 서비스를 제공하고, 그 대가로 이용자 집단을 광고 수익을 위한 상품commodity으로 판매한다는 점에서 기존의 미디어와 수익 구조가 유사했다. 이용자 데이터의 활용 범위도 아직은 도서와 음악이라는 각 서비스의 고유 영역에 머물러 있었다.

이후 2007년 페이스북이 맞춤targeted 광고를, 2009년 구글이 관심 기반interest-based 광고를 시작하면서, 중요한 전기를 맞이한다. 각 사이트가 보유하고 있는 이용자 정보를 바탕으로 모든 분야의 기업이 이용자 취향에 맞춘 광고를 제공할 수 있는 플랫폼 환경이 조성되었다. 페이스북은 이용자의 관계망과 일상생활에 대한 광범위한 정보를 가지고 있었으며, 구글은 관심 기반 광고 도입 당시 전 세계 검색 시장의 약 70%를 차지하고 있었다. 2013년 페이스북 연구자들이 발표한 논문에 따르면, 페이스북이 수집하는 행동 데이터 중에는 이용자가 인식하고 남긴 포스트 및 코멘트뿐만 아니라, 의도적으로 삭제한 콘텐츠까지도 포함된다(Das and Kramer, 2013). 페이스북은 또한 같은 해에 데이터 수집을 위해 마우스의 움직임을 추적하는 것을 고려한다고 밝혔으며, 2018년 실제로 마우스 동선 데이터가 수집되고 있음을 인정했다. 더불어 페이스북은 운영체제, 하드웨어, 소프트웨어 버전, 배터리 잔여량, 인터넷 신호 강도, 저장 공간, 파일명 및 형식, 기기 ID 등 이용자 행동 이외에도 기기에서 얻을 수 있는 거의 모든 종류의 정보를 수집한다고 보고했다(Ganjoo, 2018.6.12). 구글 또한 검색 기록은 물론, 위치, 생산·저장 콘텐츠, 연락처, 앱 활동 등 광범위한 양의 이용자 정보를 수집한다(Burgess, 2021.5.4). 앞서 언급한 1990년대 말과 2000년대 초중반의 서비스가 각 영역에서 더 나은 서비스를 제공함으로써 판매 수익 및 광고 수익 등 부가적인 이윤 창출의 방법을 모색했다면, 2000년대 후반에 들어서면서는 광고 수익을 위해 서비스를 제공한다고 할 수 있을 만큼 맞춤형 광고를 위한 개인정보 수집의 양이 증가했다.

이용자와 광고의 접점을 확대하기 위해서는 특정 서비스에 이용자가 가능한 한 오랫동안 머무르게 하는 것이 필수적이다. 이에 플랫폼 기업이 수집하는 이용자 정보는 맞춤형 광고를 제공하기 위해서뿐만 아니라, 이용자들이 해당 플랫폼에 관심을 가지고 더 오래 머물 수 있도록 맞춤형 콘텐츠를 추천하는 데도 사용된다. 2010년 인터넷 활동가인 일라이 패리저Eli Pariser는 맞춤형 콘텐츠의 추천이 이용자들의 취향과 정치적 관점에 부합하는 콘텐츠 소비의 증가와 지적 고립을 가져오는 현상을 가리켜 필터 버블filter bubble이라 칭했다(Pariser, 2010.7.11). 새롭게 등장한 개념은 아니지만 필터 버블 속에서 개인의 신념이 증폭되고 강화되는 현상인 에코 체임버 효과echo chamber effect도 다시 주목받았다. 패리저는 필터 버블이 이용자가 새로운 생각, 주제, 정보에 노출되는 것을 가로막음으로써, 궁극적으로는 민주주의와 개인의 안녕安寧에 부정적 영향을 미칠 수 있음을 우려한다.

2) 2010년대: 시민의 일상으로 파고든 데이터

2010년대 들어서도 상업적 목적을 위한 이용자 데이터 수집과 활용이 증가하는 가운데, 시민의 삶을 감시, 통제, 결정하는 데 데이터가 활용되는 사례도 늘어났다. 가장 대표적인 사례가 에드워드 스노든Edward Snowden이 2013년 폭로한 미국 정보기관의 대량 감시·감청 사건이다. 스노든은 미국 중앙정보국Central Intelligence Agency: CIA과 국가보안국National Security Agency: NSA 모두에서 근무했던 컴퓨터 전문가로, ≪가디언≫을 통해 미국의 정보기관이 미국을 비롯한 세계 다수의 국가에서 전화망과 통신망을 통해 개인의 사적인 통신 기록을 수집한다는 사실을 밝혔다. 해당 사건은 단순히 개인의 프라이버시권 침해 문제로 보도되기도 했다. 그러나 미국의 정보기관은 감청을 넘어, 이상을 감지하고 다양한 정보 간의 연관 관계를 파악하며, 개인 또는 집단을 위험도에 따라 분류하고 군집화하는 등 범죄 예측과 프로파일링을 위해 대량으로 수집된 데이터를 사용한다(Van Puyvelde, Hossain and Coulthart, 2017.9.27). EU의 경우, 스노든의 폭로를 계기로 EU와 미국 간 자유로운 데이터 이동을 허용하는 세이프하버 프라이버시 원칙Safe Harbor Privacy Principles을 무효화했다. 하지만 아이러니하게도 2015년 프랑스에서는 샤를리 에브도 테러 사건 이후 정보기관에 광범위한 도·감청 권한을 부여하는 '정보에 관한 법률'이 통과되었으며, 2017년 독일에서는 정보기관이 미국의 주요 기관과 기업을 감청해 왔다는 사실이 밝혀졌다.

2018년 공개된 페이스북-케임브리지 애널리티카 스캔들 또한 시민의 권리를 침해한 중요한 데이터 관련 사건으로 기록된다. 영국의 정치 컨설팅 회사인 케임브리지 애널리티카의 전 직원 크리스토퍼 와일리Christopher Wylie는 페이스북 이용자를 대상으로 하는 심리 퀴즈 앱인 'This Is Your Digital Life'를 통해 회사가 퀴즈에 참여한 이용자들뿐만 아니라 이들과 관계망에 묶여 있는 다른 이용자들의 개인정보를 수집했다고 폭로

했다. 페이스북이 미국 의회의 청문회에서 밝힌 바에 따르면, 해당 앱으로 인해 8700만 명의 개인정보가 유출되었다(Lapowsky, 2018.4.4). 개인정보 유출로 인한 프라이버시권 침해만큼 중요한 이슈는, 수집된 데이터가 2016년 대선 당시 도널드 트럼프 미국 전 대통령의 선거운동에 활용되었다는 사실이다. 케임브리지 애널리티카는 성격과 성향에 따라 개인을 유형화하고 각 유형에 맞는 맞춤형 메시지를 보냄으로써 대선 정국에 개입했다. 미국 대선의 개입에 비해 덜 알려지기는 했으나, 케임브리지 애널리티카는 페이스북 이용자의 정보를 활용하여 영국의 브렉시트 여론전에도 관여했다는 의혹을 샀다(Cadwalladr and Graham-Harrison, 2018.3.17).

최근 2~3년 동안에는 이용자 데이터를 기반으로 작동하는 인공지능 알고리즘이 편향된 의사결정을 초래한 사례들이 주목받고 있다. 서두에서 제시한 의료 체계, 대학 입시, 채용 분야의 사례뿐만 아니라 범죄 재발 예측, 범죄자 프로파일링, 뉴스 편집, 아동 복지, 금융, 이용자 콘텐츠 중재 등 다양한 분야에서 이용자 데이터는 차별과 불평등을 강화하는 인공지능 알고리즘을 만들어내는 데 사용되고 있다. 우려되는 것은 이용자 보호를 위한 충분한 제도적 안전장치 없이 삶과 밀접한 영역에서 데이터의 활용이 더욱 확장될 것이라는 점이다. 우리나라만 보더라도 2020년 '데이터기반행정 활성화에 관한 법률'이 제정되었고, 2021년 본 법률을 근거로 행정안전부에서는 '제1차 데이터기반행정 활성화 기본계획'을 발표했다. 계획에서는 지능형 서비스 제공을 주요 추진 목표 중 하나로 설정하고 "객관성·신뢰성 확보를 위해 데이터에 기반한 과학적인 행정"을 추진할 것이라고 밝혔다. 과거 사례들이 데이터 기반의 행정이 반드시 객관성과 신뢰성을 확보하는 것이 아님을 보여줌에도 불구하고, 어떻게 데이터의 객관성과 신뢰성을 확보할지, 실패할 경우 구제책은 무엇인지는 계획에서 다루고 있지 않다.

3) 데이터가 자본이 된 사회

제이단 사도프스키(Sadowski, 2019)는 데이터가 단순히 교환 가치를 갖는 상품commodity이 아닌, 계속해서 축적되며 가치를 창출하는 자본capital이라고 본다. 데이터 자본은 디지털 기술과 서비스의 이용자와 시민의 활동으로 생성된다. 이용자는 다양한 디지털 서비스를 활용하기 위해서 약관을 통해 데이터와 서비스의 가치를 교환하지만, 서비스 제공자가 데이터를 활용하여 창출해 내는 가치는 이용자가 제공받는 서비스의 가치에 비해 훨씬 크다. 데이터는 다수의 사람들에 의해 생성된다는 점에서 공공재의 성격을 띠는데, 그 내용은 공공 데이터와 같이 법률을 근거로 공개되지 않는 이상, 소수 기업과 정부 기관만이 소유하고 활용한다. 이러한 맥락에서 사도프스키는 디지털 기술을 통한 감시나 데이터 경제를 보안 또는 프라이버시 문제가 아닌 착취와 불평등을 만들어 내는 구조적인 문제로 인식할 것을 강조한다.

비판적 데이터 리터러시에 대한 필요는 이러한 맥락에서 부상했다. 한편으로 이용자와 시민은 데이터로 이루어지는 많은 결정으로 인해 자율성을 가지고 스스로 선택한 방식으로 디지털 사회를 살아갈 수 있는 권리를 잃어가고 있다. 다른 한편으로는 권한을 견제할 적절한 제도적 장치 없이, 데이터에 대한 통제력이 점차 소수에 집중되고 있다. 2016년 독일의 공익 단체인 시대재단Zeit-Stiftung이 발표한 'EU 디지털 기본권 헌장Charter of Digital Fundamental Rights of the European Union'의 초안에는 디지털 기본권 중 하나로 디지털 세상에서 스스로 결정한 존재 방식existence을 가능하게 해주는 교육에 대한 권리가 명시되어 있다. 비판적 데이터 리터러시를 증진하는 것은 데이터화된 사회에서 자신의 삶을 결정하고 데이터를 둘러싼 권력 간의 균형을 지키기 위한 기본적인 권리인 것이다.

3. 비판적 데이터 리터러시 구상을 위한 이론적 논의

이 절에서는 비판적 데이터 리터러시의 개념화와 교육의 구상을 위해 데이터화와 플랫폼화의 개념을 살펴본다. 데이터화와 플랫폼화 개념은 최근 7~8년 사이 부상했으며, 미디어·커뮤니케이션 연구, 비판적 데이터 연구, 비판적 코드·알고리즘 연구 등 다양한 학문 분과에서 논의를 확장해 나가고 있다. 데이터화와 플랫폼화는 비교적 최근의 현상이며, 디지털 환경의 빠른 변화로 인해 그 현상도 함께 빠르게 변화하고 있다. 따라서 다음 내용은 데이터화와 플랫폼화에 대한 확정적인 모습을 그리기보다는 2020년을 전후로 나타나는 특징적인 모습을 보여준다.

1) 데이터화

데이터화datafication는 ≪이코노미스트≫의 편집장인 케네스 쿠키어Kenneth Cukier와 옥스퍼드 인터넷 연구소의 교수인 빅토어 마이어쇤베르거Viktor Mayer-Schoenberger가 고안한 용어로, 이전에는 정량화되지 않던 사회의 다양한 측면들이 데이터로 전환되는 것을 의미한다(Cukier and Mayer-Schoenberger, 2013). 데이터화는 빅데이터에 대한 관심과 함께 성장한 개념이다. 쿠키어와 마이어쇤베르거가 데이터화라는 용어를 처음 사용한 2013년은 플랫폼 기업의 성장으로 인해 많은 양의 다양한 데이터가 수집되고, 데이터를 수집하고 처리할 수 있는 기술적 토대도 성장하던 때였다. 2013년, 구글은 검색 기록으로 미국의 질병청Centers for Disease Control and Prevention: CDC보다 더 빠르고 정확하게 독감 유행을 파악할 수 있음을 주장했고, 빅데이터를 활용해 비행기표 가격을 비교하고 예측하는 서비스를 제공하는 회사인 스카이스캐너는 설립 후 10년 만에 수억 달러의 가치를 갖는 것으로 평가되었다. 빅데이터는 공공과 민간 모두에 큰 기회였으며, 기회의 활용을 위해 가능한 모든 것을 데이터로 전환하는 것은 당연한 일로 받아들여지기 시작했다.

메히아스·콜드리(Mejias and Couldry, 2019)는 데이터화를 크게 두 개의 요소가 결합된 현상으로 본다. 하나는 인간의 삶이 정량화된 데이터로 전환되는 과정, 즉 데이터 추출 과정이며, 다른 하나는 데이터를 통한 가치 생산이다. 데이터화가 가능하기 위해서는 우선 데이터를 수집할 수 있는 메커니즘이 필요하다. 대개는 앱이나 웹 플랫폼이 그 기능을 하지만, 점차 디지털 기기상의 공간이 아닌 물리적 환경에 존재하는 감시 기기 및 센서 등을 통해 데이터 수집의 방법이 확장되고 있다. 이렇게 수집된 데이터는 다양한 가치를 창출한다. 긍정적인 관점에서 바라본다면 데이터를 분석하여 상업적 기업은 더 나은 제품과 서비스를 만들며, 공공에서는 더 효율적이고 효과적인 방식으로 사회 문제를 해결하고 공공 서비스를 제공한다. 비판적인 관점에서 바라보면 데이터화는 앞의 두 절에서 설명한 바와 같이 권력과 이윤의 집중, 민주주의의 침해, 이용자와 시민의 자율성 침해, 차별과 불평등으로 이어진다.

일부의 경우 데이터를 활용한 가치 창출은 일회성으로 끝나지만, 계속해서 사이클을 그리며 데이터 추출과 가치 생산이 반복되기도 한다. 예를 들어, 페이스북과 같은 플랫폼 기업에서 수집하는 이용자 데이터는 이용자의 관심과 시간을 끌 수 있는 인터페이스와 콘텐츠를 제공하기 위해 활용된다. 서비스의 개선은 더 많은 이용자의 확보로 이어지며, 이용자 수의 증가는 더욱 다양하고 방대한 데이터 추출의 가능성을 만든다. 데이터화는 디지털 경제의 큰 기회로 여겨지지만, 소수 기업의 데이터 축적은 다양한 규모의 기업이 자유롭게 성장하는 것을 저해하기도 한다.

판그라지오·세프턴그린(Pangrazio and Sefton-Green, 2020)은 여기에서 한 걸음 더 나아가 데이터화 이면에 있는 인식론적 관점을 비판한다. 사람들의 특징과 행동을 데이터화할 때, 수치 그 자체로 의미를 갖기보다는 비교, 패턴 인식, 결과 예측과 같은 분석으로 이어지고, 평균, 규범, 일탈 등의 개념을 만들어냄으로써 영향력을 발휘한다. 쉬운 예로, 평균 키, 평균 소득, 평균 IQ 등의 평균값은 단순한 수치가 아닌 개인이 보통의 사람들 혹은 정상인 사람들과 비교하여 스스로와 타인을 인식하고 평가하는 기준점으로 작동한다. 뿐만 아니라 고용, 실업, 환경 문제, 불평등, 소득 등과 관련한 다양한 수치들은 각 사회 현상을 이해하는 토대가 되기도 한다. 데이터화가 사람들이 자신, 타인, 사회를 이해하는 방식과 그에 따른 행동 양식을 바꾼다면, 비판적 데이터 리터러시는 데이터화 과정과 그 결과가 갖는 함의를 이해하는 능력에서 나아가 데이터 속성에 대한 이해 능력을 포함해야 한다.

2) 플랫폼화

데이터화가 현상이라면 그 현상을 가능하게 하는 구조는 플랫폼화platformization다. 니보르흐·포엘(Nieborg and Poell, 2018: 4276)은 "플랫폼의 인프라스트럭처, 경제 과정economic processes, 통치 프레임워크governmental frameworks가 다양한 경제 분야와 삶의 영역에 침투"하는 것이라고 플랫폼화를 정의한다. 반다이크(Van Dijck, 2020)는 나무 메타포를 활용하여 플랫폼화를 좀 더 쉽게 설명한다. 우선, 나무의 줄기는 플랫폼을 가능하게 하는 인프라스트럭처를 말한다. 인터넷 케이블, 네트워크, 위성, 데이터 센터, 반도체, 마이크로칩, 디지털 기기, 운영 시스템 등이 이에 해당한다. 인프라스트럭처는 땅속으로 깊고 넓게 뻗어나가 여러 나무의 줄기가 쓰러지지 않고 서 있을 수 있도록 지탱해 준다.

나무의 중간을 차지하는 두꺼운 줄기가 플랫폼으로, GAFAM(구글, 애플, 페이스북, 아마존, 마이크로소프트)으로 축약되는 다섯 개 빅테크 기업이 대표적인 사례다. 이들 기업은 신원 확인, 금융, 메일·메시지, 소셜네트워크, 검색, 광고, 소매, 교통, 미디어, 도서·지식 등 일상생활과 밀접한 다양한 서비스를 제공한다. 이들 플랫폼이 인터넷상의 활동을 위해서 필수적인 것은 아니지만 중개자로서 역할을 수행하며 점차 의존도를 높여가고 있다. 특정 앱을 이용하기 위해 네이버, 카카오, 구글, 페이스북 등의 소셜 로그인을 거치고, 흩어져 있는 온라인 쇼핑몰의 제품과 가격을 확인하기 위해 네이버 쇼핑을 활용하는 등 일상생활을 위해 플랫폼 기업을 경유하는 상황이 빈번하게 발생하고 있다. 또한 최근의 코로나19 팬데믹 상황에서 네이버와 카카오는 전자 출입 기록과 잔여 백신 접종을 위한 거의 유일한 창구로 활용되기도 했다.

나무줄기에서 뻗어나간 가지들은 사회의 다양한 분야에 존재하는 애플리케이션을 의미한다. 이들 애플리케이션 중 일부는 플랫폼 기업이 제공하는 채널이나 API를 활용하여 개발되기도 하고, 다른 일부는 클라우드 서비스와 같이 인프라스트럭처를 기반으로 생성되기도 한다. 독립적으로 존재하는 애플리케이션도 있을 수 있겠지만, 모바일 환경에서 존재하기 위해서 애플의 앱스토어나 구글 플레이를 거치지 않는 것은 거의 불가능하다. 이와 같은 가지들은 이윤을 추구하는 기업일 수도 있고 정부에서 제공하는 서비스일 수도 있다. 또한 건강, 교육, 금융과 같이 정부의 개입이 지배적인 분야가 점차 민간으로 이동하기도 한다. 마지막으로 나무가 빨아들이는 이산화탄소는 데이터를 의미한다. 이용자가 데이터를 뱉어내면, 작은 규모의 서비스와 핵심 플랫폼은 이를 빨아들여 영양소로 전환하고 나무가 전체적으로 성장하는 데 기여한다.

쉬운 설명을 위해 뿌리와 줄기와 가지를 분류했지만, 이 세 가지는 상호 보완적으로 한데 엮여 있기도 하다. 핵심 플랫폼 기업이 인프라스트럭처와 다양한 사회 분야의 애플리케이션으로 그 영역을 확장해 나가고 있기 때문이다. 애플은 기기 제조 업체이지만 동시에 iOS 운영체제를 개발한 소프트웨어 기업이기도 하며, 페이스북은 소셜미디어 기업인 동시에 오큘러스 매수 후 VR 기기를 생산해 내면서 제조 기업의 성격도 갖게 되었다. 구글 또한 검색엔진의 기능이 크지만, 안드로이드라는 운영체제를 만들고 가지에 해당하는 핏빗과 같은 회사를 사들여 그 영향력을 더 확장했다. 니보르흐와 포엘의 플랫폼화 정의를 다시 상기시켜 보면, 플랫폼화는 애플, 구글, 페이스북과 같은 플랫폼 기업이 공공의 영역으로 인식되는 영역을 포함하여 그 서비스를 확장시켜 나가고 일부 인프라스트럭처 분야까지 권한을 행사함으로써 디지털 생태계는 물론 경제와 사회 전반에 영향력을 행사하는 것을 의미한다.

데이터는 플랫폼화에서 가장 핵심적 영역이다. 구글, 페이스북, 마이크로소프트, 아마존과 같은 기업이 기기를 생산하고 클라우드 서비스를 개발하는 것은 단순히 사업을 확장하는 것을 넘어, 이용자 데이터를 수집할 수단을 확대해 나가는 것이다. 최근 국내외에서 일고 있는 빅테크 기업에 대한 반독점 규제 움직임이 플랫폼화를 견제할 수 있겠으나, 플랫폼화가 디지털 경제의 표준이 된 상황에서 효과적인 개선책이 마련될 수 있을지 불분명하다. 플랫폼화에 대한 이해는 데이터화가 일어나는 기술적·경제적·정치적 구조를 파악할 수 있게 해준다는 점에서 비판적 데이터 리터러시로 통합될 필요가 있다.

4. 비판적 데이터 리터러시의 개념화

미디어 리터러시, 디지털 리터러시, 알고리즘 리터러시 등 리터러시의 개념을 정리하고자 할 때에는 언제나 의견 충돌이 존재한다. 미디어 리터러시만 보더라도 "다양한 형식의 미디어를 이용하고, 분석하고, 평가하고, 창의적으로 생산할 수 있는 능력"이라는 일반적 정의가 존재하기는 하지만 텍스트의 범위, 미디어의 종류, 인식론적 관점 등 그 세부사항에 대해서는 다양한 의견이 충돌한다. 이는 리터러시가 중립적인 개념이 아닌 그 필요를 주장하는 주체가 처한 정치적이고 사회적인 맥락에서 정의되는 개념이기 때문이다. 데이터 리터러시의 경우, 미디어 리터러시보다 그 개념화가 더 어렵다. 데이터 리터러시가 통계학, 정보

과학, 미디어학, 문헌정보학 등 다양한 학문 분과에 뿌리를 두고 있기도 하며, 미디어 리터러시와 같이 관련 교육자, 활동가, 행정가 등을 모으는 협회와 학회 등의 플랫폼이 부재하여 개념에 대한 논의가 부족했기 때문이기도 하다. 이러한 이유로 데이터 리터러시를 다루는 문헌에서는 종종 저마다의 새로운 정의를 제시한다. 이에 이 절에서는 통일된 데이터 리터러시의 정의를 제시하기보다는 기능적인 관점과 비판적인 관점에서의 데이터 리터러시 특징들을 정리하고, 다음 절에서 비판적 데이터 리터러시 교육 내용을 설명하기 위한 잠정적 정의working definition를 제안한다.

1) 기능적 데이터 리터러시의 특징

기능적 데이터 리터러시에 대한 필요성은 정보사회로의 진입과 더불어 제기되기 시작했지만, 소위 데이터 경제가 부상하기 시작한 2010년대 초중반에 들어서 증폭되었다. 기능적 데이터 리터러시를 다루는 문헌 중 일부는 데이터 리터러시를 시민으로서 일반적으로 갖추어야 할 능력으로 보기도 하며, 일부는 연구자 또는 직업인이 갖추어야 할 전문 역량으로 인식하기도 한다. 그릴렌버거·로마이크(Grillenberger and Romeike, 2018)는 데이터 리터러시에 대한 기존의 문헌들을 체계적으로 분석하여 데이터 전 주기 과정과 내용에 따른 역량을 구분하고 〈표 5.11〉과 같이 데이터 역량 매트릭스를 제시한다.

학자들에 따라 표의 내용에서 데이터의 수집·분석·적용을 통해 해결하려는 이슈를 파악하는 문제 인식 단계와, 분석 결과를 실제로 활용하는 적용 단계를 더하기도 한다. 또한 일부 학자들은 데이터 수집·정

표 5.1 데이터 전 주기 과정별·내용별 데이터 역량 매트릭스

내용 \ 과정	준비·모델링	적용·가공·최적화	분석·해석·시각화	기록·보관·삭제
데이터와 정보	· 데이터 수집 방법 선택 · 데이터 구조화 및 평가 방법 선택	· 데이터 수집·다운로드를 위한 알고리즘 적용 · 데이터 수집 한계 논의	· 데이터 통합과 정보 도출 · 적합한 시각화 방법 강조 · 수집된 데이터 평가	· 원 데이터 공유 여부 결정 · 저장할 원 데이터 결정 · 데이터 삭제 여부 결정
데이터 저장과 접근	· 적합한 데이터 모델 선정 · 데이터 저장 방식 구조화 · 데이터 모델 시각화	· 데이터 저장 방식 결정 · 효율적 데이터 접근 보장 · 저장 효율성을 위한 압축	· 데이터 저장 적합성 확보 · 적합한 데이터 포맷 활용 · 분석 결과의 적합한 저장	· 데이터 접근 대상 결정 · 데이터 접근 권리 결정 · 데이터 타당성 이슈 논의
데이터 분석	· 데이터 영향력 평가 · 분석을 위한 데이터 구조화 및 통합 방법 논의	· 쉬운 분석 알고리즘 적용 · 분석을 위한 보정 결정 · 데이터 분석 최적화	· 적절한 분석 방법 결정 · 데이터 및 분석 시각화 · 데이터 분석 결과 해석	· 분석 결과 공유 여부 결정 · 원 데이터 저장 여부 결정 · 분석 과정 공유 여부 결정
데이터 윤리와 보호	· 데이터 수집 시 윤리적 이슈 고찰 · 다양한 데이터 소스의 결합 여부 타당성 결정 · 데이터 수집 시 프라이버시에 관한 이슈 논의	· 데이터 익명화 및 가명화 방법 적절성 논의 · 데이터 영구 저장 여부 윤리적 고려에 따라 결정 · 프라이버시를 고려한 데이터 접근권 결정	· 데이터 분석 및 결과의 윤리적 영향력 논의 · 분석 결과의 익명 처리 충분 여부 결정 · 데이터 분석에 따른 프라이버시 문제 고찰	· 윤리적 관점에서 추가적 데이터 활용 여부 결정 · 데이터 및 분석 결과의 안전한 삭제 방법 결정 · 프라이버시 관련 속성 삭제 방법 결정

자료: 그릴렌버거·로마이크(Grillenberger and Romeike, 2018)의 표를 일부 수정하여 인용.

제·가공·보존과 같은 기술적 측면을 강조하되 문제 식별과 해결이라는 평가의 측면은 제외하기도 한다. 그럼에도 불구하고 기능적 데이터 리터러시는 문제 인식→데이터 준비→데이터 수집→데이터 분석→

데이터 적용→데이터 보관으로 이어지는 데이터 전 주기의 과업들을 효율적이고 합리적으로 수행할 수 있는 능력으로 정리할 수 있다. 매트릭스의 가장 하단에 위치한 데이터 윤리와 보호 역량에서 볼 수 있듯이 기능적 데이터 리터러시에서 윤리적·사회적 측면에 대한 고려가 없는 것은 아니다. 특히 데이터 분석의 결과로 인한 윤리적 영향력과 데이터를 수집, 처리, 보관하는 과정에서의 프라이버시 보호는 중요한 역량으로 다루어지고 있다. 그러나 기능적 데이터 리터러시에서 윤리적·사회적 측면을 다양한 역량 중 하나로 간주하는 것과 달리, 비판적 데이터 리터러시에서는 데이터화 자체를 윤리적·사회적 관점을 통합하여 이해하고 평가한다는 점에서 명확히 구분된다.

2) 비판적 데이터 리터러시의 특징

비판적 데이터 리터러시에 대해서도 다양한 정의가 존재하지만 몇 가지 반복적으로 거론되는 테마가 있다. 슈피라네츠·코스·조지(Špiranec, Kos and George, 2019)는 다음과 같이 비판적 데이터 리터러시의 다섯 가지 테마를 제시한다.

첫 번째는 데이터의 존재론적ontological 측면으로, 정량화된 데이터는 인간의 행동과 세상의 현상을 있는 그대로 재현해 낸다는 믿음과는 다르게, 언제나 맥락화되어 있다는 것을 인식해야 한다는 점이다. 예를 들어, "매우 그렇다-약간 그렇다-보통이다-별로 그렇지 않다-전혀 그렇지 않다"로 구성된 리커트 척도에서 지점을 선택할 때 그 지점이 의미하는 바는 자명하지 않다. 디지털 세계에서는 정보가 0과 1의 이진법으로 표현되지만, 이 또한 의미가 자명한 것은 아니다. 영화 추천 사이트 가입 시 좋아하는 영화들을 선택할 때 각각의 영화를 좋아하는 정도나 좋아하는 이유가 배우, 감독, 플롯, 음악, 미장센 등 여러 영화 요소 중에서 무엇에 기인한 것인지 정확하게 보여줄 수 없다. 이와 같이 데이터가 특정 대상과 현상을 있는 그대로 재현하지 못한다는 점을 인식할 때, 데이터를 객관적 사실로 받아들이는 제도와 권위에 저항할 수 있다.

두 번째는 데이터의 인식론적epistemological 측면으로, 데이터가 의미하는 바가 명확하지 않은 만큼, 데이터를 읽는 과정에서 해석이 불가피함을 인식하는 것이다. 서두에서 언급한 미국 의료 시스템에서의 건강 위험 예측의 부정확성도 부분적으로는 해석의 문제에서 비롯했다. 낮은 의료비 지출을 낮은 건강 위험으로 등치시키는 것은 경제적 요인으로 인해서 의료 혜택을 받지 못하는 경험을 해보지 못한 인식 체계에서 가능하다. 데이터의 존재론적이고 인식론적인 특성이 데이터의 수집과 활용에 있어 편향적 사고를 낳을 수 있다는 문제 인식은, 데이터화에 대한 투명성 확보의 요구로 이어진다.

세 번째 테마는 비판적 데이터 리터러시의 필요성과 정당성을 부여하기 위해서 사회적이고 정치적인 배경에 대한 비판이 강조된다는 점이다. 특히, 알고리즘, 빅데이터, 데이터 과학, 인공지능, 신자유주의 등 다섯 개 테마가 데이터 리터러시와 관련한 현대사회의 중요한 양상들로 대두된다. 알고리즘과 관련해서는 자동화된 의사결정으로 인한 차별과 불평등의 문제, 빅데이터 및 데이터 과학과 관련해서는 세상의 다양한 현상들을 상관관계와 패턴으로 설명하려는 과학에 대한 맹신의 문제가 주로 지적된다. 또한 인공지능에 대해서는 책무성과 투명성의 문제가, 신자유주의에 대해서는 데이터를 생산하는 이용자에 대한 착취의 문제가 강조된다.

네 번째는 비판적인 역량을 갖추기 위해 필요한 교육 방법론에 대한 논의다. 슈피라네츠·코스·조지의 분석에 따르면 대부분의 비판적 데이터 리터러시 관련 연구들은 파울로 프레이리가 제시한 비판적 페다고지를 적합한 교육 방법론으로 제시한다. 교육생 개인의 현실과 실제 경험을 강조하는 프레이리의 페다고지 관점에 따라, 비판적 데이터 리터러시도 데이터와 관련한 개인의 경험과 그 맥락을 체계적으로 사고하고 표현하는 데 초점을 둔다. 비판적 데이터 리터러시의 구체적 교육 방법으로는 데이터 시각화, 데이터 전기傳記, 알고리즘 비교, 데이터 분석 소프트웨어의 활용, 문화적 탐구와 같은 방법이 제시된다.

마지막은 윤리로서의 비판적 데이터 리터러시로, 리터러시를 단순히 일련의 기술로 보는 대신 시민 참여와 데이터와 관련한 민주적·사회적 실천을 추구하는 역량으로 바라본다. 데이터 접근성은 이와 같은 실천을 위한 중요한 전제 조건이다. 특히 인공지능의 영향력이 증가함에 따라 인공지능이 데이터를 처리하고 문제를 해결하는 방식에 대한 지식의 확보와 그 지식을 소수가 점유하는 문제점이 강조된다. 또 다른 전제 조건은 데이터 주권으로, 개인이 데이터와 관련한 모든 과정에 참여하고 통제할 수 있는 권리를 말한다. 데이터 접근성과 주권 이외에도 프라이버시, 감시, 조작, 데이터 노동 착취 등의 문제가 실천을 이끄는 주요 이슈로 부각된다.

앞서 제시한 데이터화와 플랫폼화에 대한 이론적 논의 및 비판적 데이터 리터러시에서 공통적으로 언급되는 테마를 바탕으로 이 장에서는 비판적 데이터 리터러시를 "데이터화, 데이터화의 사회적 함의, 데이터화를 가능하게 하는 데이터 생태계를 비판적으로 이해하는 한편, 데이터화된 사회의 문제에 저항하기 위해 행동하는 능력"으로 정의한다.

5. 비판적 데이터 리터러시의 구성 요소

앞에서 제시한 비판적 데이터 리터러시의 잠정적 정의를 토대로, 이 절에서는 비판적 데이터 리터러시의 구성 요소 다섯 가지를 제안한다. 첫 요소 두 개는 데이터화의 이해에 관한 것으로, 인간 삶의 모든 영역이 정량화되고 이를 통해 가치를 창출하는 과정, 정량화된 데이터 특성의 이해로 이루어져 있다. 또 다른 요소 두 개는 데이터 생태계에 관한 것으로, 생태계의 정치경제학적 측면과 인프라스트럭처 측면에 초점을 맞춘다. 마지막 요소는 행동적 측면으로, 데이터화된 사회에서 자율성을 회복하기 위한 시민적 실천이다.

1) 모든 것의 정량화를 통한 가치 창출

인간 삶이 정량화되고 이를 통해 가치를 창출해 내는 과정은 누가, 어디에서, 어떻게, 무엇을, 왜라는 다섯 가지 질문에 답함으로써 명료해진다.

누가: 모두가 데이터화된 사회를 살아가고 있지만, 데이터를 수집하고 처리할 수 있는 주체는 소수에 한정된다. 플랫폼 기업과 정부, 디지털 기술과 서비스 사업자, 데이터 마이닝 기술을 갖춘 전문가 등이 그

소수에 포함된다. 디지털 서비스 사업자는 구글, 페이스북, 인스타그램과 같이 디지털을 기반으로 만들어진 이들에만 국한되는 것은 아니다. 소매, 제조, 유통과 같이 비디지털 기반의 영역에서도 각종 포인트 제도를 활용하거나, 앱이나 웹사이트를 운영하거나, 기업 운영 절차의 일부를 디지털화함으로써 많은 양의 데이터를 얻을 수 있다. 데이터 수집을 위한 다양한 소프트웨어들이 개발되어 있고, 간단한 조작 능력만 갖추어도 일정 정도 공개된 데이터를 수집할 수 있지만, 이러한 방식으로 얻는 데이터 양은 기업과 공공이 약관에 따라 수집하는 데이터에 비하면 매우 적다.

어디에서: 인간 삶의 많은 데이터는 이용자가 PC, 스마트폰, 스마트와치 등의 디지털 기기를 통해 웹과 앱 서비스를 사용하는 동안 수집되지만, 그 외의 다양한 외부적 장치들에서도 수집된다. 이는 차 안의 센서일 수도 있고, 거리의 지능형 CCTV일 수도 있으며, 점포 안의 블루투스 비콘일 수도 있다. 실제로 호주 뉴사우스웨일스주의 경찰은 인공지능과 클라우드 기반 CCTV를 도입해 1만 4000여 개의 CCTV에서 얻어지는 페타바이트 수준의 데이터를 거의 실시간에 가깝게 분석한다. 또한 월마트와 같은 소매 점포에서는 고객의 동선 데이터까지 수집해 판매율 향상을 위한 재료로 사용한다. 특히 도시 문제 해결을 위한 방법으로 스마트시티가 떠오르면서 우리가 살고 있는 도시 전체가 점차 데이터 수집을 위한 플랫폼이 되어가고 있다.

어떻게: 디지털 서비스의 이용자는 서비스 제공자와 맺은 계약, 즉 약관에 따라 데이터 수집과 활용에 동의하지만, 이러한 약관은 종종 비

판되었듯이 개인이 이해하기 어려운 용어와 방식으로 작성되어 있다. 또한 아동을 위한 디지털 서비스가 점차 증가함에도 불구하고, 아동이 이해할 수 있는 언어로 약관이 작성되지 않아 자신의 데이터 제공이 갖는 함의를 인지하지 못한 채 데이터 제공에 동의하기도 한다. 이와 같은 문제는 아동뿐만 아니라 신체적·정신적 장애, 언어적 장벽, 문화적 차이 등으로 인해 약관을 이해할 수 없는 이들에게도 적용된다. 또한 케임브리지 애널리티카 스캔들, 에드워드 스노든의 폭로가 보여주는 것처럼 식별 가능한 개인의 데이터는 개인의 합의 없이 거래되고 유통되기도 한다.

무엇을: 수집되는 데이터의 종류는 전문 지식이 없는 보통의 사람이 상상할 수 있는 범위를 벗어난다. 개인의 인구통계학적 특성, 대화, 콘텐츠의 생산 및 유통, 광고 클릭, 관계망 정보 등은 소셜미디어 기업이 수집할 것으로 충분히 예상할 수 있으나, 예상 밖에 있는 수만 가지의 정보가 여전히 남아 있다. 페이스북의 경우, 개인에 대한 정보 수집의 단위인 데이터 포인트를 약 5만 2000개 정도 가지고 있다고 알려져 있다(Green, 2018.9.17). 이렇게 많은 데이터 포인트는 이용자의 일상적인 활동에서 발생하는 데 그치지 않고, 다양한 방식으로 발굴되기도 한다(Sadowski, 2019). 음성 자연어 데이터 수집을 위해 포털 기업과 통신사에서 음성비서 기기를 무료로 나누어준 것과 같은 사례가 해당된다.

왜: 수집된 데이터는 다양한 종류의 가치를 생산해 낸다. 기업은 고객에게 더욱 최적화된 제품과 서비스를 제공하기 위해, 공공은 테러리즘과 범죄로부터 국민을 보호하고 사회 현안의 효율적인 해결을 위해

데이터를 수집한다고 주장한다. 이러한 주장은 데이터 수집의 주체가 공식적으로 말하는 긍정적 가치일 뿐, 그 이면에는 부정적 가치들도 존재한다. 데이터 수집의 타깃이 되는 개인들의 관점에서 그 가치는 사생활의 침해, 자율적인 데이터 소유와 관리 권한의 약화일 수 있고, 사회적인 관점에서는 민주주의의 위협일 수 있다.

다섯 가지 항목에 답함으로써 인간 삶의 데이터가 정량화되고 그로부터 가치가 생성되는 과정에서 데이터를 수집하는 소수와 데이터 수집의 대상이 되는 다수 간의 불평등한 관계가 존재함을 보여준다. 비판적 데이터 리터러시는 이처럼 균형을 잃은 권력관계, 그로 인해 발생하는 불평등을 인지하는 것에서부터 시작한다.

2) 정량화된 데이터의 특성

"데이터를 기반으로 한 과학적 행정"과 같은 정책적 수식어나, "데이터 과학"과 같은 학문 분과의 명칭은 마치 데이터가 중립적인 특성을 가진 것 같은 인상을 준다. 그러나 인간의 삶과 행동 또는 사회적 현상을 글이든 숫자든 다른 형태의 텍스트로 옮기는 작업은 중립적이지만은 않다.

(1) 데이터는 불평등한 현실을 답습

2018년 아마존의 인공지능 채용 알고리즘에 성차별적 요소가 있다는 사실이 밝혀졌다. 이 알고리즘은 이력서에 "여성"이 포함되면 감점을 하거나 남성 지원자의 이력서에 자주 쓰이는 동사를 선호하는 것으로 알려졌는데, 기존에 축적된 이력서의 패턴을 분석하여 적격 지원자를 분류함으로써 IT 분야의 젠더 불균형을 답습한 것이다(박소정, 2018. 10.11). 아마존의 기존 이력서 데이터가 젠더 불균형을 재생산했듯, 미국 의료 시스템에서의 의료비 지출 데이터, 영국 대학 입시에서의 A레벨 우수 성적 배출 학교 데이터도 계층적인 불평등을 반복했다. 『대량살상 수학무기Weapons of Math Destruction』의 저자인 캐시 오닐은 데이터를 수집하고 처리하는 과정이 과거의 부당함을 코드화한다고 비판한다(오닐, 2017). 더욱 우려되는 점은 불평등한 현실을 투영한 데이터가 인공지능 알고리즘에 활용되면 다시 불평등을 재생산하는 악순환을 만들어 낸다는 것이다.

(2) 데이터 분류는 결정의 과정

페이스북 서비스 초기에는 특정 포스트 또는 코멘트에 '좋아요Like'라는 감정만을 표시할 수 있었다. '좋아요' 외에도 '화나요', '슬퍼요', '멋져요', '웃겨요' 등 다른 감정 표현이 가능해진 것은 2015년부터다. 해킹(Hacking, 2000)이 모든 분류 체계는 사회적 구성물이라고 언급했듯이, 인간의 감정과 같이 넓고 복잡한 스펙트럼을 어떠한 카테고리로 나눌지는 항상 결정의 과정이다. 데이터가 의미를 갖기 위해서는 특정한 방식으로 군집화되어야 하는데, 노블(Noble, 2018)은 문헌정보학의 역사를 통해 데이터가 인종차별적인 방식으로 분류되어 왔음을 주장한다. 예를 들어, 누군가를 Negro, Black, African American이라고 분류하는 것은 같으면서도 다른 의미가 있다. 비단 인종의 영역에서뿐만 아니라 젠더, 구매 성향, 음악 취향, 정치적 신념, 건강 활동 등은 누군가의 결정에 의해 분류되고 이름 붙는다.

(3) 데이터 읽기는 해석의 과정

데이터는 그 자체로 자명한 의미를 갖지 않기 때문에 수집된 데이터를 읽는 것은 언제나 해석이 필요하다. 해석의 과정에서는 다양한 방식으로 편향이 개입한다. 일부 편향은 데이터 자체의 결함에서 비롯된다. 바라시(Barassi, 2018)는 아동에 관한 예를 들며, 부모가 육아 관련 애플리케이션을 사용할 때 대개는 그 개발자가 예상한 방식대로 사용하지 않음을 보여준다. 부모는 아이의 프라이버시를 위해 특정 데이터의 입력을 생략하거나 조작할 수도 있으며, 사용해야 할 횟수나 상황을 놓치기도 한다. 따라서 수집된 데이터는 "매우 모순적이고, 부정확하며, 모호한" 흔적을 남기고, 이러한 흔적은 아동 관련 데이터뿐만 아니라 어느 곳에서든 발견될 수 있다. 다른 일부의 편향은 데이터를 해석하는 사람에 의해 생겨난다. 데이터 샘플링에서의 실수가 있을 수도 있고, 개인의 신념이나 가정으로 인해 데이터가 보여주는 것과는 다른 해석을 내릴 수도 있으며, 속한 집단의 영향을 받을 수도 있다. 이렇게 편향된 데이터가 학습될 때 혹은 편향된 해석이 알고리즘으로 구현될 때 이용자에게 부정적인 영향을 미칠 수 있다.

3) 데이터 생태계의 정치경제학적 측면

앞서 서술했듯 데이터를 수집하고 이를 토대로 가치를 생산해 내는 역량은 특정 소수에 집중되어 있다. 미디어 정치경제학은 미디어 제도의 소유와 통제, 미디어의 생산-유통-수용의 과정을 정치권력과 경제권력을 결합한 관점에서 바라보는 연구 분야로, 데이터화를 이해하는 데도 유용하게 활용될 수 있다.

(1) 데이터화 소유의 구조

구글은 검색엔진으로 시작했고 현재도 검색엔진으로서의 정체성이 가장 크지만, 구글이 제공하는 서비스는 훨씬 다양하다. 2021년 6월 기준으로 구글 공식 사이트에서 소개하는 서비스의 종류를 보면, 일반 이용자 대상 서비스 71개, 기업 대상 30개, 개발자 대상 14개로 총 100개 이상이다. 크롬, 지도, 유튜브, 지메일, 어시스턴트, 드라이브, 피트니스 등 대표적인 이용자 대상 서비스를 보면 이용자의 관심사에서부터 시작해 위치, 취향, 일과, 건강 등의 데이터 수집을 통해 이용자의 거의 모든 것을 파악할 수 있다. 구글이 보유하고 있는 서비스는 이것만이 아니다. 인수한 자회사들까지 고려하면 스마트홈 기기[네스트(Nest)], 데이터 분석[루커(Looker)], 생명 연구[클리코(Clico)], 도시 개발[사이드워크랩스(Sidewalk Labs)]에 이르기까지 그 영역은 매우 넓다. 구글 지도나 광고와 같은 핵심적인 서비스들은 이러한 인수 방법을 통해 성장해 왔다. 미디어 산업에서는 의견의 다양성 확보를 위해 한 기업이 동일 서비스 내에서 인수·합병할 수 있는 규모와, 동일 종류의 서비스는 아니더라도 가치 사슬을 형성하여 특정 기업의 영향력을 과도하게 확장시킬 수 있는 인수·합병을 규제한다. 플랫폼 기업은 미디어의 성격을 띠는 부분이 있음에도 불구하고 테크놀로지 기업으로 분류되어 독과점에 대한 규제 없이 몸집을 불려왔다. 그 결과 소수의 플랫폼 기업이 기기 제조, 운영체제 개발, 데이터 분석, 애플리케이션 제공, 광고 사업 등 데이터 수집과 상업적 가치 창출을 최적화할 수 있는 메커니즘을 확보하고 있다.

(2) 데이터화 수익의 구조

구글, 페이스북, 아마존은 각각 미국 온라인 광고 시장의 30%, 23%,

10% 정도를 차지한다(Reyes, 2020.12.4). 특히 가장 높은 점유율을 보유한 구글은 한국 시장에서도 약 26%를 차지하고 있어, 우리나라에서 벌어들이는 광고 수익도 클 것임을 짐작할 수 있다(김주완·구민기, 2021.2.15). 이들 플랫폼 기업의 광고는 대개 맞춤형 광고로 이용자의 데이터를 활용해 관심사에 맞는 표적화된 광고를 보여주는 방식이다. 즉, 이용자의 데이터가 광고 수익을 창출하는 자원으로 활용되는 것이다. ≪워싱턴 먼슬리Washington Monthly≫ 기사에 따르면, 페이스북이 이용자 데이터를 통해 얻는 수익은 데이터 수집, 분석, 마케팅 등에 들어가는 비용을 제외하더라도 총수입의 63%에 달한다. 기사에서는 더 나아가 빅테크 기업들을 포함하여 디지털 기업이 이용자 데이터로 거둬들이는 수익이 2018년 기준 미국인 1인당 약 202달러이며, 온라인 광고 시장 성장 추이를 고려했을 때 2022년까지 약 434달러에 이를 것으로 예측했다(Shapiro, 2019). 이용자는 데이터 제공의 대가로 많은 디지털 서비스를 무료로 사용하고 있으나, 구글은 2021년 6월부터 모든 유튜브 영상에 광고 삽입, 구글 포토 대용량 유료 전환, 인앱결제 의무화를 사전 도입하는 등 대대적인 유료화 계획에 착수했다. 유료로 서비스가 전환될 경우 맞춤형 광고는 일부 피할 수 있겠지만, 여전히 이용자의 데이터는 수집되고 구글 검색에 연동된 다른 무료 서비스에서는 맞춤형 광고에 노출될 수밖에 없다. 즉, 광고를 통해 이용자 데이터로 수익을 벌어들이는 동시에, 유료화를 통해 구독료 수익을 더해가는 구조로 변화하는 것이다(김윤수, 2021.6.1).

(3) 정치 영역의 개입

플랫폼 기업의 성장은 언뜻 혁신적 서비스의 승리로 보이지만, 그 이면에는 다양한 법제도의 개입이 존재한다. 1996년 만들어진 미국의 '통신품위법'은 인터넷 서비스 제공자가 정보의 발행자publisher 또는 표현자speaker로 취급되어서는 안 된다고 명시함으로써 콘텐츠 분쟁에 대한 책임을 면해주었으며, 1995년 EU가 회원국의 데이터 보호를 위한 데이터 보호 지침을 만들었을 때 미 상무부는 EU와 미국 기업 간 자유로운 데이터 이동을 돕는 세이프하버 프라이버시 원칙을 체결하도록 이끌었다. 또한 2020년 미국 법무부는 일부 주 정부와 함께 구글을 반독점 위반으로 소송했지만, 그 이전까지는 충분히 반경쟁 행위가 있었음에도 불구하고 엄격한 법적 조치가 없었다. 이렇듯 정치적인 영역은 디지털 기업이 오늘날의 규모로 성장하는 데 중요한 역할을 해왔다.

4) 데이터 생태계의 인프라스트럭처

데이터 인프라스트럭처는 "데이터의 생산 및 활용과 관련한 데이터베이스, 소프트웨어, 표준, 분류체계, 절차, 위원회, 과정, 좌표, 이용자 인터페이스 요소 및 다른 많은 요소의 변화하는 관계들"을 말한다(Gray, Gerlitz and Bounegru, 2018: 3). 데이터 인프라스트럭처에 대한 이해는 데이터의 생산과 활용에 있어서 관여하는 기술, 규범, 관련자 간의 관계들에 대한 비판적인 탐구 능력을 길러준다.

(1) 수집 기술

데이터 수집에 대한 인식이 어느 정도 있다면, 클릭하는 순간, 체크박스를 선택하는 순간, 소셜미디어에 포스트나 코멘트를 작성하는 순간, 장바구니에 상품을 담고 결제하는 순간, 데이터가 수집된다는 사실을 파악하고 있을 것이다. 그러나 무의식적으로 스마트폰에서 스크롤링을 할 때, 관심이 있는 콘텐츠를 열어보지도 않은 채 잠시 눈길을 더 줄 때, 카드 뉴스를 넘기다 잠깐 전 페이지로 다시 돌아갈 때, 특정 텍스트나 이미지를 줌인할 때도 데이터가 수집된다는 것은 많은 사람들이 인지하지 못할 것이다. 의도적으로 프라이버시 세팅을 조정하고 개인정보를 자율적으로 관리하려는 의지에도 불구하고 디지털상에 존재한다는 것 자체가 데이터의 가치와 서비스의 가치를 교환함을 의미한다. 데이터 수집 기술이 일상에 침투하는 깊이와 범위를 파악할 때, 데이터에 대한 자기결정권을 갖기 위해서 무엇을 비판하고 요구해야 하는지도 알 수 있다.

(2) 알고리즘, 기계, AI

최근 머신러닝의 활용도가 증가하면서 "데이터를 학습시킨다"는 표현을 가끔씩 들을 수 있다. "학습시킨다"라는 표현에서 짐작할 수 있듯이, 수집된 데이터를 이용자가 마주하는 다양한 서비스와 인터페이스에 적용하는 것은 개발자에 의한 능동적인 활동이다. "광고"라는 단어가 들어간 메일을 스팸메일로 분류하도록 시키는 것과 같은 주입식 학습도 있을 수 있지만, 다수의 스팸메일을 던져주고 공통적인 속성을 파악하여 스스로 스팸메일을 분류하도록 돕는 자율적 학습도 있다. 실제로 머신러닝 알고리즘의 유형은 지도 학습supervised learning, 준지도 학습semi-supervised learning, 비지도(자율) 학습unsupervised, 강화 학습reinforcement으로 불린다. 학습 환경에서 교육 자료와 교육 방법의 선택이 학업 성취에 기여하듯이, 어떠한 데이터를 어떠한 방식으로 학습시키는가는 알고리즘으로 구현된 서비스에 영향을 미친다. 아이젠베르흐·판덴호

번(Aizenberg and van den Hoven, 2020)은 AI로 인한 인간의 기본적 권리의 침해를 막기 위해서는 알고리즘의 투명성, 공정성, 설명 가능성의 강조를 넘어, 정당화될 수 있는 데이터의 수집과 학습이 필요함을 주장한다.

(3) 규범, 원칙, 위원회

특정 기술 커뮤니티에서 만들어지고 실천되는 규범이나 원칙, 그리고 이를 결정하는 위원회와 같은 메커니즘도 데이터 인프라스트럭처를 구성하는 요인이다. UN 인권이사회의 '디지털 시대의 프라이버시권'에 관한 결의안에서는 회원국에 프라이버시권 침해 위험은 적절한 규제 또는 기타 메커니즘을 통해 최소화할 수 있음을 인지할 것을 요구한다. 페이스북이 2021년 3월 기업 운영 전반에 국제적인 인권 원칙을 반영하고자 수립한 '기업 인권 정책'은 UN이 결의안에서 언급하는 메커니즘의 한 예다. 페이스북은 이 정책에서 서비스 약관, 인적 자원 관리, 협력 업체 관리, 제품 개발 과정에서 인권 관점을 어떻게 적용할 것인지를 밝힌다. 페이스북 이외에도 많은 디지털 기업과 이해 관계자들의 연합에서 윤리적인 데이터의 수집, 보호, 활용을 위한 정책과 원칙을 소개해 왔다. 이러한 규범, 원칙, 이해 관계자들의 조직에 대한 이해는 데이터화에 대한 기술 결정주의적 사고를 경계하고 더 나은 데이터 생태계를 상상할 수 있게 도와준다.

5) 시민적 실천

마지막으로 비판적 데이터 리터러시는 문제적인 데이터화에 저항할 수 있는 시민적 실천이 필요하다. 시민적 실천에는 관련 지식을 습득하고, 단체를 후원하고, 법의 제정과 도입 시 공론장에 참여하는 등의 보편적이고 전통적인 방법도 있지만, 데이터화에 직접 개입하는 방법 또한 존재한다. 다음 내용은 후자에 대한 몇 가지 사례다.

(1) **데이터 "포이즈닝"**

데이터 포이즈닝은 학습에 필요한 데이터를 의도적으로 오염시켜 모델의 정확성을 떨어뜨리는 공격으로, 대개는 악의적인 의도를 담은 행위를 말한다. 그러나 최근 데이터화와 프라이버시 침해에 저항하는 시민운동의 한 방법으로 데이터 포이즈닝이 부상하고 있다. 대표적으로, 기계학습 분야에서 잘 알려진 콘퍼런스인 ICLRInternational Conference on Learning Representations에서 AI가 얼굴을 인식하지 못하도록 조작하는 두 가지 프로그램이 발표되었다. 한 가지 방법은 사진에 인간의 눈으로는 확인할 수 없는 픽셀을 더하여 AI가 얼굴을 식별하는 것을 어렵게 만드는 것이며, 다른 한 가지 방법은 사진 자체를 학습 불가능한 형식으로 변형시키는 것이다. 두 프로그램 모두 이용자가 자신의 데이터에 대한 활용의 결정권을 갖도록 개발된 것으로, 현재 대중적으로 공개되어 활용되고 있다(Heaven, 2021.5.5).

(2) **알고리즘의 신화 깨기**

리버스 엔지니어링은 기기 및 소프트웨어 등의 기술적 원리를 이해하고자 구조적인 시스템을 해체하고 분석하는 작업을 말한다. 리버스 엔지니어링은 데이터 포이즈닝처럼 악의적인 목적으로 사용될 수도 있으나, 학습의 토대로 삼고 기술에 내재된 문제점을 파악하는 긍정적인 목적으로도 사용된다. 최근 가까이에서 리버스 엔지니어링을 찾아볼 수 있는 영역은 유튜브의 추천 알고리즘이다. 유튜브 추천 알고리즘의 선택을 받아야 생존할 수 있는 크리에이터들에게 리버스 엔지니어링은 노동의 가치를 위한 공부일 수도 있고, 누군가에게는 편향되고 유해한 유튜브 콘텐츠로부터 이용자를 보호하기 위한 사회 운동일 수도 있다. 기술적 보안의 문제로 완벽하게 그 내부를 파악하는 것은 어렵지만, 리버스 엔지니어링이 의료 범죄, 복지 등 다양한 분야에 적용되면서 심각한 공익 저해의 문제가 발견되고 개선되기도 했다. 알고리즘에 대한 지식이 없더라도, 알고리즘이 어떤 방식으로 작동하는지 구체적으로 상상하는 것만으로도 데이터 생태계를 비판적으로 바라볼 수 있다.

(3) 데이터로 긍정적 가치 창출하기

오픈 데이터 이니셔티브는 공공의 데이터를 투명하게 공개하고, 더 나아가 데이터에 기반하여 사회 현안 해결을 위해 활용하는 운동이다. 이는 국민의 세금과 활동으로 생성된 결과물인 데이터를 공공재로 인식하는 데서 비롯한다. 우리나라에서도 공공 데이터 개방이 활성화되면서 공공과 민간 모두 데이터를 자원으로 사회 문제를 해결하려는 시도들이 증가하고 있으며, 공공 데이터 활용에 대한 접근성을 높이기 위해 비전문가를 대상으로 하는 교육도 증가하고 있다. 오픈 데이터 이니셔티브의 관점에서 데이터화는 이용자가 행위성을 가지고 데이터를 활용하고 가치를 창출하도록 도와주는 시민적 실천의 도구로서 기능한다.

6. 나가며

오늘날 데이터화가 인간 삶에 미치는 영향을 고려할 때, 비판적 데이터 리터러시 교육은 충분한 정당성을 갖지만 몇 가지 해결해야 할 과제가 남아 있다. 첫 번째는 페다고지의 측면으로, 눈에 보이지 않는 데이터를 어떻게 구체화하여 가르칠 것인가, 데이터 생태계라는 거시적인 구조를 어떻게 이해하게 할 것인가에 대한 지속적인 논의와 연구가 필요하다. 개인이 일상에서 접할 수 있는 데이터화의 경험을 서사와 그림으로 구현하는 방식의 교육 등이 등장하고 있으며 개인의 경험은 집단의 경험으로도 확장될 수 있다. 현재까지 비판적 데이터 리터러시 교육은 탐색적이고 실험적인 수준에 머물러 있는데, 효과를 체계적으로 파악하고 분석할 수 있도록 증거 기반의 연구가 필요한 시점이다. 개인적 경험의 차원을 넘어 데이터 생태계의 구조적인 모습을 파악하는 것 또한 중요하다. 전체 시스템의 정치경제학과 인프라스트럭처를 이해하기 위해서는 다학제적 접근이 필수적이다.

두 번째는 기능적 데이터 리터러시와 비판적 데이터 리터러시의 연결이다. 이 장에서는 개념적 설명을 위해 두 리터러시를 구분하여 다루었지만, 두 리터러시는 상호 보완적이다. 현재 공교육에서 실시되고 있는 코딩 교육이나 앞으로 도입될 인공지능 교육에서 강조되는 담론은 "미래 인재 양성"이다. 많은 분야에서 데이터 기술의 융합이 이루어지고 있으며, 데이터화는 직업을 위한 기회를 제공함과 동시에 데이터에 대한 자기결정권 침해와 민주주의 위협이라는 위험을 제기한다. 이러한 기회와 위험은 동시적으로 존재한다는 점에서, 기능적 데이터 리터러시와 비판적 데이터 리터러시를 결합한 교육의 구상이 필요하다.

마지막은 미디어, 디지털, 데이터, 알고리즘 리터러시 등 유사한 교육이 혼재하여 비체계적으로 이루어지는 상황을 정리할 거버넌스를 구축하는 것이다. 관련 부처와 학문 분과 간의 이해관계로 인해 다양한 리터러시의 교육은 변화하는 미디어 환경에 적합한 융합적 교육으로 발전하지 못하고 있다. 리터러시별로 구획화된 교육 체계는 학생뿐만 아니라 교사와 교육 기관에도 부담으로 작용한다. 영역의 구분과 그에 따른 교육 프로그램의 기획보다는 실제 디지털 환경에 대한 분석을 기반으로 쌓아올린 융합된 교육 체계가 필요한 시점이다.

참고문헌

금준경. 2019.「디지털 시대의 미디어 이야기: 네이버 개편, 뉴스에 대한 '책임' 회피 아닌가」. ≪언론중재≫, 151권(여름 호), 52~61쪽. https://www.pac.or.kr/kor/pages/?p=60&magazine=M01&cate=MA02&nPage=1&idx=982&m=view&f=&s=.

김윤수. 2021.6.1. "탐욕의 구글, 대대적인 유료화 착수… 유튜브 광고 늘리고 구글 포토 돈 받는다". ≪조선일보≫. https://biz.chosun.com/it-science/ict/2021/06/01/MA5PXEAD5NBLRNIBMRPU2A7MTA/.

김주완·구민기. 2021.2.15. "네이버·카카오 '이 악물고' 구글 맞서는데… '꼬리 무는' 역차별 규제". ≪한국경제≫. https://www.hankyung.com/it/article/2021021598791.

박소정. 2018.10.11. "이력서에 '여성' 들어가면 감점… 아마존 AI 채용, 도입 취소". ≪조선일보≫. https://www.chosun.com/site/data/html_dir/2018/10/11/2018101101250.html.

불리, 짐(J. Bulley). 2020.9.19. "[런던 아이] 영국 대학입시 대혼란". ≪중앙선데이≫, 704호, 22면. https://news.joins.com/article/23875682.

오닐, 캐시(C. O'Neil). 2017. 『대량살상 수학무기: 어떻게 빅데이터는 불평등을 확산하고 민주주의를 위협하는가(Weapons of Math Destruction)』. 김정혜 옮김. 서울: 흐름출판.

정용찬. 2012. 「빅데이터 혁명과 미디어 정책 이슈」. ≪KISDI Premium Report≫, 12-2호. https://www.kisdi.re.kr/report/view.do?key=m2101113025536&arrMasterId=3934550&masterId=3934550&artId=521654.

진보넷. 2020.10.27. "[보도자료] 시민단체, 인공지능 채용 공공기관 13곳에 정보공개 청구 및 결과 발표". https://act.jinbo.net/wp/43476/ (검색일: 2021.9.27).

Aizenberg, E. and J. van den Hoven. 2020. "Designing for Human Rights in AI." *Big Data & Society*, Vol.7, Iss.2(July-December), pp.1~14.

Barassi, V. 2018. "The Child as Datafied Citizen: Critical Question on Data Justice in Family Life." in G. Mascheroni, C. Ponte and A. Jorge (eds.). *Digital Parenting: The Challenges for Families in the Digital Age*. Göteborg, Sweden: The International Clearing House on Children, Youth and Media.

Burgess, M. 2021.5.4. "All the Data Google's Apps Collect about You and How to Stop It." *Wired*. https://www.wired.co.uk/article/google-app-gmail-chrome-data.

Cadwalladr, C. and E. Graham-Harrison. 2018.3.17. "How Cambridge Analytica Turned Facebook 'Likes' into a Lucrative Political Tool." *The Guardian*. https://www.theguardian.com/technology/2018/mar/17/facebook-cambridge-analytica-kogan-data-algorithm.

Carmi, E., S.J. Yates, E. Lockley and A. Pawluczuk. 2020. "Data Citizenship: Re-thinking Data Literacy in the Age of Disinformation, Misinformation, and Malinformation. *Internet Policy Review*, Vol.9, Iss.2, pp.1~22.

Cukier, K. and V. Mayer-Schoenberger. 2013. "The Rise of Big Data: How It's Changing the Way We Think about the World." *Foreign Affairs*, Vol.92, No.3(May-June), pp.28~40.

Das, S. and A. Kramer. 2013. "Self-censorship on Facebook." *Proceedings of the Seventh International AAAI Conference on Weblogs and Social Media*, Vol.7,

No.1, pp.120~127.

Ganjoo, S. 2018.6.12. "Facebook Confirms That It Tracks How You Move Mouse on the Computer Screen." *India Today*. https://www.indiatoday.in/technology/news/story/facebook-confirms-that-it-tracks-how-you-move-mouse-on-the-computer-screen-1258189-2018-06-12.

Gray, J., C. Gerlitz and L. Bounegru. 2018. "Data Infrastructure Literacy." *Big Data & Society*, Vol.5, Iss.2(July-December), pp.1~13.

Green, A. 2018.9.17. "Facebook's 52,000 Data Points on Each Person Reveal Something Shocking about Its Future. Komando. https://www.komando.com/social-media/facebooks-52000-data-points-on-each-person-reveal-something-shocking-about-its-future/489188/ (검색일: 2021.9.27).

Grillenberger, A. and R. Romeike. 2018. "Developing a Theoretically Founded Data Literacy Competency Model." *Proceedings of the 13th Workshop in Primary and Secondary Computing Education,* pp.1~10.

Hacking, I. 1991. *The Taming of Chance*. Cambridge, UK: Cambridge University Press.

______. 2000. *The Social Construction of What?* Cambridge, MA: Harvard University Press.

Hardesty, L. 2019.11.22. "The History of Amazon's Recommendation Algorithm: Collaborative Filtering and Beyond." *Amazon/Science*. https://www.amazon.science/the-history-of-amazons-recommendation-algorithm (검색일: 2021.9.27).

Heaven, W.D. 2021.5.5. "How to Stop AI from Recognizing Your Face in Selfies. *MIT Technology Review*. https://www.technologyreview.com/2021/05/05/1024613/stop-ai-recognizing-your-face-selfies-machine-learning-facial-recognition-clearview/.

Lapowsky, I. 2018.4.4. "Facebook Exposed 87 Million Users to Cambridge Analytica." *Wired*. https://www.wired.com/story/facebook-exposed-87-million-users-to-cambridge-analytica/.

McHugh, M. 2018.4.24. "Lexicon: Beware the Data Brokers." The Ringer. https://www.theringer.com/tech/2018/4/24/17275100/facebook-data-brokers-cambridge-analytica (검색일: 2021.9.27).

Mejias, U.A. and N. Couldry. 2019. "Datafication." *Internet Policy Review*, Vol.8, Iss.4, pp.1~10.

Nieborg, D.B. and T. Poell. 2018. "The Platformization of Cultural Production: Theorizing the Contingent Cultural Commodity." *New Media & Society*, Vol.20, Iss.11, pp.4275~4292.

Noble, S.U. 2018. *Algorithms of Oppression: How Search Engines Reinforce Racism*. New York, NY: NYU Press.

Obermeyer, Z., B. Powers, C. Vogeli and S. Mullainathan. 2019. "Dissecting Racial Bias in an Algorithm Used to Manage the Health of Populations." *Science*, Vol.366, Iss.6464, pp.447~453.

Olsen, S. 2006.7.20. "Pandora's Music Box Inspires Fans." *ZDNet*. https://www.zdnet.com/article/pandoras-music-box-inspires-fans/.

Oracle and MIT Technology Review Custom. 2016. "The Rise of Data Capital." *MIT Technology Review*. http://files.technologyreview.com/whitepapers/MIT_Oracle+Report-The_Rise_of_Data_Capital.pdf?_ga=2.193895013.915603423.1622355515-923003115.1620609923.

Pangrazio, L. and J. Sefton-Green. 2020. "The Social Utility of 'Data Literacy'." *Leaning, Media and Technology*, Vol.45, Iss.2, pp.208~220.

Pariser, E. 2010.7.11. "Filter Bubble, or How Personalization Is Changing the Web." YouTube. https://www.youtube.com/watch?v=SG4BA7b6ORo (검색일: 2021. 9.27).

Poell, T., D. Nieborg and J. Van Dijck. 2019. "Platformisation." *Internet Policy Review*, Vol.8, Iss.4, pp.1~13.

Reyes, M.S. 2020.12.4. "Google, Facebook, and Amazon Will Account for Nearly Two-thirds of Total US Digital Ad Spending This Year." *Insider*. https://www.businessinsider.com/google-facebook-amazon-were-biggest-ad-revenue-winners-this-year-2020-12.

Sadowski, J. 2019. "When Data Is Capital: Datafication, Accumulation, and Extraction." *Big Data & Society*, January-June.

Shapiro, R.J. 2019. "What Your Data Is Really Worth to Facebook." *Washington*

Monthly, July/August. https://washingtonmonthly.com/magazine/july-august-2019/what-your-data-is-really-worth-to-facebook/.

Špiranec, S., D. Kos and M. George. 2019. "Searching for Critical Dimensions in Data Literacy." *Proceedings of the 10th International Conference on Conceptions of Library and Information Science*, Vol.24, No.4.

Van Dijck, J. 2020. "Seeing the Forest for the Trees: Visualizing Platformization and Its Governance." *New Media & Society*, pp.1~19.

Van Puyvelde, D., S. Hossain and S. Coulthart. 2017.9.27. "National Security Relies More and More on Big Data. Here's Why." *Washington Post*. https://www.washingtonpost.com/news/monkey-cage/wp/2017/09/27/national-security-relies-more-and-more-on-big-data-heres-why/.

2부
미디어 리터러시 효과

■ ■ ■

06

뉴스 리터러시와 청소년 사회 참여

이창호 | 한국청소년정책연구원 선임연구위원

이 장은 2019년 한국언론진흥재단에서 실시한 「10대 청소년 미디어 이용 조사」의 자료를 바탕으로 2차 분석을 실시하여, 뉴스의 분별적 이용과 뉴스 활용 등이 청소년의 정치사회 참여 활동에 어떤 영향을 미치는지를 분석했다. 그 결과 SNS를 통해 정치나 시사 정보를 얻거나 온라인 뉴스 관련 활동 경험이 많은 청소년들일수록 정치사회적 참여도 활발한 것으로 나타났다. 또한 미디어 교육을 받은 집단이 그렇지 않은 집단에 비해 서명이나 기부, 자원봉사 활동 등의 참여가 높게 나타났다. 뉴스 리터러시 하위 요인 중에는 뉴스 활용이 참여와 유의미한 관련성을 지닌 반면, 뉴스의 분별적 이용은 이와 관련이 없는 것으로 드러났다.

현재 한국언론진흥재단의 뉴스 리터러시 척도에는 뉴스의 상업적 특성이나 사회적 영향력에 대한 비판적 이해를 측정하는 문항이 빠져 있다. 기본적으로 미디어 리터러시는 미디어 콘텐츠를 비판적으로 수용하고 정보의 가치를 판단할 수 있는 비판적 소비 능력을 기본으로 하고 있기 때문에 뉴스 콘텐츠를 비판적으로 이해할 수 있는 능력이 요구된다고 볼 수 있다. 요컨대 '뉴스 내용은 특정 기관이나 단체의 입장을 대변할 수 있다'거나 '뉴스 내용은 뉴스 기업의 이익을 반영할 수 있다', '뉴스는 특정 집단을 부정적으로 묘사할 수 있다' 등의 비판적 판단과 이해를 높이는 리터러시 척도가 개발되어 추가될 필요가 있다.

1. 문제 제기

최근 허위 정보나 가짜 뉴스의 확산으로 정보를 찾는 능력뿐 아니라 정보의 진위 여부를 판별할 수 있는 능력이 중요해지면서 리터러시 역량에 대한 관심이 높아지고 있다. 성인에 비해 지식이나 정보가 부족한 청소년들의 경우, 객관성이 결여된 정보나 사실을 그대로 믿을 가능성이 크기 때문에 신뢰할 만한 뉴스 정보를 찾는 능력이 점점 중요해지고 있는 상황이다. 더구나 아프리카TV나 유튜브 등 1인 미디어의 성장으로 다양한 콘텐츠들이 생산되고 있으며 그 부작용도 크다. 가령 청소년들은 이러한 1인 미디어를 통해 친구들로부터 많은 관심을 받고 싶어 하고 타인의 주목을 받길 원한다. 따라서 그들은 1인 미디어를 타인과 소통하는 커뮤니케이션 채널이 아니라 많은 관심을 받고 많은 돈을 벌 수 있는 하나의 도구로 생각하는 경향도 강하다. 이 때문에 타인의 관심을 끌기 위해 자해 장면이나 지나친 노출 영상 등 자극적이고 흥미로운 영상을 올리는 경우도 있다. 특히 최근에는 유튜브를 통해 극단적인 정치 이념이 전파될 수 있어 확증 편향을 통한 정치적 양극화에 대한 우려가 커지면서 비판적 정보 소비가 어느 때보다도 필요하다(최지향, 2020). 즉, 자신의 가치관과 정치적 입장에 부합하는 정보만 받아들이고 그 외의 정보는 무시하거나 배척하는 경향이 심해지고 있다.

이런 상황에서 디지털 기기의 윤리적이고 책임 있는 사용이 무엇보다도 중요해지고 있다. 더구나 인공지능 시대로 접어들면서 인간과 로봇이 상호작용할 가능성이 크기 때문에 기계와의 상호작용 능력도 점점 중요해질 것으로 예상된다. 따라서 미디어 리터러시는 최근 데이터에 기반한 디지털 기술에 대한 비판적 이해로까지 확장되고 있다(이성철, 2019). 빅데이터 시대에 유튜브의 추천 알고리즘 같은 작동 원리를 이해하는 것이 무엇보다도 중요하다는 것이다(최원석, 2019). 황치성(2018)의 주장대로 미디어를 통해 매개되는 현실과 정보를 제대로 읽어내고 정보의 바다를 안전하게 항해하기 위해 미디어 리터러시는 꼭 필요한 역량이다. 봉미선·신삼수(2020)는 디지털 시대에 미디어 리터러시 교육이 추구해야 할 핵심 역량으로 접근과 활용, 비판적 이해, 창의적 생산, 소통과 참여, 윤리와 규범, 다섯 가지를 제시하고 있다. 최근 들어 미디어 수용 능력뿐 아니라 미디어를 통해 자신의 의사를 표현하고 정보를 공유하며 시민으로서 사회에 참여하는 디지털 시민 역량도 강조되고 있다(최숙기, 2019).

미디어 리터러시는 다양한 영역을 포괄하고 있고 이 중 뉴스 리터러시는 오래전부터 미디어 리터러시의 중요한 영역으로 간주되어 왔다. 일반적으로 뉴스 리터러시는 뉴스 미디어를 규칙적으로 이용하며 이를 비판적으로 읽음으로써 관련 사안에 대한 이해를 높이고 뉴스를 공동체 문제 해결에 적극 활용하며 뉴스를 책임 있게 공유하고 생산할 수 있는 역량으로 정의된다(이숙정·양정애, 2017). 이는 뉴스의 내용, 효과뿐 아니라 뉴스 미디어 산업에 대한 이해를 포괄하고 있다(Maksl, Ashley and Craft, 2015). 뉴스 리터러시의 하위 차원은 뉴스 접근, 뉴스의 분별적 이용, 뉴스 활용, 뉴스 공유 및 생산 책임 행동으로 구성되어 있다(이숙정·양정애, 2017).

디지털 기술의 발전으로 미디어 리터러시가 강조되면서 그 효과에 대한 연구도 활발해지고 있다. 안정임·서윤경·김성미(2013)는 10대 청소년의 디지털 시민성을 연구하면서 그 구성 요소로 참여성, 관용성, 공공성을 제시했다. 연구 결과, 미디어 리터러시 중 자신이 하고 싶은 이야기를 미디어를 통해 표현할 수 있는 능력인 자아 표현은 참여성, 관용성, 공공성 등 모든 요인에 긍정적인 영향을 미치는 것으로 나타났다. 즉, 자아 표현을 기반으로 한 미디어 리터러시는 디지털 시민성을 증진하는 것으로 나타난 것이다. 비판적 이해 능력에 기반한 미디어 리터러시는 관용성을 크게 촉진하는 것으로 나타났다. 미디어 리터러시는 디지털 시민성에 크게 영향을 미치는 중요한 변인인 셈이다. 이숙정·양정애(2017)의 연구에서도 뉴스 리터러시는 청소년의 공동체 역량 등 시민성을 함양시키는 것으로 나타났다.

하지만 뉴스 리터러시와 사회 참여 간의 관계를 규명한 연구는 아직까지 많지 않다. 뉴스 리터러시의 핵심적 요소는 비판적 사고의 함양에 있기 때문에(황치성, 2018), 뉴스 리터러시 역량이 높을수록 사회 참여에 적극적일 수 있다. 또한 미디어를 통한 사회적 의사소통과 참여가 미디어 리터러시의 중요한 영역을 차지하고 있기 때문에 리터러시 수준은 참여와 관련성이 높다고 볼 수 있다. 결국 미디어 리터러시 교육의 지향점은 민주시민사회 형성을 위한 디지털 시민성 향상에 있다고 볼 수 있다(봉미선·신삼수, 2020). 이 장은 2019년 한국언론진흥재단에서 실시한 「10대 청소년 미디어 이용 조사」의 자료를 바탕으로 2차 분석을 실시하여, 뉴스 리터러시의 구성 요소 중 분별적 이용과 뉴스 활용이 청소년의 정치사회 참여 활동에 어떤 영향을 미치는지를 실증적으로 분석하고자 한다.

2. 청소년의 매체 이용 및 정치사회적 참여 현황

2010년을 전후로 확산된 스마트폰은 일상생활에 많은 변화를 가져왔다. 스마트폰 하나만 있으면 언제 어디서든 정보를 찾을 수 있으며 타인과 소통할 수 있다. 즉, 모바일 세상에 살고 있다고 해도 과언이 아닐 정도로 청소년들은 많은 시간을 스마트폰 이용에 소비하고 있다. 이런 점에서 현재의 청소년들은 모바일 세대라고 해도 과언이 아니다.

오늘날 청소년들은 태어날 때부터 디지털 기기에 익숙한 Z세대의 범주에도 속한다. Z세대는 1997년부터 2012년까지 출생한 세대로 1981년부터 1996년까지 출생한 밀레니얼 세대의 뒤를 이어 탄생한 세대다(Dimock, 2019). 밀레니얼 세대가 청소년기부터 IT 기술을 경험했다면 Z세대는 유년 시절부터 스마트폰을 사용하고 유튜브를 즐기면서 성장한 세대다(대학내일20대연구소, 2018). 따라서 이들은 스스로 영상을 제작하면서 계속 새로운 것을 만들고 새로운 일에 도전해 그 분야에서 스타가 되고 싶어 한다(한국마케팅연구원, 2017). 또한 Z세대는 새로운 플랫폼에 대한 적응력이 빠르고 수많은 정보의 홍수 속에서 자신들이 원하는 정보를 빠르게 찾아내는 능력도 뛰어난 집단이다(강민정·정은주·조해윤, 2020).

청소년들은 유튜브를 통해 정보를 얻고 콘텐츠를 생산하는 세대이기도 하다. 텍스트보다는 영상에 익숙한 이들은 유튜브를 편안하게 접근할 수 있는 미디어로 인식했고, 자신이 운영하는 채널의 구독자 수가 늘기를 원했으며, 다른 사람들이 자신이 올린 댓글에 '좋아요'를 많이 누르기를 바랐다(김아미, 2018). 또한 학교 숙제를 위한 자료 조사나 즐기는 게임의 전략을 알아보기 위해 유튜브를 통해 검색하기도 했다. 요즈음 청소년들은 팔로어가 얼마나 많은지와 좋아요나 별풍선 누른 숫자가 얼마나 되는지에 따라 자신의 존재감이 평가된다고 한다(김대진, 2020). 따라서 이들은 자신이 올린 글이나 영상에 친구들이 얼마나 관심을 나타내는지에 민감히 반응한다고 볼 수 있다.

한국언론진흥재단(2019)이 청소년을 대상으로 미디어 이용 현황을 조사한 결과, 여러 온라인 동영상 플랫폼 가운데 유튜브 이용이 가장 높았다. 즉, 지난 일주일간 온라인 동영상 플랫폼을 이용한 적이 있다고 응답한 이들(초 78.0%, 중 92.0%, 고 91.7%) 가운데 초등학생의 96.1%, 중학생 98.9%, 고등학생 98.9%가 유튜브를 이용한 적이 있다고 답했다. 네이버 TV는 2위를 차지했는데 초등학생 13.3%, 중학생 23.3%, 고등학생 34.7%가 이를 이용한다고 응답했다. 이처럼 동영상 플랫폼 중에는 유튜브가 청소년들에게 단연 인기를 끌고 있다. 학생들은 유튜브 등을 통해 유용한 정보를 얻기보다는 흥미 위주의 콘텐츠나 자극적인 내용을 즐겼다. 한편, 이 조사에서 뉴스나 시사 정보를 얻는 매체는 초등학생의 경우 온라인 동영상 플랫폼이 가장 많았고 중학생은 SNS였으며 고등학생은 포털로 나타났다.

정보통신정책연구원(2018)의 2018 패널 조사 자료에 따르면, 중·고등학생 응답자의 95.5%가 스마트폰을 가지고 있었다. 청소년들은 메신저(24.8%)를 가장 많이 이용했으며, 게임(18.4%), 책/만화(15.1%), SNS (12.4%) 순이었다. 즉, 이들은 스마트폰을 통해 온라인 대화와 게임을 가장 즐기고 있었다.

현재의 청소년들은 어렸을 때부터 디지털 기기에 익숙한 세대로 오프라인보다는 온라인에서 많은 시간을 보내고 있으며 온라인 공간에 친숙한 세대로 볼 수 있다. 이들은 또한 유튜브를 통해 정보를 검색하고 필요한 정보를 얻는다. SNS는 이제 청소년들이 시사나 정치 뉴스를 얻는 주요 채널이 되고 있다.

청소년들은 입시에서의 불이익이나 학교 징계 등을 우려해 정치적 행동을 하는 데 많은 제약이 있다. 따라서 사회 문제와 관련하여 집회에 참여하거나 문화 행사 등에 참여하는 비율도 저조한 것으로 나타나고 있다. 한국청소년정책연구원이 2019년 조사한 바에 따르면, 거리 집회에 가끔 참여한 적이 있다고 응답한 비율은 7.9%였고, 자주 있다고 답한 비율도 1.2%에 불과했다(김영지·김희진, 2019). 최근 7년간의 추이를 보면, 2017년에 집회 참여 경험(17.2%)이 가장 높은 것으로 나타났다. 이 같은 현상은 2017년 초에 전국적으로 번진 박근혜 전 대통령 탄핵 집회와 관련이 깊은 것으로 보인다. 경기도교육연구원이 2019년 고등학생들을 대상으로 조사한 바에 따르면, 집회 참여를 한 번도 해본 적이 없다고 응답한 비율이 74.2%에 달했고, 온라인 공간에 의견을 작성해 보지 않은 경우도 68%에 달했다(남미자 외, 2019). 또한 76.9%의 학생들은 공개된 장소에서 유인물, 대자보, 포스트잇 등을 활용하여 정치적 의견을 작성해 본 경험이 전혀 없는 것으로 나타났다. 즉, 오프라인뿐 아니라 온라인 공간에서 정치적인 문제에 관해 자신의 의견을 작성해 본 경험이 매우 적은 것으로 나타난 것이다.

청소년들은 우리 사회에서 참여가 어려운 이유로 청소년을 미성숙한 존재로 보는 사회적 편견(33.6%)을 가장 많이 꼽았다(김영지·김희진, 2019). 시간을 내기 어렵다는 이유도 29.7%로 높은 비율을 차지했다. 이어 청소년들이 참여할 수 있는 활동에 대한 정보 부족(21.1%), 참여할 수 있는 기회나 방법의 부재(11.6%) 순이었다. 따라서 청소년의 정치적 참여를 높이기 위해서는 청소년을 시민의 주체이자 정치적 참여의 주체로 인정하는 사회적 분위기가 필요해 보인다.

3. 뉴스 리터러시 효과

초기의 미디어 교육은 신문을 활용한 교육Newspaper in Education으로 출발했다. 이는 신문 지면에 실린 여러 종류의 기사 읽기를 통해 사회, 정치, 문화 전반에 대한 지식을 함양하여 민주적 시민으로서의 기초 소양을 다지는 데 그 목적이 있다(양정애·최숙·김경보, 2015). 또한 신문을 교육교재로 활용함으로써 학습 효과도 높이고자 하는 것으로, 기존의 수동적·암기적 교육에서 벗어나 학생들이 능동적으로 다양한 정보를 습득할 수 있도록 한다(황유선·김재선, 2016). 최근 들어서는 민주시민 교육의 중요성과 더불어 사회와 소통하고 미디어가 재현한 사회를 비판적으로 이해할 수 있는 미디어 리터러시 역량이 강조되고 있는 추세다.

미디어 리터러시는 유네스코, OECD 등 국제기구와 호주, 핀란드 등 외국의 교육과정에서 21세기 핵심 역량으로 중요하게 다뤄지고 있다(정현선, 2019). 이 중 뉴스 리터러시는 어떤 뉴스가 신뢰할 만하고 유용한 정보를 주는지에 대한 비판적 판단과 접근을 의미한다(양정애·최숙·김경보, 2015). 뉴스 리터러시가 포괄하는 핵심 개념으로는 뉴스 메시지에 접근하고 이를 이해·분석·평가하는 능력, 뉴스의 신뢰도 판단 능력, 뉴스 생산 과정에 대한 이해, 뉴스의 사회적 영향력에 대한 이해, 뉴스 수용자의 시민성 함양 등이 있다.

실제로 뉴스 읽기는 학생들의 시민성 향상에 기여를 하고 있다. 가령 신문을 읽는 집단이 그렇지 않은 집단에 비해 사회적 참여 의식과 사회적 효능감이 높았다(김경희·김숙, 2013). 즉, 신문 읽기가 청소년들의 사회적 참여 의식과 효능감을 높여 민주적 시민을 양성하는 데 기여할 수 있다는 것이다. 송원숙(2020)의 연구에서도 신문 뉴스 활용 교육에 참가한 청소년들의 경우가 그렇지 않은 집단에 비해 뉴스 리터러시 역량과 정치사회적 참여가 높은 것으로 나타났다.

뉴스 리터러시 수업 또한 청소년들에게 긍정적 영향을 미치는 것으로 조사되고 있다. 뉴스 리터러시 시범 수업 후 청소년들은 뉴스에 대한 관심이 많이 생겼고 뉴스가 얼마나 중요한지 알게 되었으며 뉴스를 좀 더 비판적으로 바라볼 수 있게 되었다는 등의 긍정적 효과를 언급했다(양정애·김경보, 2018). 미디어 교육을 받은 집단의 경우, 그렇지 않은 집단에 비해 미디어 이용 능력, 비평 능력, 제작 능력, 문제 해결 능력이 더 뛰어난 것으로 나타났다. 뉴스 리터러시의 구성 요소 중 뉴스 분별, 뉴스 활용, 뉴스 공유는 청소년의 의사소통 능력과 공동체 능력에 유의한 영향을 미친 것으로 나타나 뉴스 리터러시가 시민성 역량을 함양시키는 것으로 나타났다(이숙정·양정애, 2017). 그러므로 뉴스 리터러시 및 미디어 교육이 청소년들의 사회에 대한 관심과 관여도를 높여 정치사회적 참여를 활성화시키고 있다.

외국에서도 뉴스 리터러시에 대한 관심이 높아지고 있다. 가령 애슐리 외(Ashley, Maksl and Craft, 2013)는 총 15문항의 뉴스 미디어 리터러시 척도를 개발했다. 즉, '미디어 기업의 소유주는 뉴스 내용에 영향을 미친다', '뉴스는 청중의 주의를 끌도록 디자인되어 있다', '뉴스는 현실을 보다 드라마틱하게 만든다' 등이 이 척도에 포함된다. 이들은 뉴스 미디어 리터러시가 뉴스 소비를 촉진하며 시민의 관여와 민주적 참여를 높이는 잠재력을 갖고 있다고 주장한다. 연구자들은 미국 대학생들을 대상으로 뉴스 미디어 리터러시와 정치적 관여의 관련성을 분석했다(Ashley, Maksl and Craft, 2017). 그 결과, 뉴스 미디어 리터러시는 현안 이슈에 대한 지식, 내적 정치 효능감, 정치적 신뢰를 유의미하게 예측했다. 즉, 리터러시 수준이 높을수록 현안 이슈가 무엇인지 잘 알았고 정치 효능감은 높아졌으며 정치적 신뢰는 낮아지는 경향이 있었다. 하지만 뉴스 리터러시는 투표와 기부 등 정치적 참여와는 유의미한 관련이 없는 것으로 분석되었다. 장·모텐슨·류(Jang, Mortensen and Liu, 2019)는 앞서 언급한 애슐리 외가 개발한 뉴스 리터러시 척도 중 여섯 개 문항을 가져와 이용자들이 가짜 뉴스를 분별하는 데 이 척도가 어떤 영향을 미쳤는지 조사했다. 연구자들은 2016년 미 대선과 관련한 총 10개의 뉴스 스토리(가짜 뉴스 6개, 진짜 뉴스 4개)를 제시한 뒤 이용자들이 뉴스의 진위 여부를 제대로 판단하는지 측정했다. 분석 결과, 뉴스 리터러시는 가짜 뉴스 분별에 유의한 영향을 미치지 않았고 오히려 정보 리터러시가 긍정적인 영향을 미치는 것으로 나타났다. 이 연구에서 정보 리터러시는 이용자가 실제로 검증되고 신뢰할 만한 정보를 찾을 수 있는 능력이 있는지로 측정되었다.

국내에서도 최근 뉴스 리터러시를 포함한 미디어 리터러시가 가짜 뉴스에 어떤 영향을 미치는지를 활발하게 연구하고 있다(김은정·유홍식, 2020; 염정윤·정세훈, 2019). 이 연구들은 미디어 리터러시를 기능적 소비, 비판적 소비, 기능적 생산, 비판적 생산의 네 범주로 구분하고 있다. 소비 리터러시는 미디어에 접근해 사용하는 능력을 의미하고 생산 리터러시는 콘텐츠를 직접 만들어 디지털 미디어 환경에 적극적으로 참여하는 능력을 일컫는다(김은정·유홍식, 2020). 또한 비판적 소비는 미디어를 비판적으로 분석하거나 해석할 수 있는 능력이고 비판적 생산은 온라인상에서 사회 이슈에 대한 비판적인 콘텐츠를 만들거나 대안적인 콘텐츠를 창조할 수 있는 능력을 의미한다(김은정·유홍식, 2020). 이 중 한 연구에서는 뉴미디어 리터러시 중 비판적 소비 역량이 가짜 뉴스 전파 의향에 부정적 영향을 미쳤다(염정윤·정세훈, 2019). 즉, 인터넷 콘텐츠의 신뢰도와 공정성을 판단할 수 있거나 인터넷에서 사실과 의견을 구분할 수 있다고 믿을수록 가짜 뉴스를 다른 사람에게 전해주거나 이야기할 가능성이 낮은 것으로 나타난 것이다. 또 다른 연구에서는 미디어 리터러시 중 기능적 소비가 가짜 뉴스 노출에 부정적인 영향을 미친 반면, 비판적 생산은 이와 긍정적인 관련성이 있었다(김은정·유홍식, 2020). 한편, 기능적 생산은 가짜 뉴스 수용 태도에 부정적인 영향을 미쳤지만 기능적 소비, 비판적 소비, 비판적 생산 능력이 뛰어날수록 가짜 뉴스 수용 태도가 강해지는 것으로 드러났다.

이처럼 주로 가짜 뉴스의 수용과 관련하여 뉴스 리터러시의 중요성이 커지고 있지만 기본적으로 뉴스 리터러시는 비판적 사고를 바탕으로 하고 있어 사회에 대한 관심의 폭을 넓힐 수 있기 때문에 리터러시 역량이 높은 청소년일수록 사회 참여를 활발히 할 가능성이 크다고 예측해 볼 수 있다.

4. 뉴스 리터러시와 청소년 사회 참여

이 연구는 2019년 한국언론진흥재단에서 실시한 「10대 청소년 미디어 이용 조사」의 자료를 바탕으로 2차 분석을 실시했다. 이 조사에 참여한 학생은 중학생 및 고등학생 등 총 1601명으로, 남자가 52.2%, 여자가 47.8%를 차지하고 있다.

먼저 지난 1년간 청소년들이 얼마나 사회 참여 활동을 했는지 살펴보았다. 〈그림 6.1〉에서 나타나듯이, 청소년들이 가장 많이 참여한 활

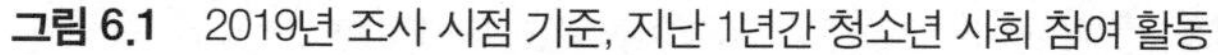
그림 6.1 2019년 조사 시점 기준, 지난 1년간 청소년 사회 참여 활동

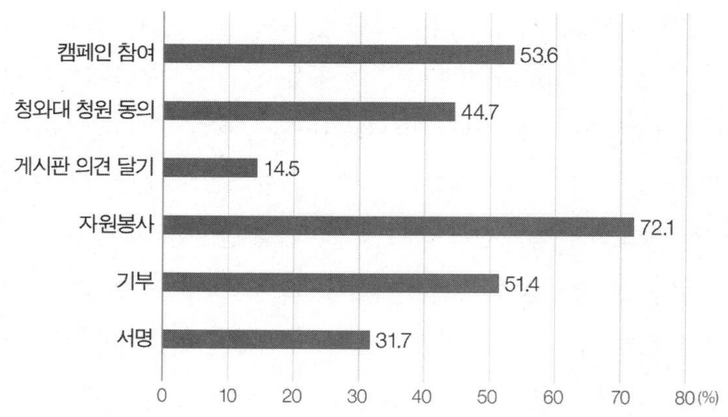

동은 자원봉사 활동(72.1%)이었다. 세월호 추모리본 달기와 같은 캠페인 참여 활동(53.6%)과 기부 활동(51.4%)도 참여율이 높았다. 청와대 청원에 참여한 경우도 절반에 약간 못 미치는 44.7%에 달했다. 이에 비해 토론방이나 게시판에서 정치나 사회적 이슈와 관련하여 의견을 다는 경험을 한 청소년의 비율은 14.5%로 가장 낮았다. 즉, 온라인 토론 공간에서 청소년들은 적극적으로 자신의 정치적 의견이나 견해를 피력하지 않은 것으로 나타났다.

다음으로 청소년들의 정치사회적 참여에 관련 변인들이 어떤 영향을 미치는지를 알아보기 위해 위계적 회귀분석을 실시했다. 뉴스 리터러시 역량 중 분별적 이용은 '뉴스 내용이 정확한지 판단해 본다', '특정 사안에 대한 다양한 관점의 뉴스를 비교해 본다' 등 7개 문항으로 측정했고, 뉴스 활용은 '뉴스에서 본 내용을 대화나 토론의 소재로 활용한다', '뉴스에서 실생활에 도움이 되는 정보를 얻는다' 등 6개 문항으로 측정했다.

표 6.1 위계적 회귀분석 결과

		B (표준화 계수)	t 값	R 제곱 변화량
인구학적 변인	성(여학생=1)	0.194***	4.570	0.042
	연령	0.074	1.739	
미디어 관련 변인	SNS	0.168**	2.980	0.147
	메신저 서비스	-0.063	-1.082	
	동영상 플랫폼	0.029	0.526	
	온라인에서의 뉴스 관련 활동	0.268***	6.207	
미디어 교육 여부(있다=1)		0.095*	2.261	0.009
뉴스 리터러시 역량	뉴스의 분별적 이용	0.036	0.570	0.063
	뉴스 활용	0.232***	3.707	
수정된 R 제곱		0.246		

*$p<.05$, **$p<.01$, ***$p<.001$

인구학적 변인 가운데는 성별이 영향을 미쳐 남학생보다는 여학생이 참여에 적극적인 것으로 드러났다. 미디어 관련 변인 중에는 SNS와 온라인에서의 뉴스 관련 활동이 참여에 긍정적인 영향을 미쳤다. 즉, SNS를 통해 뉴스나 시사 정보를 많이 얻는 청소년들이 서명이나 기부, 자원봉사 활동 등을 할 가능성이 큰 것이다. 또한 온라인상에서 뉴스에 댓글을 달거나 다른 사람과 뉴스를 공유하는 등의 활발한 행위는 정치사회적 참여를 예측하는 주요 변인으로 드러났다. 하지만 메신저 서비스와 유튜브 같은 동영상 플랫폼을 통해 뉴스 정보를 얻는 것은 참여에 유의미한 영향을 미치지 않았다.

미디어 교육을 받은 집단의 경우 그렇지 않은 집단에 비해 정치사회적 참여가 높은 것으로 나타났고 이는 통계적으로 유의했다. 뉴스 리터러시 요인 가운데는 뉴스 활용이 정치사회적 참여에 긍정적인 영향을 미치는 것으로 나타났다. 하지만 뉴스의 분별적 이용은 참여에 유의미한 영향을 미치지 않았다.

5. 나가며

이 장은 청소년의 정치사회적 참여에 뉴스 리터러시 등을 비롯한 요인들이 어떤 영향을 미치는지를 분석했다. 청소년 참여의 경우 봉사 활동이 가장 높게 나타났는데 이는 학생들의 경우 봉사 활동 시간을 의무적으로 채워야 하는 상황과 관련이 높다. 또한 대학 입시에 봉사 활동 경험이 반영되기 때문에 자의든 타의든 봉사 활동에 참여할 수밖에 없는 실정이다. 반면, 토론방이나 게시판에 정치사회적 이슈와 관련하여 글을 올리는 경우는 매우 적었다. 이러한 결과는 청소년의 사회적 의사소통과 참여를 연구한 최숙기(2019)의 결과와 비슷하다. 이 연구에서 사회적 이슈나 문제에 대한 대화에 적극 참여하는 청소년의 비율은 평균에도 미치지 못하는 것으로 나타났다. 반면, SNS에 글을 쓰는 경우는 높게 나타났다. 즉, 청소년들은 SNS를 통해 사회적 소통을 활발히 하지만 정치적 의견 개진이나 토론 참여와 같은 정치적 소통은 활발하지 않은 것이다. 따라서 미디어를 매개로 한 사회적 참여나 소통을 통해 청소년들이 민주적 의식과 태도를 함양할 수 있도록 관련 교육이 강화되어야 할 것으로 보인다.

연구 결과, SNS를 통해 뉴스나 시사 정보를 많이 얻을수록 정치사회적 참여도 활발했다. 이는 기존의 많은 연구 결과와도 일치하는 것으로, 소셜네트워크가 청소년들에게 신뢰할 만한 정치적 소통의 도구가 되고 있다는 것을 암시해 주고 있다. 하지만 메신저 서비스와 유튜브를 비롯한 온라인 동영상 플랫폼의 영향력은 발견되지 않았다. 이러한 결과는 유튜브 정치 동영상 시청과 정치 참여의 연관성을 검증한 오대영(2018)의 연구 결과와는 다른 것으로 청소년들의 정치사회적 참여에 대한 유튜브의 영향력은 거의 없었다. 비록 현재의 청소년들이 유튜브를 비롯한 동영상 플랫폼을 즐기는 세대라 할지라도 이들에게 유튜브는 정보를 검색하는 도구에 불과할 뿐 정치적·사회적 행동 변화를 촉진하는 동원의 기능은 하지 않았다.

인터넷에서 뉴스와 관련한 활동은 청소년들의 정치사회적 참여와 긍정적인 관련성이 높게 나타났다. 즉, 뉴스를 보고 댓글을 달거나 이를 다른 사람과 공유하는 등의 적극적인 행위는 참여를 촉진하는 주요 요인이었다. 이러한 결과는 이창호·이윤주(2020)의 연구와 유사하다. 이 연구에 따르면, SNS상에서의 다양한 정치 활동 경험은 청소년의 시민성 향상에 큰 기여를 하는 것으로 나타났다. 즉, 소셜네트워크를 통해 정치 관련 게시글을 읽거나 직접 작성하여 올리는 경우가 많을수록 정치 관심, 정치 효능감, 투표 참여 의향은 높아지는 것으로 나타난 것이다. 따라서 청소년의 정치사회적 참여에 영향을 미치는 요인은 뉴스를 단순히 접하는 것이 아니라 이를 적극적으로 활용하는 의지나 노력인 것으로 볼 수 있다.

미디어 교육의 경우 받은 집단이 그렇지 않은 집단에 비해 서명, 기부, 자원봉사 활동 등의 참여가 활발한 것으로 나타났다. 이러한 결과는 미디어 교육이 청소년의 참여적 시민성을 향상시키는 데 도움이 되고 있다는 것을 암시해 주고 있다. 김은미·양소은(2013)이 주장하듯, 어렸을 때부터 디지털 환경 속에서 성장해 온 현재의 청소년 세대들에게 요구되는 시민성은 참여적 시민성이라고 볼 수 있다. 즉, 산업사회에서는 정부의 기능 및 구성 등에 관한 구조적 지식과 선거를 비롯한 제도적 참여가 중요했다면, 네트워크 시대에서는 정치 및 사회의 현안 이슈와 관련한 시사적 지식과 집회나 서명 운동 등의 대안적 참여 활동이 중요해졌다는 것이다. 따라서 청소년들은 미디어 교육을 통해 환경 문제 등 다양한 사회적 현안 이슈에 대한 관심을 높일 수 있는 기회를 가진다고 볼 수 있다.

뉴스 리터러시 역량 중에는 뉴스 활용이 청소년들의 정치사회적 참여에 긍정적인 영향을 미쳤다. 즉, 뉴스를 통해 실생활에 도움이 되는 정보를 얻거나 뉴스 내용을 대화나 토론의 소재로 활용하는 등의 뉴스 활용 능력은 캠페인 참여나 서명 운동 등을 촉진하는 역할을 했다. 실제로 많은 뉴스 관련 연구들은 정치 뉴스가 정치적 참여에 직접적으로 영향을 미치기도 하지만 대화를 통해 간접적으로 영향을 미친다는 것을 보여주고 있다. 뉴스를 단순히 소비하는 데 머무르지 않고 이를 적극적으로 활용하는 것은 사회적 참여를 촉진하는 데 매우 중요하다고 볼 수 있다. 하지만 뉴스의 분별적 이용은 참여와 유의미한 관련성이 없었다. 뉴스 분별 능력은 제공된 뉴스를 그대로 수용하는 것이 아니라 사실성, 정보의 완전성, 관점의 다양성 등을 고려하여 뉴스를 평가하고 판단하는 행위다(이숙정·양정애, 2017). 따라서 이러한 리터러시 능력은 뉴스 리터러시를 구성하는 중요한 요소 중 하나라고 볼 수 있다. 그럼에도 불구하고 이 연구의 결과는 뉴스를 제공한 언론사를 확인해 보거나 특정 사안에 대한 다양한 관점의 뉴스를 비교해 보는 등의 행위는 청소년의 정치사회적 참여와 관련성이 없다는 것을 발견했다.

현재 한국언론진흥재단의 뉴스 리터러시 척도에는 뉴스의 상업적 특성이나 사회적 영향력에 대한 비판적 이해를 측정하는 문항이 빠져 있다. 따라서 앞서 언급한 애슐리 외(Ashley, Maksl and Craft, 2013)가 개발한 뉴스 리터러시 척도가 참여와 관련성이 높을 수 있다. 기본적으로 미디어 리터러시는 미디어 콘텐츠를 비판적으로 수용하고 정보의 가치를 판단할 수 있는 비판적 소비 능력을 기본으로 하고 있기 때문에(염정윤·정세훈, 2019), 뉴스 콘텐츠를 비판적으로 이해할 수 있는 능력이 요구된다고 볼 수 있다. 요컨대 '뉴스 내용은 특정 기관이나 단체의 입장을 대변할 수 있다'거나 '뉴스 내용은 뉴스 기업의 이익을 반영할 수 있다', '뉴스는 특정 집단을 부정적으로 묘사할 수 있다' 등의 비판적 판단과 이해를 높이는 리터러시 척도가 개발되어 추가될 필요가 있는 것이다.

최근 가짜 뉴스가 범람하면서 뉴스 리터러시에 대한 관심이 다시 높아지고 있다. 하지만 여전히 국내의 미디어 교육은 제도화되어 있지 않고 주변부에 머물러 있다. 또한 학생들의 제작 능력 향상에 초점을 둔 나머지, 비평 능력과 문제 해결 능력 교육은 소홀히 다루는 경향이 강하다(나경애·이상식, 2010). 따라서 뉴스 내용을 비판적으로 이해하고 정보를 객관적이고 올바르게 해석할 수 있는 뉴스 리터러시 역량이 학교 교육에서 강조될 필요가 있다.

참고문헌

강민정·정은주·조해윤. 2020. 「Z세대가 즐기는 유튜브 채널의 몰입 요인과 특징」.

≪한국콘텐츠학회논문지≫, 20권 2호, 150~161쪽.

김경희·김숙. 2013. 「청소년들의 신문 읽기가 사회적 태도와 자기주도적 학습능력에 미치는 영향: 텔레비전·인터넷 이용정도에 따른 영향과의 비교연구」. ≪미디어, 젠더 & 문화≫, 25호, 5~33쪽.

김대진. 2020. 『청소년 스마트폰 디톡스』. 서울: 생각속의집.

김아미. 2018. 「초등학생 유튜브 문화와 교육적 대응」. 경기도교육연구원 이슈 페이퍼 2018-03호.

김영지·김희진. 2019. 「아동·청소년 권리에 관한 국제협약 이행 연구: 한국 아동·청소년 인권실태 2019－기초분석보고서」. 한국청소년정책연구원.

김은미·양소은. 2013. 「'디지털 네이티브'의 시민성」. ≪한국언론학보≫, 57권 1호, 305~334쪽.

김은정·유홍식. 2020. 「이념 성향·강도, 적대적 매체 지각과 미디어 리터러시가 가짜 뉴스 노출과 수용 태도에 미치는 영향」. ≪방송과 커뮤니케이션≫, 21권 1호, 93~126쪽.

나경애·이상식. 2010. 「청소년 미디어교육 프로그램 내용과 효과에 관한 연구」. ≪한국언론학보≫, 54권 3호, 349~373쪽.

남미자·김영미·손어진·장아름. 2019. 「민주주의 실현 조건으로서 청소년 정치참여 확대 방안」. 경기도교육연구원.

대학내일20대연구소. 2018. 『트렌드 MZ 2019: 밀레니얼-Z세대 5대 마케팅 트렌드』. 서울: 한빛비즈.

봉미선·신삼수. 2020. 「디지털 시대 미디어 리터러시 역량 증진을 위한 공영방송의 역할 고찰」. ≪방송과 커뮤니케이션≫, 21권 3호, 41~75쪽.

송원숙. 2020. 「청소년의 신문뉴스 활용교육(NIE) 효과: 뉴스 이용, 뉴스 리터러시, 정치사회적 참여를 중심으로」. ≪언론과학연구≫, 20권 1호, 49~76쪽.

안정임·서윤경·김성미. 2013. 「청소년의 디지털 시민성에 관한 연구: 미디어 리터러시와 교육경험의 영향력을 중심으로」. ≪시민교육연구≫, 45권 2호, 161~191쪽.

양정애·김경보. 2018. 「뉴스리터러시 교육의 단기효과 연구: 중·고생 대상 시범수업 및 교육평가 사례를 중심으로」. ≪한국언론정보학보≫, 87호, 172~212쪽.

양정애·최숙·김경보. 2015. 『뉴스 리터러시 교육 I: 커리큘럼 및 지원 체계』. 서울: 한국언론진흥재단.

염정윤·정세훈. 2019. 「가짜뉴스 노출과 전파에 영향을 미치는 요인: 성격, 뉴미디어 리터러시, 그리고 이용 동기」. ≪한국언론학보≫, 63권 1호, 7~45쪽.

오대영. 2018. 「유튜브 정치동영상 이용이 정치사회화에 미치는 학습효과: 정치효능감, 정치관심도, 정치참여를 중심으로」. ≪교육문화연구≫, 24권 1호, 97~115쪽.

이성철. 2019. 「청소년의 디지털 불평등: 디지털 시대, 디지털 리터러시 배우지 못하는 학생들」. ≪신문과 방송≫, 8월 호, 32~37쪽.

이숙정·양정애. 2017. 「뉴스 리터러시가 의사소통 역량과 공동체 역량에 미치는 영향」. ≪한국방송학보≫, 31권 6호, 152~183쪽.

이창호·이윤주. 2020. 「SNS 활동 및 학교 내 정치교육경험이 고등학생의 시민성에 미치는 효과 연구」. ≪선거연구≫, 12호, 53~75쪽.

정보통신정책연구원. 2018. 「2018 한국미디어패널조사」(정책자료 18-10-02).

정현선. 2019. 「미디어 리터러시 교육의 평가 방법에 관한 연구: 호주 Pearson 출판사의 7-10학년 영어 교과서와 교사용 지도서의 사례를 중심으로」. ≪교육논총≫, 39권 2호, 235~259쪽.

최숙기. 2019. 「민주시민역량 측면에서의 청소년의 미디어 리터러시 수행 양상 연구: 사회적 참여 요소와 책임감 있는 미디어 사용 요인을 중심으로」. ≪청람어문교육≫, 71권, 389~422쪽.

최원석. 2019. 「디지털 환경의 미디어 리터러시와 시민성 교육 국제 세미나: 미디어 리터러시 교육이 '알고리즘'과 '디지털 시민성'을 다룰 이유」. ≪신문과 방송≫, 8월 호, 88~92쪽.

최지향. 2020. 「비판적 정보소비 방해하는 '확증편향' 경계해야」. ≪미디어리터러시≫, 봄 호, 8~11쪽.

한국마케팅연구원. 2017. 「책보다는 유튜브… 영상 중심 'Z세대'의 등장」. ≪마케팅≫, 51권 4호, 32~37쪽.

한국언론진흥재단. 2019. 「2019 10대 청소년 미디어 이용 조사 보고서」.

황유선·김재선. 2016. 「NIE의 학업 효과에 관한 연구」. ≪한국콘텐츠학회논문지≫, 16권 6호, 695~705쪽.

황치성. 2018. 『미디어리터러시와 비판적 사고: 디지털 세상에서 자기주도적 삶과 학습을 위한 지침서』. 파주: 교육과학사.

Ashley, S., A. Maksl and S. Craft. 2013. “Developing a News Media Literacy Scale.” *Journalism & Mass Communication Educator*, Vol.68, Iss.1, pp.7~21.

______. 2017. “News Media Literacy and Political Engagement: What's the Connection?” *Journal of Media Literacy Education*, Vol.9, Iss.1, pp.79~98.

Dimock, M. 2019. “Defining Generations: Where Millennials End and Generation Z Begins.” Pew Research Center.

Jang, S.M., T. Mortensen and J. Liu. 2019. “Does Media Literacy Help Identification of Fake News? Information Literacy Helps, but Other Literacies Don't.” *American Behavioral Scientist*. Vol.65, Iss.2, pp.371~388.

Maksl, A., S. Ashley and S. Craft. 2015. “Measuring News Media Literacy.” *Journal of Media Literacy Education*, Vol.6, Iss.3, pp.29~45.

07

미디어 리터러시와 허위 조작 정보 대응

염정윤 | 한국환경연구원 부연구위원

개인의 신념이나 감정이 검증된 진실보다 앞서는 탈진실의 시대를 우리는 어떻게 대처해야 할까? 특정한 의도를 가지고 만든 거짓 정보가 사회 문제로 떠오른 것은 최근의 일이 아니다. 하지만 시대의 변화는 허위 조작 정보의 폐해를 더욱 깊고 강하게 만든다. 미디어 기술의 발전은 정보의 생산과 유통 과정을 완전히 변화시켰다. 정보 흐름의 맨 끝에서 정보를 소비하기만 하던 청중이 정보의 생산자 역할을 공유하게 되었고, 클릭 한 번으로 얻을 수 있는 정보의 양은 방대해졌다. 알고리즘으로 조정된 맞춤형 서비스는 사람들에게 입맛에 맞는 정보만을 제공하고, 그러다 보니 새롭거나 다른 정보를 접하기보다는 자신에게 친숙한 정보에만 자주 노출된다. 이러한 환경에서 정보 이용자가 양질의 정보를 구분해 내는 건 더욱 어려워지고, 허위 조작 정보는 사람들의 취약한 틈새를 파고든다.

등장 초기에만 해도 뉴스의 형태로 특정 정치 이슈들에 한해 만들어지던 허위 조작 정보가 이제는 사회, 경제, 문화 등 분야를 가리지 않고 퍼져나가고 있다. 조작의 수준도 단순히 텍스트를 작성하고 이미지를 왜곡하는 정도를 넘어 영상 조작, 딥페이크 등 첨단 기술과 융합하여 점차 진화한다. 이에 허위 조작 정보에 대응하기 위한 움직임들도 지속되고 있지만 사후적인 대처 방안들은 기술의 발전 속도를 쉽사리 따라오지 못하는 실정이다. 결국 정보 이용자 스스로가 정보를 제대로 이해하고 비판적으로 수용할 수 있는 능력을 강화하는 것만이 허위 조작 정보로 인한 문제에 대한 근본적인 해결이 될 수 있다.

이 장에서는 이러한 관점에서 먼저 허위 조작 정보의 문제와 그 원인을 살펴보고 현재 진행되고 있는 대응 방법들에 대해 알아본다. 또한 미디어 교육의 목표로서 다양한 종류의 리터러시를 제시함으로써 허위 조작 정보에 적절히 대처할 수 있는 방안을 모색해 본다.

장면 1. 2016년 12월 미국 워싱턴 D.C.에 위치한 피자 가게 '코멧 핑퐁(Comet Ping Pong)'에 한 남자가 총기를 난사하는 사건이 발생했다. 남자는 해당 피자 가게가 인신매매 및 아동 성범죄 집단의 근거지이며, 배후에 대통령 후보였던 힐러리 클린턴이 있다는 가짜 뉴스의 신봉자였다. 그는 피자 가게에서 일어나는 범죄를 직접 조사하기 위해 사건을 일으켰다고 진술했다.

장면 2. 2020년 3월 이란에서는 고농도 알코올을 마시면 바이러스를 소독해 코로나19를 예방할 수 있다는 잘못된 정보가 퍼졌다. 이란은 이슬람 국가라 술을 마시는 것이 불법이기 때문에 사람들은 구매가 용이한 공업용 알코올인 메탄올을 희석해 마셨다. 그 결과 5000명 이상이 메탄올에 중독되고 500명 이상이 숨졌다. 코로나19 사망자보다 메탄올 중독 사망자가 더 많은 지역이 있을 정도였다.

장면 3. 2020년 운영되었던 디지털 교도소는 제보를 바탕으로 성범죄자의 신상과 개인정보를 온라인상에 공개했다. 범죄자들에게 벌을 내린다는 공익적인 목적을 표방했지만 제대로 된 사실 검증 절차 없이 정보를 유통하는 과정에서 무고한 피해자가 발생하기도 했다. 경찰 추적 끝에 운영자가 검거되어 사이트는 폐쇄되었지만, 온라인상에 한번 정보가 유포되면 빠르게 퍼져나가고 완전히 삭제하는 것이 어려워 허위 정보로 인한 피해는 계속될 수 있다.

1. 허위 조작 정보의 시대

검증된 사실보다 개인의 신념이나 감정이 진실을 결정하는 탈진실post-truth의 시대다. 논리나 이성보다는 감정이 중시되고, 사람들은 근거보다 자신의 감정을 충족시키는 것을 신뢰한다. 사실 여부와 관계없이 생성되는 신념에 대한 논의가 최근 새롭게 등장한 것은 아니다. 그럼에도 오늘날 이에 대한 논의가 더욱 주목받게 된 배경에는 허위 조작 정보가 있다. 2020년 6월 발의된 '허위조작정보 방지법'에서는 허위 조작 정보를 "정보통신망을 통해 상업적 또는 정치적으로 정보를 매개로 타자를 속이려는 기만적 의도성을 가진 행위로 수용자가 허구임을 오인하도록 언론보도의 양식을 띤 정보 또는 사실 검증이라는 저널리즘의 기능이 배제된 가운데 검증된 사실로 포장하는 행위"로 정의한다. 다시 말해 상대를 속이고자 하는 명백한 의도로 만들어진 가짜 정보를 의미한다. 과거에는 영어 단어인 'fake news'를 번역한 '가짜 뉴스'가 더욱 보편적으로 사용되었다. 하지만 가짜 뉴스라는 용어는 허위 조작 정보를 뉴스의 한 종류로 착각하게 하거나, 진짜 뉴스들까지 거짓 정보로

폄훼하는 수단으로 사용되는 등 여러 문제를 불러일으킨다는 지적이 지속되었다. 이에 최근에는 가짜 뉴스나 페이크 뉴스라는 용어를 '허위 조작 정보disinformation'로 대체하는 추세다(김민정, 2019).

예를 들어, 영국 디지털문화미디어스포츠부Department for Digital, Culture, Media and Sport: DCMS의 「허위 조작 정보와 '가짜 뉴스'Disinformation and 'Fake News'」 보고서에서는 허위 조작 정보를 "피해를 주거나 정치적·개인적·경제적 이익을 목적으로, 기만의 의도를 가지고, 거짓이거나 조작된 정보를 만들거나 공유하는 것"으로 정의하며, 사람들의 인식을 호도할 수 있는 '뉴스'라는 용어 대신 '허위 조작 정보'라는 용어의 사용을 권고했다(Digital, Culture, Media and Sport Committee, 2019: 10). 유럽연합에서도 「허위 조작 정보에 대한 다차원적 접근A Multi-dimensional Approach to Disinformation」 보고서를 통해 '뉴스'라는 용어는 가짜 계정, 조작 영상, 타깃 마케팅, 알고리즘 조작 등의 온라인에서 나타나는 기만행위와 게시, 댓글 달기, 공유 등 온라인 정보 유통과 관련된 다양한 행위들을 설명하기에 부족하다고 밝히며, "의도된 피해나 이득을 위해 제작된, 거짓이거나 부정확한, 또는 오해를 불러일으키는 모든 형태의 정보"를 통칭하는 '허위 조작 정보'를 사용할 것을 제안한다(European Commission, 2018: 35). 유네스코에서 발간한 『저널리즘, 가짜 뉴스 그리고 허위 정보』에서 역시 뉴스는 공중에 이익을 제공하고 확인이 가능한 정보여야 하며, 이를 충족하지 못하는 허위 정보에는 뉴스라는 명칭을 붙여서는 안 된다고 밝히고 있다. 이 글에서는 이러한 논의를 받아들여 가짜 뉴스라는 용어 대신 보다 포괄적인 의미의 허위 조작 정보라는 용어를 사용하고자 한다.

어떠한 이득을 얻기 위해 의도적으로 조작한 정보를 이용하는 행위는 그 시작이 고대 로마 시대로 거슬러 올라갈 정도로 오래된 현상이다(Kaminska, 2017.1.17). 카이사르의 양자 옥타비아누스는 후계자 자리를 차지하기 위해 당시 세력가였던 안토니우스에 대한 허위 정보를 퍼트린다. 카이사르 사후 옥타비아누스는 정통성을 지닌 상속자였으나 나이가 어리고 경험이 많지 않아 많은 공적을 쌓았던 안토니우스와 비교해 확실한 우위를 점하지 못했다. 상황을 반전하기 위해 옥타비아누스는 안토니우스가 클레오파트라와의 관계로 인해 타락한 군인이며 로마를 망치게 할 것이라는 소문을 퍼트린다. 오늘날 트위터로 단문 메시지를 전파하듯이 동전에 문구를 새기는 방식을 택했다. 전략은 성공하여 로마 공화당과 로마인은 옥타비아누스의 편에 섰고, 결국 그는 로마 최초 황제 아우구스투스에 등극한다. 근대에 와서 대중신문이 보급되며 등장한 옐로 저널리즘이나 페니 프레스, 정치적 선동과 프로파간다 등도 허위 조작 정보의 기원을 논할 때 자주 등장하는 키워드들이다. 오늘날의 허위 조작 정보처럼 정교하거나 전파력이 빠른 것은 아니지만 거짓 정보를 통해 자신에게 유리한 이익을 취한다는 점에서는 현대의 허위 조작 정보와 맞닿아 있다.

2. 왜 지금 허위 조작 정보일까?

이렇듯 역사가 오래된 허위 조작 정보가 유독 오늘날 주목을 받는 이유는 무엇일까? 이는 허위 조작 정보의 생산자, 채널, 수용자의 차원에서 나눠 생각해 볼 수 있다. 생산자의 입장에서 허위 조작 정보는 특정 집단의 신념—주로 정치적인—을 퍼트리고 공고히 하는 수단이 된다. 대부분의 허위 조작 정보 문제가 선거나 탄핵 등 주요 정치 이슈와 함께 등장했다는 점이 이러한 주장을 뒷받침한다. 하지만 더 중요한 것은 경제적 이유다. 허위 조작 정보는 돈이 된다. 2016년 미국 대선 당시 100군데 이상의 친親트럼프 성향의 가짜 뉴스 온라인 사이트가 만들어진 곳은 놀랍게도 마케도니아의 소도시 벨레스였다. 벨레스는 인구가 5만 명에 불과한 작은 도시였지만 이 도시의 청소년들은 허위 조작 정보 제작을 통해 한 달에 4000달러에서 1만 달러 수준의 수입을 올렸다. 마케도니아 직장인 평균 월급이 380달러 수준인 데 비하면 엄청난 액수다. 이들은 트럼프가 누구인지, 자신들이 만들어내는 정보가 누구에게 어떠한 영향을 미치는지에는 관심이 없었다. 힐러리에 유리한 내용보다 트럼프에 유리한 내용이 더 많은 클릭을 끌어내기 때문에 친트럼프 허위 조작 정보를 생산해 낼 뿐이었다. 수입은 온라인 광고를 통해 발생한다. 클릭 수를 유발하는 낚시성 콘텐츠에 애드센스AdSense 같은 광고 프로그램을 달면 클릭 수에 따라 수익이 난다. 무조건 많은 사람들이 방문하면 이익이 증가하기 때문에 콘텐츠의 내용이나 그로 인한 문제들은 그다지 중요하지 않다. 처음에는 정치적 이슈 중심으로 제작되던 허위 조작 정보가 경제나 사회 이슈 등 다른 주제로 점차 영역이 확장되고 있는 것도 이 때문이다. 또한 더 많은 조회 수를 올리기 위해, 조작된 근거를 바탕으로 펼치는 음모론이나 선정성을 부각하는 자극적인 콘텐츠 또는 기술적으로 고도화된 조작 콘텐츠들도 속속 등장하고 있다.

미디어 환경의 변화도 허위 조작 정보 범람의 원인 중 하나다. 현재의 미디어 환경은 투명성을 강화하고 사람들에게 엄청난 수준의 자유를 부여한다. 그중에서도 가장 큰 변화는 정보의 생산층이 소수에서 다수로 넘어갔다는 점이다. 과거에 정보와 지식의 생산과 유통은 특정한 지위에 있는 사람들의 전유물이었다. 가령 뉴스는 기자들의, 지식은 학자들의 영역이었다. 하지만 인터넷의 발달과 함께 누구나 정보의 생산에 참여하게 되었다. 오늘날엔 정보를 생산하는 데 막대한 자본이나 고도의 기술이 필요하지 않다. 스마트폰으로 찍은 영상을 유튜브로 전송할 수 있고 다양한 SNS를 통해 다양한 콘텐츠를 타인에게 전달할 수 있다. 또한 콘텐츠는 온라인 공간을 돌아다니며 조각조각 모듈화되고[TV 방영분이 짧게 편집되어 유통되고, 사진이나 그림이 '짤'이라는 형태로 소비되는 밈(meme)을 떠올리면 이해가 쉽다], 특정 맥락에 맞게 쉽게 재구성될 수 있다. 온라인 콘텐츠의 이러한 특징은 간단한 컴퓨터 사용법 정도만 알고 있으면 누구나 미디어 콘텐츠를 생산할 수 있도록 하고 전문가와 일반인의 경계를 무너트린다. 진짜 뉴스보다 더 진짜 같은 가짜 뉴스가 대량 생산되고 빠르게 유통된다. 게다가 때로는 일반인이 생산한 정보가 전문가의 정보보다 더욱 큰 영향력을 미치기도 한다. 정보의 유통 단계 가장 끝에서 수동적으로 정보를 소비만 하던 사람들이 정보의 생산자로서 역할 하게 된 것이다.

이는 긍정적인 변화임에 분명하지만 제대로 검증되지 않은 정보가 시중에 유통될 가능성을 높이기도 한다. 뉴스를 생산하는 기자들에게는 게이트키핑이나 데스킹과 같은 정보의 검증 과정과 보도 준칙이라는 정보 생산의 기본적인 윤리가 존재한다. 학자들 역시 학문 공동체의 간주관적intersubjective 합의를 이루는 동료 평가의 과정이 있다. 하지만 불특정한 개인들이 유통하는 정보는 최소한의 검증 과정도 존재하지 않기 때문에 잘못된 정보가 무분별하게 유입되어도 제대로 걸러낼 거름 장치가 없다. 여기에 포털이나 SNS 같은 플랫폼 중심으로 정보를 소비하는 정보 이용 행태도 허위 조작 정보 문제를 더욱 증폭시킨다. 플랫폼을 통해 정보를 이용하는 경우, 정보의 출처를 제대로 확인하지 않거나 확인하더라도 출처를 제대로 기억하지 못하는 경우가 많다. 따라서 개인이 생산한 잘못된 정보에 노출되더라도 이를 제대로 구별해 내지 못할뿐더러 빠르고 광범위하게 전파될 가능성이 크다.

마지막으로 수용자의 측면에서 허위 조작 정보는 '대안적 사실alternative fact'로 받아들여진다. 요컨대 사실이 자신의 신념과 대치될 때 그 신념을 유지하기 위한 논거로서 허위 조작 정보를 이용한다는 것이다(Strong, 2017). 이는 심리적 오류의 일종인 확증 편향confirmation bias과 관련이 있다. 확증 편향은 자신의 기존 태도나 믿음과 일치하는 정보만을 받아들이고 그렇지 않은 정보는 그와 맞게 해석하고자 하는 심리적 특성으로, 검증되지 않은 가설이나 믿음을 강화하는 것을 의미한다. 논리나 이성에 기반한 근거를 바탕으로 정보의 타당성을 평가하기보다는 본인에게 타당하다고 느껴지는 정보를 취사선택한다. 예컨대 주류 언론의 보도가 자신이 기존에 지니고 있던 생각과 부합하지 않는 경우 기존 태도를 방어하려는 동기가 활성화될 수 있다. 이러한 상황에서 자신의 기존 태도를 뒷받침하는 허위 조작 정보에 노출되면 정보의 진위 여부에 대해 비판적으로 숙고하기보다는 사실로 받아들이고 믿게 될 가능성이 높다. 더욱이 대부분의 허위 조작 정보는 사실과 거짓을 교묘하게 섞어 제시하기 때문에 그럴듯해 보이는 경우가 많다.

한편, 허위 조작 정보의 주제나 내용과 관계없이 거짓 정보를 잘 받아들이는 개인의 특성이 존재할 수 있다. 가짜 뉴스 이용에 영향을 미치는 개인의 심리적 요인을 확인한 연구에 따르면, 외향성이 높은 사람들이 가짜 뉴스 전파 의도가 높은 것으로 나타났다(염정윤·정세훈, 2019). 외향성은 사교적이고 활동적인 성향으로 외향성이 높은 사람은 참여적이고 말하기를 좋아한다. 외향성이 증가하면 자신의 정보 이용 능력에 대한 자신감이 높고 정치적 효능감도 높아 정치적인 발언이나 정치 참여 정도도 증가했다. 이러한 성향은 허위 조작 정보 이용에도 영향을 미쳐 잘못된 정보를 타인에게 공유하는 행위를 증가시킬 수 있다. 특히 해당 연구에서는 가짜 뉴스 전파에 영향을 미치는 동기로 사실 확인 동기뿐만 아니라 관계 형성 동기와 자기 고양 동기도 유의미하게 나타나, 허위 조작 정보가 단순히 정보로만 소비되는 것만이 아님을 짐작할 수 있다.

3. 허위 조작 정보, 어떻게 대응할 것인가?

그렇다면 허위 조작 정보 문제는 어떻게 해결해야 할까? 처음 허위 조작 정보 문제가 대두된 이후 현재까지 다양한 분야에서 이에 대한 논의가 진행되고 있으며, 현재까지 크게 네 갈래 정도의 방안이 대두된다.

1) 법적 대응

법적 대응은 허위 조작 정보에 대한 가장 빠르고 강력한 조치다. 특히 대다수의 허위 조작 정보가 선거나 정치적 여론에 영향을 미치기 위해 작성되기 때문에 정치권과 입법 기관을 중심으로 관련 논의가 이루어지고 있다. 논의의 핵심은 '정보통신망법', '언론중재법', '공직선거법' 등 기존 법령을 활용하여 허위 조작 정보를 규제 대상으로 명시하고 규제 방법을 모색하는 것이다. 2017년 3월 발의된 '공직선거법' 개정안이 허위 조작 정보 규제를 위한 최초의 법률안이라 할 수 있는데 여기에서는 선거범죄 증거물에 디지털 자료를 포함시켜 온라인에서 유통되는 허위 조작 정보를 제재하고자 했다. 하지만 허위 조작 정보의 정의와 범위가 명확하지 않은 상태에서 법적인 잣대를 들이대는 것은 개인의 자유를 지나치게 제한할 위험이 있다. 실제 이러한 이유로 앞서 법적 규제를 도입한 국가에서도 논란이 지속되는 상황이다. 일례로 독일의 '네트워크 집행법NetsDG'은 온라인 사업자에게 신고가 접수된 불법 정보를 법적 판단 이전이라도 삭제하고 차단할 의무를 지우는 법으로 2017년 10월 발효되었다. 최초의 가짜 뉴스 규제법이라 불리고 있지만 실상 이 법은 허위 조작 정보 전반에 대한 규제라기보다는 특정 집단에 차별이나 폭력을 유발하는 정보에 국한된 혐오 표현 규제법에 가깝다. 매우 제한된 범위에 적용되고 신고를 통해 사업자가 불법 정보를 인지한 경우에만 삭제 의무가 발생함에도 불구하고 표현의 자유를 침해하는 법률이라는 위헌 논란이 끊이지 않는다. 또한 법적 대응은 기술의 발전 속도를 따라가기 어렵다. 초기 조잡한 텍스트 형태의 가짜 뉴스가 인공지능에 기반한 딥페이크deep fake로 진화할 때까지 이렇다 할 법적 장치는 마련되고 있지 못하다. 기술의 진보와 함께 허위 조작 정보는 양적으로뿐만 아니라 질적으로도 진화하고 있지만 이에 대한 규제는 뒤늦은 사후 처방에 머물러 적절한 해결책으로 작용하기 어렵다.

2) 기술적 대응

이에 허위 조작 정보에 대해 기술적으로 대응하려는 움직임도 존재한다. 허위 조작 정보 유통과 확산의 주요 경로로 지적받는 온라인 업체들의 자율 규제가 이에 해당한다. 대표적인 예로 허위 조작 정보를 유포하는 이용자의 경제적 이익을 제약하는 자율 규제 방안을 들 수 있다. 페이스북은 허위 정보를 지속적으로 올리는 개인이나 페이지에 광고가 게시되지 않도록 차단한다. 유튜브의 경우, 선정적이거나 폭력적인 콘텐츠를 제공하는 채널 외에도 혐오를 조장하거나 정치적으로 편향된 콘텐츠를 올리는 등 운영 기준을 위배하는 채널에 노란 딱지yellow mark를 단다. 유튜브 채널은 일정 수준 이상의 조회 수가 나오면 광고가 자동으로 게재되어 운영자가 수익을 내는 구조로 운영되지만, 콘텐츠에 노란 딱지가 달리면 광고 게재가 금지되어 수익을 낼 수 없다. 온라인 서비스 제공 업체는 아니지만 월마트, 나이키, 로레알 등의 글로벌 기업들은 오보 옆에 자사 광고가 게재되면 광고를 삭제하는 형태로 허위 조작 정보 문제에 대응한다.

허위 조작 정보가 온라인 서비스 이용자에게 전달되는 것을 원천적으로 차단하기 위해 알고리즘을 조정하기도 한다. 온라인 서비스 업체들은 콘텐츠의 클릭 수나 이용 시간 증가를 위해 개인이 선호할 것 같은 정보를 우선 제공하는 맞춤형 알고리즘을 활용한다. 이를 위해서는 이용자의 온라인 활동을 분석하여 개인의 성향을 파악하는 작업이 선행되는데 이용자에게 필요한 정보를 알아서 제공해 준다는 점에서는 편리하지만, 이용자의 평소 정보 이용 성향에 부합하는 정보 위주로 정보를 편식하게 된다는 단점이 있다. 하지만 반대로 알고리즘의 조정을 통해 허위 조작 정보가 온라인 이용자의 정보 타래 안으로 진입하는 것을 막을 수 있다. 이에 구글이나 페이스북 등은 알고리즘을 조정하여 허위 조작 정보가 아예 노출되지 않거나 노출되더라도 하단에 노출되도록 하는 방식으로 이용자가 허위 조작 정보에 노출되는 것을 막고자

그림 7.1 구글 클레임리뷰 시스템

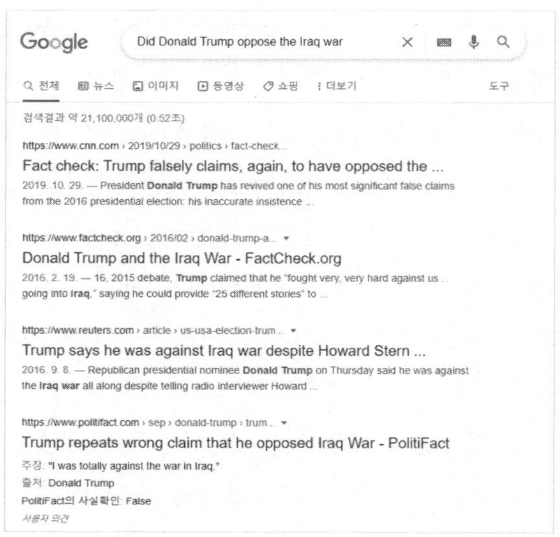

노력한다. 예를 들어, 구글은 클레임리뷰ClaimReview 시스템을 도입하고 있다. 이는 어떤 내용을 검색할 때 팩트체크가 이루어진 기사가 가장 먼저 뜨도록 하는 기술로, 정보 이용자가 신뢰할 수 있는 정보를 먼저 이용할 수 있도록 하는 조치다. 구글 검색창에 '트럼프가 이라크 전쟁을 반대하나Did Donald Trump oppose the Iraq war?'라고 검색하면 이에 대한 팩트체크 기사 목록이 가장 위에 나열된다.

3) 팩트체크

팩트체크는 1990년대 미국에서 처음 시작된 저널리즘의 일종으로 정치인의 발언이나 선거 보도, 정치 광고 등의 진위 여부를 검증한 판단 근거와 논리다. 2016년 가짜 뉴스의 범람과 허위 조작 정보 문제가 계속 불거지면서 이에 대한 대응책으로서 팩트체크의 중요성이 강조되었다. 보통의 저널리즘이 정보를 제공하고 사실에 대한 판단을 독자에게 맡기는 데 비해 팩트체크는 기자가 취재한 내용을 바탕으로 사실을 확인하여 '팩트'를 판정한다. 기자의 판정은 정보 해석의 지침이 되어 정보 이용자 스스로 좋은 정보가 무엇인지 판단할 수 있도록 한다. 팩트체크는 언론의 기본적인 기능과 관련이 있기 때문에 언론사가 진행하는 경우가 많지만 최근에는 팩트체크 전문 기관도 생겨나는 추세다. 미국 듀크 대학교가 운영하는 듀크 리포터스랩Duke Reporter's Lab에 따르면, 2021년 현재 전 세계 84개 국가에서 306개의 팩트체크 기관을 운영하고 있다. 2018년에는 150개 수준이었던 데 비해 두 배 이상 증가했다. 국내에서는 서울대 팩트체크센터(factcheck.snu.ac.kr)와 뉴스톱(www.newstof.com)이 대표적인 팩트체크 전문 기관이다. 서울대 팩트체크센터는 언론사들과 제휴해 각 언론사의 팩트체크 결과를 비교할 수 있는 플랫폼을 제공한다. 동일한 대상에 대한 팩트체크 결과들을 교차 검증할 수 있고 검증의 근거들도 투명하게 공개한다. 뉴스톱은 우리나라 최초의 팩트체크 전문 언론사로, 다양한 분야의 전문가들이 객원 기자로 참여해 팩트체크 기사를 작성한다. 언론 기사나 정치 발언뿐 아니라 온라인상에서 떠도는 주장 등 다양한 정보들을 다룬다.

집단 지성의 형태로 시민들이 직접 팩트체크에 참여하는 경우도 있다. 미국 워싱턴 주립대학교에서 운영하는 '디지털 극화 극복을 위한 계획Digital Polarization Initiative'은 위키피디아 형태의 사이트로 사람들이 문제 사안에 대해 직접 관련 내용을 설명하고 사실을 검증하는 프로젝트다. 정보의 발생부터 유통되는 과정을 보여주고 추가 정보가 있으면 관련 내용과 해석을 업데이트할 수 있다. 누구나 참여하여 정보를 작성하고 수정할 수 있으나 작성 내용에 대해서는 합당한 근거를 제시해야 한다.

4) 미디어 교육

이상의 대응 방안의 공통점은 사후적이라는 것이다. 다시 말해 이미 허위 조작 정보가 발생한 후 정보의 유통을 막거나 정보 생산을 제재하는 형태의 대응이다. 하지만 사후적 대응은 모든 허위 조작 정보에 대해 이루어질 수 없고, 한번 유통되기 시작한 허위 조작 정보에 대한 인식을 바로잡는 것은 쉬운 일이 아니다. 그에 비해 미디어 교육은 정보의 소비 과정에 개입하는 사전적인 대응 방법이다. 정보 이용자가 스스로 양질의 정보를 가려내는 능력을 길러 미디어 콘텐츠를 제대로 이용하고 이해할 수 있도록 한다. 물론 짧은 시간 내에 허위 조작 정보 문제를 해결할 수 있는 방법은 아니지만 정보의 품질을 평가함으로써 허위 조작 정보의 부작용을 최소화할 수 있다.

이미 미국이나 유럽 등 해외 국가에서는 미디어 교육의 중요성을 강조해 왔고, 허위 조작 정보가 사회 문제로 떠오르며 이에 대응하기 위한 미디어 교육 정책과 프로그램을 마련하기 시작했다. 미국은 미디어 교육의 역사가 오랜 나라로 허위 조작 정보 문제가 대두된 초기부터 미디어 교육을 정규 교육과정에 포함하려는 움직임이 있었다. 예를 들어 캘리포니아주에서는 정규 교육과정에 미디어 리터러시 교육을 편입하는 법안을 추진 중이며, 이를 통해 온라인 뉴스를 읽고 평가하는 능력을 증대하기 위해 노력하고 있다. 또한 워싱턴주의 경우 거짓 정보를 구분하는 것이 민주시민의 중요한 역량이라는 판단하에 학교 교육에서 미디어 리터러시, 디지털 시민성, 인터넷 안전 교육 등을 강화하는 법안을 마련 중이다(류동협, 2017). 프랑스는 교육부 산하 미디어 교육 전담 기구 '미디어와 정보 리터러시 교육센터CLEMI'(이하 클레미)의 주도하에 2005년부터 공교육 교과 과정에 미디어 교육을 편입했다(이희승, 2019). 클레미는 언론, 학부모, 교육 등 미디어 교육과 관련된 여러 당사자들과 함께 교육 동향을 파악하고 운영 방안을 논의한다.

교육은 학교에서 이루어지는 행위라는 생각으로 인해 미디어 교육에 대한 논의는 학교 교육 중심으로 이루어지는 경우가 많다. 하지만 미디어는 연령이나 계층에 관계없이 누구나 접하는 매체라 미디어 교육을 어린이나 청소년 등 학교 교육의 대상에 국한시켜 생각할 필요는 없다. 특히 디지털 미디어로의 발전은 오히려 노년층이나 소외 계층의 지식 격차를 유발할 수 있어 이들에 대한 고려 역시 미디어 교육의 중요한 부분일 수 있다. 따라서 평생 교육의 관점에서 전 생애 주기에 걸친 미디어 교육이 이루어져야 할 것이다. 물론 불특정 다수를 대상으로 하는 양질의 교육 프로그램을 진행하기는 쉬운 일은 아니나 언론이나 관련 기관, 전문가들과의 협력을 통해 부분적으로나마 허위 조작 정보 문제 해결에 도움을 줄 수 있다. 대표적으로 국제도서관협회기구International Federation of Library Associations and Institutions: IFLA는 '가짜 뉴스 구별하는 방법How to Spot Fake News'이라는 가이드라인을 제작하여 인터넷 이용자들에게 제공한다. 여기에는 ① 정보원을 확인하세요, ② 본문을 읽어보세요, ③ 저자를 확인하세요, ④ 근거 정보는 확실한가요, ⑤ 날짜를 확인해 보세요, ⑥ 농담은 아닌가요, ⑦ 당신의 선입견은 아닌지 확인하세요, ⑧ 전문가에게 물어보세요 등의 내용이 포함되어 있다. 페이스북의 경우, 언론사와 뉴스 제공에 관해 협력하고 언론인과 일반인 대상 교육을 진행하는 페이스북 저널리즘 프로젝트Facebook Journalism Project를 운영 중이다. 공유된 콘텐츠의 출처 정보를 자세히 제공하여 이용자가 콘텐츠 품질을 평가할 수 있도록 한다. 이는 허위 조작 정보에 대한 대응을 넘어 근본적인 문제로 지적될 수 있는 언론 자체의 신뢰 회복을 위한 조치이기도 하다. 국내에서도 시청자미디어재단, 한국언론진흥재단 등의 기관에서 미디어 리터러시, 팩트체크 등 허위 조작 정보에 대응하기 위한 교육과 프로그램을 진행한다.

4. 미디어 교육의 목표로서의 리터러시

이상을 종합해 볼 때 허위 조작 정보에 제대로 대응하기 위해서는 시간이 걸리더라도 미디어 교육을 통해 개인들의 정보에 대한 분별력을 키워야 할 것이다. 앞서 언급한 바와 같이, 미디어를 다루고 미디어의 메시지를 이해하고 비판적으로 수용할 수 있는 능력 전반을 미디어 리터러시라고 한다. 미디어 기술이 다변화함에 따라 미디어 리터러시는 하나의 개념이라기보다는 '미디어와 관련된' 다양한 능력을 일컫는 개념으로 분화된다. 허위 조작 정보 문제에 잘 대처하기 위해서는 허위 조작 정보가 과거부터 존재해 오던 미디어 콘텐츠의 일종이면서, 이것이 생산·유통·소비되는 새로운 미디어 환경에 대한 이해가 필수적이며, 이를 둘러싼 다양한 이해관계와 사회구조적 대립이 존재하는 것을 파악할 수 있어야 한다. 이 절에서는 허위 조작 정보 대응을 위해 갖춰야 하는 다양한 미디어 관련 리터러시들을 소개하고자 한다.

1) 미디어 리터러시

미디어 리터러시media literacy는 미디어 메시지에 대한 포괄적인 문해력文解力을 의미한다. 1960~1970년대 영화, 텔레비전과 같은 영상 매체의 선정성 문제가 대두되며 이를 해결하기 위한 방안으로 미디어 리터러시가 수면 위로 떠올랐다. 이 시기의 미디어 리터러시는 미디어의 악영향으로부터 수용자를 보호해야 한다는 보호주의적 관점을 지녔으며(Buckingham, 2003), 규제와 이용 제한을 통해 좋은 콘텐츠와 나쁜 콘텐츠를 가리는 능력을 키우는 것을 목표로 삼았다(Aufderheide, 1993). 미디어로 인한 사회 문제가 발생할 때마다 금과옥조처럼 미디어 리터러시에 대한 논의가 등장했던 것도 이 때문이다. 하지만 미디어 기술의 발전으로 인해 현대사회에서 더 이상 미디어를 배척의 대상으로 볼 수 없으며 오히려 미디어를 적극적으로 활용하는 능력을 배양해야 한다는 인식이 생겨나기 시작했다. 따라서 미디어 리터러시의 새로운 정의에서는 정보에 접근access하고, 이를 분석analyze하고, 새로운 정보를 생산produce할 수 있는 능력을 강조한다(Aufderheide, 1993). 과거의 미디어 리터러시가 수용자를 수동적인 소비자에 한정한 것과 달리 능동적인 생산자로서의 역할에 주목한 것이다.

미디어 리터러시의 대표적인 이론으로 포터(Potter, 2004)의 미디어 리터러시 인지 과정 모형Cognitive Processing Model of Media Literacy과 오스틴(Austin, 2007)의 메시지 해석 과정Message Interpretation Process: MIP 모형을 꼽을 수 있다. 포터는 미디어 메시지가 인지적으로 처리되는 과정에 주목하여 미디어 리터러시 습득을 위한 지식 구조knowledge structure와 기술skill에 대해 설명한다. 지식 구조는 개인이 갖추고 있는 조직화된 정보의 집합으로, 미디어 메시지를 이해하기 위한 맥락context을 제공한다. 기술은 지식 구조를 갖추는 데 필요한 능력으로, 분석analysis, 평가evaluation, 그룹화grouping, 귀납적 사고induction, 연역적 사고deduction, 종합synthesis, 추상화abstraction 등 미디어 메시지를 이해하기 위해 실질적으로 갖추어야 하는 능력들이다.

포터의 이론이 미디어 메시지를 이해하는 능력에 초점을 맞추고 있다면, 오스틴은 의사결정에는 메시지에 대한 감정적 해석도 영향을 미칠 수 있다고 주장한다. 논리적 해석은 미디어 메시지가 현실을 잘 반영하는가 또는 대표성을 지니는가 등에 대한 평가이지만, 감정적 해석은 메시지의 내용이 바람직한가desirability를 평가하는 것이다. 메시지 해석 과정 모형에 따르면 미디어 메시지 수용에서 중요한 것은 회의주의skepticism이며, 감정적 해석으로 인해 미디어 메시지가 긍정적으로 평가받는 것을 조절하고 비판적으로 수용하도록 한다. 이러한 논의에 따르면 미디어 리터러시 교육 목표는 미디어 메시지에 대한 회의주의를 증가시키는 방향으로 설정되며, 이를 위한 미디어 리터러시 교육의 구성요소를 ① 내용 리터러시content literacy, ② 문법 리터러시grammar literacy, ③ 매체 리터러시medium literacy로 제시하기도 한다(Meyrowitz, 1998). 내용 리터러시는 미디어의 내용에 특정 가치가 내포되어 있기 때문에 동일한 메시지도 받아들이는 사람에 따라 다르게 해석할 수 있다는 것이다. 허위 조작 정보를 둘러싼 이용자의 편향성과 연관된다. 문법 리터러시는 미디어의 종류에 따라 메시지의 표현 방법이 다르며, 때로는 메시지의 특정 부분을 부각하기 위해 의도적으로 다양한 기술을 활용한다는 것이다. 디지털 기술을 통해 조작된 허위 조작 정보의 생산과 관련이 있다. 마지막으로 매체 리터러시는 미디어의 성격을 이해하는 것으로, 다양한 미디어들이 지니는 각각의 매체적 특성을 이해하는 것이다. 이는 서로 다른 미디어를 통해 전파되는 허위 조작 정보의 특징을 파악하고 이를 비판적으로 수용하는 데 도움을 줄 수 있다.

2) 뉴미디어 리터러시

새로운 미디어의 등장은 전통적 의미의 미디어 리터러시 개념을 변화시켰다. 가장 핵심적인 변화는 미디어 수용자가 더 이상 정보의 유통의 가장 마지막 단계에 위치한 수동적인 존재가 아니라는 점이다(Jenkins, 2006). 생비자prosumer는 생산자의 역할도 함께 수행하는 수용자로 혼종적이고 경계가 불분명한 존재다. 이들은 미디어의 상호작용적이고 참여적인 특징을 활용해 전통과 새로움이 융합하는 문화를 만들어낸다. 새로운 미디어 시대의 미디어 리터러시는 뉴미디어 리터러시new media literacy나 디지털 리터러시digital literacy, 인터넷 리터러시internet literacy 등으로 불린다.

초기의 뉴미디어 리터러시는 디지털 미디어를 활용할 수 있는 기술적 능력의 보유 여부에 초점을 맞추었다. 기술의 조작이 서툴러 제대로 된 정보에 접근할 수 없고 이로 인해 발생하는 사회적·문화적 격차를 해소하기 위한 수단으로서 미디어 교육이 강조되었다. 하지만 새로운 미디어의 보급이 가속화되고 뉴미디어의 이용이 보편화됨에 따라 미디어 기술로 인한 격차는 점차 평준화되고 있다. 이에 최근의 뉴미디어 리터러시는 기능적functional-비판적critical, 소비consuming-생비prosuming라는 두 개의 개념 연속체continuum를 제시하며, 이들의 조합을 통해 ① 기능적 소비functional consuming, ② 비판적 소비critical consuming, ③ 기능적 생비functional prosuming, ④ 비판적 생비critical prosuming 등 네 종류의 리터러시 능력을 제안한다(Chen, Wu and Wang, 2011). 기능적 리터러시는 기존의 리터러시에서 말하는 기술적 차원의 능력으로, 미디어 기기를 구동하고 자신의 목적에 맞게 정보를 획득하여 활용하는 것을 의미한다. 비판적 리터러시는 정보를 분석analysis, 종합synthesis, 평가evaluation하여 미디어 메시지에 내포된 의미를 이해하고 자신만의 해석을 부여할 수 있는 능력을 의미한다. 또한 소비 리터러시는 미디어 메시지에 접근하고 다양한 수준에서 미디어를 활용하는 능력을 의미하며, 생비 리터러시는 미디어 메시지를 생산하고 미디어 환경에 참여할 수 있는 능력을 뜻한다.

기존의 미디어 리터러시에 대한 논의와 마찬가지로 뉴미디어 리터러시의 증가가 허위 조작 정보 이용을 줄여줄 것이라 기대할 수 있다. 하지만 뉴미디어 리터러시는 미디어 이용의 다양한 측면을 전반적으로 다루는 개념이라 그 관계가 단순하지 않을 수 있다. 특히 기능적 리터러시는 미디어를 잘 다룰 수 있는 능력이기 때문에 기능적 리터러시가 높은 사람들은 미디어 이용 빈도가 높을 가능성이 존재하고 그에 따라 의도하든 의도하지 않든 온라인상에 유포된 허위 조작 정보에 더 많이 노출될 수 있다. 따라서 비판적 리터러시가 충분히 갖춰지지 않은 상태에서 기능적 리터러시만 증가하는 경우, 미디어의 부정적인 영향에는 더욱 취약해질 수 있는 것이다. 실제 가짜 뉴스를 주제로 뉴미디어 리터러시와 허위 조작 정보의 관계를 살펴본 연구에 따르면 비판적 소비 능력은 가짜 뉴스 전파 의도를 감소시켰지만, 기능적 소비 능력의 증가는 가짜 뉴스 노출을 증가시키고 비판적 생비 능력의 증가는 가짜 뉴스 전파 의도를 증가시키는 것으로 나타났다(염정윤·정세훈, 2019). 이는 생비 능력이 미디어를 통해 자신의 의견을 표출하고 온라인 담론에 적극적으로 참여하는 능력이기 때문에 비판적 능력이라 할지라도 생비 능력이 증가하면 오히려 가짜 뉴스의 이용이 증가할 수 있다고 생각해 볼 수 있다. 반면, 비판적 소비 능력은 미디어 메시지를 비판적으로 수용하는 과정에서 진위가 의심되는 정보들을 걸러내고 이용을 자제하게 한다.

3) 정보 리터러시

정보 리터러시information literacy는 문제 해결을 위해 정보를 이용할 수 있는 능력 전반을 의미한다. 정보 리터러시의 시작은 서지학bibliography으로, 도서관에서 자료를 찾고 활용하는 능력을 의미하는 개념이었다. 미국도서관협회American Library Association: ALA의 정의에 따르면, 정보 리터러시를 갖춘다는 것은 정보가 필요한 때를 스스로 인식하여 필요한 정보를 효과적으로 찾고, 평가하고, 이용하는 것을 의미한다. 특히 정보 리터러시에서는 양질의 정보를 얻기 위한 유용한 정보원의 탐색을 강조하는데 이는 정보가 포화 상태에 이른 오늘날의 미디어 환경과 밀접한 관련이 있다. 정보 리터러시의 출발이 서지학에서 비롯된 데서 알 수 있듯이 도서관은 고품질의 정보를 찾는 데 도움이 되는 거의 유일한 정보원이었다. 하지만 정보 기술의 발전과 이로 인한 정보의 과부하는 정보의 확인과 검증이 매우 어려운 환경을 구성한다. 모든 정보를 주의 깊게 처리하는 것이 불가능해지고, 정보원의 신뢰도 역시 쉽게 파악하기 어렵다. 따라서 과거에는 정보 리터러시가 고등 교육을 수학하는 과정에서 문헌 정보를 활용하는 능력에 집중했지만, 최근에는 학문적 영역뿐 아니라 사회생활이나 일상생활 등으로 그 의미와 기능을 확장하고 있다.

이러한 관점에서 오의경(2013)은 정보 리터러시를 사회적 관계, 미디어 융합과 다양성 인식, 정보에 대한 평가적 안목, 미디어의 이해 등 네 가지 요소를 포함하는 개념으로 재정의한다. 다시 말해, 정보의 필요성을 사회적 맥락에서 이해하고, 미디어 도구와 플랫폼을 통해 다양한 정보에 접근할 수 있으며, 정보를 신뢰성과 정확성의 관점에서 평가할 수 있고, 정보 활동에 자발적으로 참여해 집단 지성에 기여할 수 있는 능력이다. 또한 정보 리터러시를 민주주의 사회를 살아가는 시민의 중요한 역량으로 바라보기도 한다. 영국의 대표적인 정보 관련 협회인 CILIP Chartered Institute of Library and Information Professionals는 정보 리터러시를 "우리가 찾고 사용하는 모든 정보에 대해 비판적으로 생각하고 균형 잡힌 판단을 내릴 수 있는 능력"이라고 재정의하며 정보 리터러시를 통해 "민주시민으로서 정보에 입각한 결론에 도달하고, 이를 표현하여 사회에 참여할 수 있다"라고 주장한다(CILIP, 2018.4.4).

미디어 리터러시는 미디어 메시지의 생산과 유통, 소비 전반을 포괄하는 개념이지만, 정보 리터러시는 정보를 습득하고 이해하는 행위 자체에 보다 초점을 맞춘다. 허위 조작 정보와 연결하여 생각한다면 정보 출처의 신빙성에 근거해 허위 조작 정보를 분별해 내는 행위가 정보 리터러시와 관련이 높다고 할 수 있다. 정보 리터러시가 다양한 리터러시들 중 유일하게 허위 조작 정보 분별 능력을 증가시킨다는 결과를 보고하는 연구도 존재한다(Jones-Jang, Mortensen and Liu, 2021). 미국 캘리포니아 주립대학교에서 제공하는 정보 리터러시 체크리스트 CRAAP 테스트는 허위 조작 정보 분별 능력을 높이는 데 도움을 준다. CRAAP는

표 7.1 CRAAP 테스트

Currency (현재성)	· 정보가 언제 작성 또는 게시되었나? · 정보는 지속적으로 업데이트되고 있는가? · 원하는 주제에 대해 최신의 정보를 제공하는가? · 온라인 링크가 잘 연결되는가?
Relevance (관련성)	· 정보가 주제와 관련이 있거나 질문에 대한 답변이 있는가? · 정보의 대상이 누구인가? · 정보의 수준이 적당한가(너무 쉽거나 어렵지 않은가)? · 해당 정보를 사용하기 전에 다양한 출처의 정보를 살펴보았는가?
Authority (권위)	· 정보의 저자/출판사/정보원/후원자는 누구인가? · 저자의 자격 증명이나 소속 조직이 제공되어 있는가? · 저자의 자격은 무엇이며, 소속은 어디인가? · 저자가 주제에 대한 정보를 생성할 수 있는 자격이 있는가? · 저자에게 연락할 수 있는 방법(이메일, 소속 기관 주소 등)이 표시되어 있는가? · URL에 출처에 대한 내용이 표시되어 있는가? 예: .com(회사), .edu(학교), .gov(정부), .org(비영리단체) 등
Accuracy (정확성)	· 정보의 출처는 어디인가? · 정보의 근거가 제시되어 있는가? · 정보가 검토되거나 인용된 적이 있는가? · 다른 출처를 통해 정보를 검증할 수 있는가? · 언어나 어조에 편견이 없고 감정이 섞여 작성되지는 않았는가? · 철자, 문법에 오류가 있거나 오타 등이 있는가?
Purpose (목적)	· 정보의 목적이 무엇인가? 예: 알림, 교육, 판매, 오락, 설득 등 · 저자나 후원자의 의도나 목적이 명확하게 드러나 있나? · 정보가 사실인가? 의견인가? 선전물인가? · 관점이 객관적이고 공정한가? · 정치적·이념적·문화적·종교적·제도적·개인적 편견이 있는가?

Currency(현재성), Relevance(관련성), Authority(권위), Accuracy(정확성), Purpose(목적)의 준말로 정보 출처의 신뢰성을 평가할 때 활용할 수 있는 기준을 제시한다.

4) 뉴스 리터러시

미디어 리터러시가 미디어 이용 전반을 아우르는 개념이라면 뉴스 리터러시는 미디어 콘텐츠의 일종인 뉴스를 이해하고 활용하는 데 필요한 능력에 주목하는 개념이다. 뉴스에 특별히 주목하는 이유는 뉴스 이용이 시민성 함양과 밀접한 관련이 있기 때문이다. 사람들이 세상에서 일어나는 일을 모두 직접 경험하는 것은 불가능하다. 따라서 뉴스는 보통의 사람들이 공적 이슈에 대해 경험할 수 있는 보편적인 창구가 된다. 사회 이슈에 대한 관심은 개인이 사회적 담론에 참여하고자 하는 동기를 유발하고 결과적으로 민주주의 사회를 유지·발전시키는 원동력으로 작용한다. 물론 앞서 언급한 미디어 리터러시나 뉴미디어 리터러시에서도 참여를 미디어 능력의 주요한 축으로 제시한다. 하지만 미디어 리터러시는 미디어 전반을 포괄하는 개념이기 때문에 뉴스의 특성과 가치를 심도 있게 다루지 못하고 뉴스만이 지닌 사회적 기능을 간과한 채 미디어 콘텐츠의 한 종류로 과소평가하는 경향이 있다(Mihailidis, 2012). 특히 뉴스는 민주 사회 구현의 조력자로서 책임성을 지녀야 하지만, 실제로는 저널리즘 윤리가 잘 지켜지지 않는 경우가 많아 뉴스의 구조를 잘 이해해야 할 필요가 있다.

이러한 관점에서 애슐리 외(Ashley, Maksl and Craft, 2013)는 홉스(Hobbs, 2006)의 미디어 리터러시 개념을 바탕으로 뉴스 리터러시를 개념화한다. 뉴스 리터러시는 정보원과 청중Authors and Audience: AA, 메시지와 의미Message and Meaning: MM, 재현과 실제Representations and Reality를 포함한다(Ashley, Maksl and Craft, 2013). 정보원과 청중은 뉴스 미디어가 자사의 이익을 위해 어떠한 방식으로 청중을 다루는가에 대한 영역이다. 메시지와 의미는 뉴스 메시지는 가치 판단을 포함하기 때문에 동일한 메시지도 사람에 따라 다르게 해석할 수 있다는 내용과, 뉴스 이용자에게 영향을 미치기 위해 사용되는 기술들에 대한 영역이다. 마지막으로 재현과 실제는 뉴스 미디어가 정보를 재구성함으로써 사람들이 현실을 인식하는 데 영향을 미치는 방법에 대한 것이다.

이후 브라가 외(Vraga et al., 2015)는 지각된 미디어 리터러시Self-Perceived Media Literacy: SPML와 미디어 리터러시 가치Value for Media Literacy를 기존 뉴스 리터러시의 개념에 추가한다. 지각된 미디어 리터러시는 미디어 리터러시 능력에 대한 스스로의 믿음으로 실제 자신이 지닌 능력과는 차이가 있을 수 있다. 이 개념을 통해 리터러시 능력에 대한 개인의 자기 효능감을 확인할 수 있다. 미디어 리터러시 가치는 미디어 리터러시의 필요성에 대한 평가로 개인이 민주 사회의 시민으로 살아가는 데 미디어 리터러시 능력이 얼마나 중요한지 인식하는 정도다. 미디어 리터러시 가치의 측정을 통해 뉴스 리터러시의 개념을 개인의 미디어 이용을 넘어 뉴스 이용 능력과 사회와의 관계로까지 확장하고, 이에 대한 뉴스 이용자의 인식을 확인할 수 있다.

허위 조작 정보가 심각한 사회 문제로 부상하는 이유 중 하나는 거짓 정보가 가짜 뉴스와 같이 공신력 높은 뉴스라는 형태로 만들어져 유통되기 때문이다. 전문적인 훈련을 받은 기자들만이 뉴스를 생산할 수 있던 과거와 달리 누구나 정보를 만들어내고 뉴스의 형식을 복제할 수 있는 오늘날의 미디어 환경은 저널리즘 규범이 지켜질 가능성이 낮음에도 불구하고 개인이 생산한 정보들에 신뢰를 부여한다. 뉴스의 공신력이 뉴스라는 형식에서 비롯되지 않고 뉴스의 내용과 품질에서 비롯될 수 있도록 뉴스 리터러시의 강화를 통해 뉴스를 비판적으로 소비하는 능력을 기를 수 있어야 할 것이다.

참고문헌

김민정. 2019.「가짜뉴스(fake news)에서 허위조작정보(disinformation)로」. ≪미디어와 인격권≫, 5권 2호, 43~81쪽.

류동협. 2017.「가짜뉴스에 대응하는 미국의 미디어 교육」. ≪미디어 리터러시≫, 1호, 86~89쪽.

염정윤·정세훈. 2019.「가짜뉴스 노출과 전파에 영향을 미치는 요인: 성격, 뉴미디어 리터러시, 그리고 이용 동기」. ≪한국언론학보≫, 63권 1호, 7~45쪽.

오의경. 2013.「소셜미디어 시대의 정보리터러시에 관한 소고」. ≪한국문헌정보학회지≫, 47권 3호, 385~406쪽.

이희승. 2019.「디지털 시대 프랑스의 미디어 교육 분석을 통한 시사점 고찰」. ≪융합정보논문지≫, 9권 6호, 140~145쪽.

Ashley, S., A. Maksl and S. Craft. 2013. "Developing a News Media Literacy Scale." *Journalism & Mass Communication Educator*, Vol.68, Iss.1, pp.7~21.

Aufderheide, P. 1993. *Media Literacy: A Report of the National Leadership Conference on Media Literacy*. Washington, DC: Aspen Institute.

Austin, E.W. 2007. "The Message Interpretation Process Model." in J.J. Arnett (ed.). *Encyclopedia of Children, Adolescents, and the Media*. Thousand Oaks, CA: Sage.

Buckingham, D. 2003. *Media Education: Literacy, Learning and Contemporary Culture*. Cambridge, UK: Polity.

Chen, D.-T., J. Wu and Y.-M. Wang. 2011. "Unpacking New Media Literacy." *Journal of Systemics, Cybernetics and Informatics*, Vol.9, No.2, pp.84~88.

CILIP. 2018.4.4 "What Is Information Literacy?" https://www.cilip.org.uk/page/informationliteracy (검색일: 2021.9.22).

Digital, Culture, Media and Sport Committee. 2019. "Disinformation and 'Fake News': Final Report." https://publications.parliament.uk/pa/cm201719/cmselect/cmcumeds/1791/1791.pdf (검색일: 2021.9.22).

European Commission. 2018. "A Multi-dimensional Approach to Disinformation: Report of the Independent High Level Group on Fake News and Online Disinformation." http://diana-n.iue.it:8080/bitstream/handle/1814/70297/DeCockB_2018?sequence=1&isAllowed=y (검색일: 2021.9.22).

Hobbs, R. 2006. "Reconceptualizing Media Literacy for the Digital Age." in A. Martin and D. Madigan (eds.). *Digital Literacies for Learning*. London, UK: Facet.

Jenkins, H. 2006. *Convergence Culture: Where Old and New Media Collide*. New York, NY: NYU Press.

Jones-Jang, S.M., T. Mortensen and J. Liu. 2021. "Does Media Literacy Help Identification of Fake News? Information Literacy Helps, but Other Literacies Don't." *American Behavioral Scientist*, Vol.65, Iss.2, pp.371~388.

Kaminska, I. 2017.1.17. "A Lesson in Fake News from the Info-wars of Ancient Rome." *Financial Times*. https://www.ft.com/content/aaf2bb08-dca2-11e6-86ac-f253db7791c6.

Meyrowitz, J. 1998. "Multiple Media Literacies." *Journal of Communication*, Vol.48, Iss.1, pp.96~108.

Mihailidis, P. (ed.). 2012. *News Literacy: Global Perspectives for the Newsroom and the Classroom*. New York, NY: Peter Lang.

Posetti, J. and C. Ireton. 2018. *Journalism, 'Fake News' & Disinformation: Handbook for Journalism Education and Training*. Paris, France: UNESCO.

Potter, W.J. 2004. *Theory of Media Literacy: A Cognitive Approach*. Thousand Oaks, CA: Sage Publications.

Strong, S.I. 2017. "Alternative Facts and the Post-truth Society: Meeting the Challenge." *University of Pennsylvania Law Review Online*, Vol.165, pp.137~147.

Vraga, E.K., M. Tully, J.E. Kotcher, A. Smithson and M. Broeckelman-Post. 2015. "A Multi-dimensional Approach to Measuring News Media Literacy." *Journal of Media Literacy Education*, Vol.7, Iss.3, pp.41~53.

08

미디어 리터러시와 시민성 증진

최진호 | 한국언론진흥재단 미디어연구센터 선임연구위원

디지털 기술이 사회 전반의 변화를 주도하고 있고 우리가 소통하는 방식을 바꾸고 있다. 빅데이터, 인공지능, 알고리즘과 같은 새로운 기술이 추동하는 사회 변화에 대처하기 위해 미디어 리터러시는 중요하다. 디지털 미디어를 통해 누구나 자신의 생각을 표현하고 의견을 개진할 수 있게 되면서 사람들이 정치적·사회적 이슈에 대해 더 많은 관심을 가지고 공동체와 타인을 이해하는 시민의식을 갖출 수 있게 됐다. 이러한 논의를 진전시키기 위해 먼저 시민성이 무엇이며 시민 교육은 어떠한 방향으로 이루어지고 있는지 살펴보았다. 시민성의 개념 가운데 자유주의 시민성, 공동체주의 시민성을 중심으로 논의했다. 특히 공동체주의 시민성의 중요한 구성 요인으로 공동체 의식에 주목했다. 그리고 디지털 시대에 시민이 되기 위해 어떤 미디어 리터러시 역량이 필요한지 개별적인 사례와 함께 살펴보고자 했다. 특히 접근, 비판적 이해, 창의적 생산, 참여, 윤리 역량을 중심으로 논의했다. 또한 미디어 리터러시가 디지털 시민성을 구성하고, 이것이 시민성에 미치는 영향을 살펴본 연구를 소개했다. 마지막으로 시민성 증진을 위한 미디어 교육의 중요성을 논하고, 올바로 구현하기 위한 몇 가지 정책 방안을 제시했다.

1. 디지털 시대 미디어 리터러시의 중요성

커뮤니케이션 기술의 발전은 사람들의 소통을 확대하면서 중요한 사회 변화를 이끌어왔다. 인쇄술의 발전은 시간과 공간의 제약을 넘어 정보가 확산될 수 있도록 했다. 특히 유럽의 역사를 바꾼 주요한 사건 중 하나인 종교개혁도 이와 밀접하게 연관되어 있다. 출판물의 보급으로 시각에 의존하는 독서 행위가 일상화되면서 글의 앞뒤를 순서대로 이해하는 사고가 길러져 인간의 이성적·논리적 판단이 활성화되었고 이는 르네상스, 과학혁명, 산업혁명에도 영향을 미친 것으로 평가된다(임상원·이윤진, 2002). 또한 방송 기술의 발전으로 불특정 다수에게 정보를 광범위하게 전달할 수 있게 됨으로써 정보의 대중화가 이루어졌고 사람들은 같은 시간에 같은 정보를 향유할 수 있게 됐다.

디지털 미디어 시대가 되면서 인간이 커뮤니케이션하는 방식이 달라졌다. 일방적으로 정보를 수신하는 일방향적인 커뮤니케이션 방식이 정보를 생산해 주기도 하고 받기도 하는 쌍방향으로 바뀌게 된 것이다. 다시 말해, 사람들은 정보 생산의 주체가 되어 스스로 정보를 생산하고 공유할 수 있게 됐다. 소셜미디어는 이러한 소통 양식의 변화가 극대화된 형태로 보인다. 페이스북, 인스타그램, 유튜브와 같은 플랫폼을 통해 자유롭게 콘텐츠를 생산·유통하고 소비하는 구조는 정보에 대한 권력이 집중화되는 것을 방지하고, 적어도 이론상으로는 누구나 정보 권력을 가질 수 있는 방식 혹은 정보의 탈중앙화가 가능하게 만들었다.

여기서 더 나아가 지능정보사회를 추동하는 빅데이터, 인공지능과 같은 새로운 기술이 등장하면서 이전에 경험해 보지 못한 방식으로 커뮤니케이션이 이루어지고 있다. 알고리즘에 의해 자동화된 방식으로 콘텐츠가 생산되고 우리에게 맞춤화된 방식으로 큐레이션되어 소비되고 있다. 내가 대화하고 있는 주체가 인간이 아니라 로봇과 같은 비인간 에이전트non-human agent가 되기도 한다. 지금까지 우리가 경험해 보지 못한 세계를 경험하고 있는 것이다.

여기서 중요한 것은 커뮤니케이션 미디어의 발전이 우리가 살아가면서 경험하는 세계의 범위를 지속적으로 넓히고 있다는 것이다. 과거에는 우리가 살고 있는 동네, 지역사회 안에서 커뮤니케이션이 이루어졌지만 지금은 미디어를 매개로 국가를 넘어 전 세계의 시민으로 살아가고 있다. 지구 반대편에서 무슨 일이 일어나고 있는지 실시간으로 알고, 그곳에 있는 사람들과 페이스북으로 대화를 나누게 됐다. 심지어 우리가 실제 존재할 수 없는 가상현실virtual reality을 넘어 메타버스metaverse로 확장되고 있기도 하다. 현실 세계나 가상 세계를 구분할 것 없이 우리가 살아가며 경험하는 모든 것에 대한 이해가 곧 미디어에 대한 이해와 같다고 할 수 있을 것이다. 미디어 교육이 왜 필요한지에 대한 거창한 설명이 필요 없을 정도다. 그것은 미디어가 곧 우리의 삶이기 때문이다.

미디어 리터러시는 미디어를 사용하기 위해 필요한 기술, 지식 그리고 능력을 가리킨다. 미디어 리터러시를 구성하는 여러 역량들은 미디어 환경과 사회 변화에 따라 지속적으로 변화하고 있다. 미디어 리터러시가 일종의 사회 변화에 대처하는 하나의 능력으로 이해될 수 있기 때문이다. 미디어 리터러시는 지능정보사회, 4차 산업혁명 시대를 살아가는 우리에게 필수적으로 요구되는 능력이라 할 수 있으며 디지털 시민성을 포함하는 시민성과 함께 논의되고 있다. 즉, 디지털 시대에 우리가 올바른 시민이 되기 위해 어떻게 해야 하는지, 그리고 시민성을 향상하기 위해 우리가 무엇을 해야 하는지에 대한 논의가 지속적으로 등장하고 있다.

그러나 미디어 리터러시가 디지털 시민성과 어떤 연관성이 있는지, 이것이 실제로 시민성 향상에 긍정적인 영향을 주는지에 대한 논의는 잘 이루어지지 않고 있다. 심지어 시민성이 무엇인지에 대해서도 합치된 결론을 얻기 어렵다. 따라서 여기서는 과연 시민성은 무엇이며 시민 교육의 흐름은 어떠한지, 그리고 미디어 리터러시와 디지털 시민성, 그리고 시민성 간의 접점은 어디에 있는지 살펴보고자 한다.

2. 시민성과 시민 교육

시민성citizenship은 시민으로서 갖추어야 할 덕성을 의미하는 것으로 다차원적multi-dimensional 속성을 지니고 있다. 이는 시민의 권리와 의무뿐만 아니라 좋은 시민으로서의 역할, 공동체 생활에 필요한 능력과 덕성, 그리고 공동체 참여 활동 등을 포괄한다(이숙정·양정애, 2017; 최현, 2007; Dalton, 2008). 또한 한 국가의 주권자로서 행동하고 책임을 지는 사람들이 가지고 있는 자질이라는 점에서 국민성에 비해 보다 적극적인 의미를 가지고 있다(전국사회교사모임, 2011).

시민 사회의 발전에 따라 시민성의 개념과 시민 교육을 바라보는 관점이 변화해 왔다. 시민성에 대한 논의는 사회적 변화에 따라 그 시대의 지배적인 철학 사상이나 담론에 기대어 있는 것으로 보인다. 시민성을 수식하고 있는 용어들이 이를 잘 말해준다. 예를 들면, 자유주의 시민성, 자유민주주의 시민성, 공동체주의 시민성, 참여민주주의 시민성,

공화주의 시민성, 세계 시민성, 다문화주의 시민성, 성적 시민성, 그리고 디지털 시민성 등 다양하다. 여기서는 시민 교육의 주된 뼈대를 이루고 있는 자유주의 시민성, 공동체주의 시민성에 대해 다루고자 한다. 또한 공동체주의의 연장선상에 있는 세계 시민성에 대한 논의를 살펴봄으로써 시민성에 대한 전반적 논의의 흐름을 간략하게 조망하고 각 흐름에 위치해 있는 시민 교육의 방향과 방식을 소개하고자 한다.

먼저 자유주의는 개인과 사회 및 국가와의 관계에서 개인의 자유나 자율에 무게를 두어 사회의 공공선common good이 반드시 공적 영역에 참여하여 이루어지는 것이 아니라 사적 영역에 충실할 때에도 가능하다고 보는 입장이다(Karp, 2000). 자유주의 시민성은 공동체적 유대보다도 시민의 권리가 강조되는 것이 특징이다. 즉, 모든 인간은 태어날 때부터 자유롭고 평등한 존재이고 도덕적으로 완벽한 개인이므로 나와 타인의 권리를 서로 이해시키면서, 서로 충돌하지 않고 협동하며 살아갈 수 있도록 하는 예의 바름civility의 시민성이 필요하다는 것이다(조주현, 2020). 자유주의에서는 안정적인 정치 사회를 만들어나가기 위해, 경합하는 다양한 신념들이 포괄적으로 중첩되는 지점을 확보한다는 중첩적 합의overlapping consensus를 존중하는 합당성과 관용, 그리고 공적 이성을 따르는 공정심과 같은 정치적 덕목이 바로 시민성을 구현한다고 보았다(롤스, 1997). 여기서 시민들은 기본적으로 정의감을 가지고 있다는 점에서 시민 교육을 통해 이러한 시민성을 함양시키는 것이 가능하다고 보고 있다.

이러한 자유주의에 대한 비판으로 나타나게 된 것이 바로 공동체주의다. 자유주의 원리만으로는 인간 소외, 사회 갈등, 빈곤, 윤리적 타락, 자연 파괴 등 현대 인류가 직면한 문제를 해결하기 어렵다는 비판

(Bellah et al., 1985; Peterson, 2011; Sandel, 1984 등)이 제기되면서 사회적 유대와 애착이 강조되는 공동체주의가 주장됐다. 공동체주의에서는 유대와 애착이 공동체의 근간을 이루며, 우리의 진정한 자아는 공동체 내 사회적 관계망 속에서 발현되는 것으로 보고 있다. 이러한 논의가 가능하기 위해서는 공동체가 오랜 기간 소중하게 여겨온 전통과 관행을 존중하고 이를 계승할 필요가 있는 것이다(이범웅, 2020).

이러한 입장에 근거한 시민성에서 가장 중요하게 강조되는 것은 공동체 의식sense of community이라 할 수 있다. 맥밀런·채비스(McMillan and Chavis, 1986)는 이러한 공동체 의식을 다음과 같이 네 가지로 개념화한다. ① 소속감이나 유대감을 의미하는 구성원 의식membership, ② 구성원과 공동체 간의 상호 영향력에 대한 상호 영향 의식influence, ③ 구성원들의 욕구가 공동체 내 구성원들을 통해 얻어지는 자원에 의해 충족된다는 욕구의 통합과 충족integration and fulfillment of needs, 그리고 ④ 구성원들이 역사, 특정한 공간과 시간, 유사한 경험들을 공유해 왔고 앞으로도 공유할 것이라는 약속과 신념을 의미하는 공유된 정서적 연계shared emotional connection. 공동체에 대한 초기 논의는 지리적·지역적 범위로 제한됐으나 이제는 이를 넘어 공통 규범이나 가치, 신념, 목표를 공유하는 관계적relational 공동체를 의미한다(Sarason, 1974). 공동체주의적 관점에서 강조되는 시민성은 공동체 의식 이외에도 공동체 구성원의 책무감, 개인과 공동체, 권리와 책임, 그리고 국가·시장·시민 사회 간의 균형 추구 등이 있다.

공동체주의에서의 시민 교육의 특성과 방향성은 이범웅(2020)이 정리한 바와 같이 몇 가지로 요약된다. 먼저 시민성은 자연적으로 길러지는 것이 아니라 시민 내면에서 개발되고 내면화되어야 한다는 것이다.

둘째는 정부-학교-가정-공동체 등 시민 교육 주체들이 역할을 분담하고 유기적으로 협력해야 한다는 것이다. 셋째는 사회적 자아로서 개인은 사회와의 협상의 산물, 즉 상호작용의 질서의 산물이라고 본다는 것이다. 넷째는 의사소통 역량을 함양하기 위해 시민이 정치 공동체의 좋은 삶과 공동선에 관한 토론에 적극 참여해야 한다는 것이다.

공동체주의를 지역사회나 국가 단위에서의 정치 참여political participation나 사회 참여civic engagement를 위해 갖춰야 할 덕목이나 태도 혹은 권리나 의무와 같은 민주시민 의식(Heater, 1990)으로 범위를 좁힌다면 국가 시민성state citizenship이라고 지칭할 수 있을 것이다. 그러나 전술한 바와 같이 글로벌한 맥락에서 전 세계가 하나라는 의식에 근거해 빈곤, 인권, 환경, 평화와 같은 인류 보편의 문제를 해결하기 위해 필요한 자질로 확장한다면 세계 시민성world citizenship이 된다. 혹은 이 둘을 모두 포괄하는 개념으로 다층적multi-layered 시민성이라 할 수도 있다(Yuval, 1999).

세계 시민성을 갖춘다는 것은 내가 하는 일이 지역을 위한 것이기도 하지만 세계적으로 어떤 영향을 줄 것인가를 함께 생각할 수 있다는 것을 의미한다. 예를 들어, 최근 들어 유행하고 있는 제로웨이스트zero waste 운동에 동참하는 것은 내가 살고 있는 지역이나 국가의 환경을 위한 것이기도 하지만 동시에 세계적인 기후 위기를 극복하기 위한 것이라는 점에서 세계 시민으로서 해야 할 역할을 수행하는 것이다. 메르스나 코로나 같은 바이러스의 세계적 대유행 등의 문제를 해결하기 위해 전 지구적 관심을 가지고 연대와 협력하는 것 또한 세계 시민성의 발현이라 할 수 있을 것이다.

이처럼 시민성의 개념 변화에 따라 시민 교육의 방향도 함께 변화되어 왔다. 시민성의 확대는 인간의 평등한 자유 확대 과정으로 이해될 수 있다. 이는 역사적으로 소수의 성인 남성에게만 부여되었던 정치적 권리가 점차 노동 계급, 여성, 소수집단으로 확대되는 양상을 보인다. 결과적으로 공동체 의식을 가지고 우리가 살고 있는 사회 내의 다양한 구성원들과 함께 어울려 살아가고, 나아가 인류 보편적 문제를 해결하기 위해 공존하는 것이라 할 수 있다. 이러한 시민성은 다소 복잡하고 모호하며 합의가 필요한 개념이기는 하나 우리가 사는 세계에서 적극적으로 '시민 되기'를 하기 위해 추구해야 할 가치이며, 시민 교육을 통해 만들어나가야 할 것이다.

3. 디지털 시대 시민 되기

1) 미디어 리터러시 역량과 시민 참여

시민 사회에서 참여는 시민의 중요한 역량 가운데 하나로 다루어져 왔다. 다양한 정치사회적 문제에 관심을 가지고 자신의 의견을 표현하거나 직접 행동에 나섬으로써 스스로 시민이 되는 것이다. 정치적 참여는 집회나 시위, 토론회나 공청회에 참여하는 것, 청원에 서명하는 것, 정치인이나 정당에 후원하거나 이들에게 자신의 의견을 전달하는 행위 등을 말한다(Ho et al., 2011; Gil de Zúñiga, Jung and Valenzuela, 2012; Shah et al., 2005). 또한 시민적 참여는 비정치적 단체에서 일하거나 자원봉사하는 것, 우리 동네, 지역사회, 전 지구적 현안을 논의하는 회의나 공청회에 참여하거나 운동에 동참하는 것, 혹은 사회적 가치를 추구하는 제품이나 서비스를 구매하는 것 등을 포괄한다(Gil de Zúñiga, Jung and

Valenzuela, 2012; Shah et al., 2005; Kim, Hsu and Gil de Zúñiga, 2013).

디지털 시대가 되면서 우리는 보다 손쉽게 의견을 표현하고 협력하는 참여 행위를 할 수 있게 됐다. 미디어를 이용해 우리가 원하는 다양한 정치사회적 정보를 접하고, 비판적으로 이해하고, 자신의 의견을 다양한 방식으로 표현하고 공유하며, 실제 다양한 정치 시민적 참여를 하며, 타인을 존중하면서도 나 스스로를 보호하게 된다는 것이다. 다시 말해, 미디어 리터러시 역량을 갖춤으로써 시민 사회에서 요구되는 시민으로서의 역량을 갖출 수 있게 된다는 것을 의미한다.

미디어 리터러시 역량은 미디어 환경 및 사회 변화에 따라 달라지는 경향이 있지만 〈표 8.1〉과 같이 크게 접근, 비판적 이해, 창의적 생산, 참여, 윤리 역량으로 구분해 볼 수 있다(안정임 외, 2019). 시민의 중요한 역량으로서 참여와 연관 지어 설명하자면, 먼저 접근 역량은 시민 참여라는 목적을 위해 자신이 다양한 미디어와 기술을 활용해 정보에 적절히 접근하여 정보를 습득할 수 있는 능력이다. 예를 들어, 세계 시민으로서 지구 온난화 위기를 극복하기 위한 방법을 찾기 위해 매스미디어를 통해 정보를 접하고 인터넷을 활용해 정보를 검색함으로써 정보를 습득하는 행위를 말한다.

다음으로 비판적 이해 역량은 미디어를 활용해 접한 정보가 믿을 만한 정보인지 판별하고 미디어에서 재현된 현실과 실제 현실이 얼마나 차이가 있는지를 구분하는 능력이다. 정보를 습득하는 단계에서 얻은 정보가 가짜 뉴스fake news와 같은 허위 조작 정보disinformation일 수도 있기 때문이다. 이러한 역량이 중요한 것은 시민 참여를 하기 위해 습득한 정보가 잘못된 정보라면 실제 참여 행위도 편향되거나 왜곡된 방향으로 나아가 시민사회에 악영향을 미칠 수 있기 때문이다. 최근에 허위

표 8.1 미디어 리터러시 역량

역량		내용
접근	미디어 이용 기술 능력	다양한 미디어에 대한 접근 및 기술적 이용 능력
	미디어 이용 통제 능력	미디어에 대한 노출과 이용을 스스로 통제하고 조절할 수 있는 능력
	도구적 활용 능력	자신의 이용 목적에 따라 다양한 미디어를 활용할 수 있는 능력
비판적 이해	미디어의 재현 이해 능력	미디어에서 재현된 현실과 실제 현실의 차이를 이해하고 구분할 수 있는 능력
	미디어의 상업성 이해 능력	미디어의 경제적 구조와 산업적 특성, 상업성 등을 이해할 수 있는 능력
	정보 판별 능력	미디어에서 제시된 정보의 신뢰성, 편향성, 의도성 등을 판별할 수 있는 능력
창의적 생산	미디어 제작 능력	미디어를 활용하여 자신이 원하는 콘텐츠를 제작할 수 있는 능력
	자기표현 능력	미디어를 활용하여 자신의 생각, 의견 등을 창의적인 콘텐츠로 표현할 수 있는 능력
	공유 능력	미디어를 통해 자신과 타인의 생각, 의견, 콘텐츠 등을 서로 나누고 공유할 수 있는 능력
참여	네트워킹 능력	미디어를 통해 다른 사람과 연결하고 소통할 수 있는 능력
	협업 능력	문제 해결 및 과업 등을 위해 다른 사람과 교류하고 협력함으로써 성과를 얻을 수 있는 능력
	시민적 실천과 참여 능력	정치사회적 이슈나 문제에 대해 적극적으로 의견을 교류하고, 공동의 문제를 해결하기 위해 다양한 활동에 참여하는 능력
윤리	관용과 배려 능력	다른 사람의 의견을 이해하고 차이를 인정하며 수용할 수 있는 능력
	책임 있는 이용 능력	불법적인 미디어 이용을 하지 않거나 타인의 권리를 침해하지 않는 책임 있는 미디어 이용 능력
	보호 능력	개인정보 노출 등 미디어 이용의 위험 요인으로부터 자신을 보호할 수 있는 능력

자료: 안정임 외(2019: 62~63) 일부 재구성.

조작 정보가 소셜미디어를 통해 유통되면서 특정 인종과 국가, 종교, 지역, 성별, 연령층에 대한 혐오가 확산되고 있어 정보에 대한 판별 능력이 특히 더 요구된다. 한편 이러한 접근이나 비판적 이해는 시민 참여를 위한 준비 단계이자 실제 행동을 하기까지 우리의 인식을 형성하는 중요한 단계라고 할 수 있다.

세 번째로 창의적 생산 역량이다. 정치사회적 현안에 대한 자신의 의견을 표현하기 위해 어떤 미디어를 활용하여 어떤 방식으로 콘텐츠를 생산할 것인지에 대한 것이다. 이러한 역량은 소셜미디어와 1인 미디어가 보편화되면서 다양한 사회적 실천과 참여를 위한 도구로서 중요한 의미를 가질 것으로 보인다. 자신의 생각과 의견을 표현한다는 것은 그 자체로 의미가 있기도 하지만, 생산된 콘텐츠를 이용할 누군가를 설득하는 것을 염두에 두는 것이기 때문에 어떤 미디어가 적합하며 어떤 메시지를 어떤 방식으로 실어 나를 것인지 또한 중요하다. 광고를 예로 든다면 이성적으로 설득하기 위해 인쇄 매체가 적합하고 감성적으로 설득하기 위해 영상 매체가 적합하듯, 정치사회적 의견을 누군가에게 전달함에 있어 적합한 방식과 이를 이용하는 이용자 연령층 등을 고려할 필요가 있을 것이다. 예를 들어, 10대에는 틱톡TikTok, 20~30대에는 인스타그램, 30~50대에는 페이스북, 그리고 전 연령대에는 유튜브에 적합한 콘텐츠를 각각 생산할 필요가 있다.

네 번째는 참여 역량이다. 이는 시민 참여와 가장 직접적으로 연관되어 있는데, 그 이유는 시민성의 발현이 사람들과의 관계와 이들의 집합이라고 할 수 있는 공동체 안에서 이루어지기 때문이다. 미디어를 활용하여 정보에 접근하고 이를 비판적으로 이해하며 자신의 의견을 창의적으로 생산하는 것은 정치적·사회적 현안에 대한 다양한 활동에 참여하는 실천의 문제로 귀결된다. 초연결 네트워크 시대에 미디어를 활용해 다른 사람들과 연결하고 소통하는 능력이 중요해졌으며, 정치사회적 문제를 해결하기 위해 이들과 교류하고 협력하여 가시적 성과를 낼 수 있는 능력이 중요하다는 것이다.

디지털 미디어 시대 이전에는 특정 시간에 일정한 공간에 모여 함께 행동하는 방식이 주를 이루었지만 지금은 시간과 공간을 초월하여 조직, 동원, 행동하는 것이 가능하게 됐다. 온라인상에서 동 시간대에 같은 행동을 하거나 소셜미디어상에서 해시태그hashtag나 멘션(@) 기능을 활용해 연대하는 모습을 보임으로써 공통의 관심사와 문제를 해결하고자 노력하고 있다. 사회적으로 부조리한 일에 맞서기 위해 청와대 국민청원 게시판 등에 온라인 서명을 하도록 독려하기도 하며, 사회적 이슈에 대한 정보를 SNS를 통해 전달하기도 한다. 대표적인 사례로 성범죄 피해자가 SNS에서 해시태그(#metoo)를 통해 피해를 호소하고 가해자를 폭로함으로써 성범죄를 근절하기 위해 연대한 미투 운동이 있다. 온라인상의 참여가 오프라인 참여로 연결되기도 한다. 정치적 사안이 발생할 때 촛불 집회 등에 함께 가도록 독려하기도 했으며, 코로나19 대유행 상황에서 마스크 양보 운동, 착한 임대인 운동 등을 펼치기도 하여 사회적 약자를 보호하기 위한 행동을 보이기도 했다.

마지막으로 윤리 역량이다. 이는 미디어를 활용함에 있어서 다른 사람의 의견을 이해하고 차이를 인정하며 수용하는 관용과 배려, 타인의 권리를 침해하지 않는 책임 있는 이용 능력, 그리고 개인정보 노출 등 미디어 이용의 위험 요인으로부터 자신을 보호할 수 있는 능력을 말한다. 시민적 참여를 함에 있어서 개인의 자유를 중시하고 관용과 배려를 통해 타인으로부터 이러한 자유를 침해받지 않도록 한다는 점에서 자유주의 시민성과 연관성을 가지고 있다고 할 수 있다.

2) 디지털 리터러시와 디지털 시민성[1]의 효과

지능정보사회를 추동하는 기술의 발전과 함께 디지털 시민성에 대한 관심이 확산되고 있다. 여기서 디지털 시민성이란 디지털 미디어를 이용하는 사람들이 갖추어야 할 역량을 말하며, 이용 기술, 태도, 행위적 차원이 모두 포함되는 개념이다. 유네스코(UNESCO, 2017)에서는 '효과적으로 정보를 찾고 접근하고 사용하고 생성할 수 있는 역량, 비판적이고 민감하고 윤리적인 방식으로 타인 및 콘텐츠에 참여하는 역량, 온라인 및 ICT 환경을 안전하고 책임감 있게 탐색하는 역량, 자신의 권리를 인식하는 역량'으로 보았다. 영국 JISCJoint Information Systems Committee (2016)는 '사람들이 디지털 사회에서 삶과 학습 그리고 일을 위해 갖추어야 할 능력'으로, 김봉섭 외(2017)는 '미래를 대비하여 디지털 기술을 미리 준비하고 현재 이용하는 디지털 기술을 이해하기 위한 것으로 지식정보사회를 살아가는 삶의 행동 방식이자 지능정보사회 구성원이 갖춰야 하는 역량'이라고 정의했다.

디지털 시민성의 구성 요인에 대한 논의는 매우 다양하고 복합적으로 이루어지고 있는데 안정임·최진호(2020)의 연구에서는 이를 세 가지 측면에서 정리하고 있다. 첫째, 디지털 미디어를 이용할 때 개인이 갖추어야 할 윤리성과 기능적 숙련도로 보는 입장이다. 둘째, 전통적

1 디지털 시민성에 관한 논의 중 일부는 저자의 논문 안정임·최진호(2020)의 2장 1~2절을 바탕으로 작성한 것임을 밝힌다.

표 8.2 디지털 시민성 구성 요인과 관련 논의

디지털 시민성 구성 요인	내용
개인이 갖추어야 할 윤리성과 기능적 숙련도	· ISTE(International Society for Technology in Education)(2016)의 디지털 시민성 지표: 디지털 에티켓, 디지털 접근, 디지털 법률, 디지털 의사소통, 디지털 안전과 보안, 디지털 건강과 복지 등 · UNESCO(2017)의 디지털 시민성 프레임워크: 디지털 활용, 디지털 참여, 디지털 정서 지능, 디지털 보안 등
시민으로서의 참여와 의견 표현, 저항 등의 덕목	· 최문선·박형준(2015): 디지털 윤리, 미디어 리터러시, 온라인 참여, 비판적 저항 · 최·글라스먼·크리스톨(Choi, Glassman and Cristol, 2017): 기술적 인터넷 활용 능력, 지역사회 및 글로벌 쟁점에 대한 민감도 · 황용석·이현주·박남수(2014): 정보 생산(집단이나 자아 정체성 표출의 수단으로서 독창적인 콘텐츠를 창조하는 능력), 네트워킹(디지털 미디어를 통해 정보 공유와 협업으로 타인과 관계를 맺고 발전시켜 나가는 능력), 다문화 수용성 능력(공동체의 다양한 문화와 규범을 이해하고 수용하는 능력) · 존스·미첼(Jones and Mitchell, 2016): 타인에 대한 배려와 관용, 시민적 실천과 참여
디지털 미디어 리터러시 역량과 연계	· 김아미(2015), 김정윤·성동규(2018), 안정임 외(2019): 미디어 리터러시 역량 등

시민성에서 강조한 시민의 책무와 가치를 계승하는 의미에서 시민으로서의 참여와 의견 표현, 저항 등의 덕목에 주목하는 입장이다. 셋째, 디지털 미디어 리터러시 역량과 연계하여 이해하는 입장이다. 이러한 논의들을 살펴보면 디지털 시민성은 미디어 리터러시 역량과 상호 중첩적으로 연계되어 있다는 것을 확인해 볼 수 있다. 젠킨스(Jenkins, 2006: 134~141)가 주장한 바와 같이 디지털 미디어가 가진 속성 자체가 이용자들의 참여와 소통을 이끌어내는 문화적 양식으로서의 특성을 지니고 있기 때문이다. 결과적으로 디지털 시민성 개념의 핵심은 디지털 미디어가 이용자의 정치적·사회적 참여를 이끌어내어 민주주의 시민 의식을 강화시킬 수 있다는 데 있다. 즉, 디지털 미디어를 통해 누구나 자신

의 생각을 표현하고 의견을 개진할 수 있게 되면서 사람들이 정치적·사회적 이슈에 더 많은 관심을 가지고 공동체와 타인을 이해하는 시민 의식을 갖출 수 있다는 것이다.

디지털 시민성은 미디어 리터러시와 함께 시민적 역할을 포괄하는 개념으로 이해될 수 있다는 점에서, 미디어 리터러시가 디지털 시민성을 구성하고 나아가 우리가 속한 공동체의 시민으로 살아가는 데 필요한 역량을 증진시키는 역할을 수행한다고 이해될 수 있을 것이다. 안정임·서윤경·김성미(2013)의 연구에서는 청소년의 인구사회학적 변인, 미디어 교육 경험, 미디어 리터러시 능력이 참여성, 관용성, 공공성과 같은 디지털 시민성을 구성하는 하위 요인에 대체로 긍정적인 영향을 미친다는 사실을 발견했다. 박선미·정민승(2020)은 성인 중기 학습자의 미디어 활동을 내러티브 방법을 통해 분석한 결과, 미디어 리터러시 역량을 함양할수록 민주적 시민성이 향상되는 것으로 나타났다.

안정임·최진호(2020)는 보다 구체적으로 미디어 리터러시로 구성된 디지털 시민성 역량 변인들이 공동체주의적 시민성의 핵심 개념인 공동체 의식의 하위 구성 요인에 어떠한 영향을 미치는지 연령대별로 나누어 살펴보았다. 연구 결과, 구성원 인식, 상호 영향 인식, 욕구의 통합과 충족, 공유된 정서적 연계에 각각 다른 디지털 시민성 역량들이 영향을 주는 것으로 나타났으며, 연령대별로는 참여 역량의 공통적인 영향을 제외하고 차별적인 양상을 보이는 것으로 나타났다. 미디어 리터러시, 디지털 시민성 그리고 시민성의 관계에 대한 실증적인 연구들이 많이 축적되어 있지는 않지만 이러한 연구들을 종합해 보면 직접적인 관계성이 나타나는 것을 확인할 수 있다. 다시 말해, 미디어 리터러시가 디지털 시민성을 구성하고 이것이 시민성을 증진시키고 있다는 것이다. 이러한 결과는 연령과 같은 인구사회학적 요인에 따라 공통적으로 혹은 반대로 차별적으로 나타나기 때문에 맞춤화된 미디어 교육이 필요하다는 것을 시사한다.

4. 시민성 증진을 위한 미디어 교육의 방향

디지털 기술이 사회 전반의 변화를 주도하고 있고 우리가 소통하는 방식을 바꾸고 있다. 빅데이터, 인공지능, 알고리즘과 같은 새로운 기술이 추동하는 사회 변화에 대처하기 위한 미디어 리터러시가 더욱 강조되는 시점이다. 우리가 경험하는 세상은 시간과 공간을 넘어 지속적으로 확장해 가고 있으며 온라인과 오프라인의 경계 없이, 심지어 메타버스의 세계를 경험하며 이전과는 차원이 다른 방식의 소통을 경험하고 있다. 디지털 기술이 주도하는 사회적 변화 가운데 일, 관계, 소통, 삶 전반의 변화에 대처할 수 있는 역량을 기르는 것이 더욱 중요해졌으며, 우리가 살고 있는 사회, 세계에서 시민적 참여와 실천은 매우 중요해졌다.

이러한 시대에 디지털 시민 교육으로서 미디어 교육은 더욱 중요해졌다. 시민사회 영역에서 미디어 교육의 지속적 발전을 이루기 위한 전제는 다음과 같이 정리될 수 있다(김양은, 2018: 148~149). 첫째, 시민사회 영역에서의 미디어 교육을 안정적으로 지원할 수 있는 법제도의 정비다. 특히 미디어 교육이 국민의 기본 권리로서 논의될 수 있도록 하는 법적 토대가 요구된다. 둘째, 미디어 교육의 지속성을 담보할 수 있는 정책 기반의 마련이다. 일회성 교육이나 단기적 정책을 지양하고,

보다 장기적인 관점에서 지속할 수 있는 정책의 큰 그림을 마련할 필요가 있다는 것이다. 셋째, 미디어 교육에 대한 축적된 자원을 공유할 수 있는 생태계를 구축하는 것이다. 시민사회 영역에서 산발적으로 이루어져 온 축적된 경험을 공유할 수 있는 플랫폼을 구축하여 한 단계 나아간 교육이 이루어질 수 있도록 힘써야 할 것이다.

시민성 증진을 위한 교육은 민주시민 교육과 같은 특정 분야, 특히 사회과교육에 편중되어 이루어져 온 측면이 있다. 디지털 시대가 되면서 학문적·교육적 경계가 허물어지고 있다. 디지털 리터러시 교육, 디지털 시민성 교육을 통해 시민 의식을 향상할 수 있도록 참여와 협력에 대한 교육 프로그램이 확장될 필요가 있을 것이다. 특히 온라인 정치 참여, 정보 격차, 민주주의, 지속 가능한 발전, 다양성, 포용, 공동체 등 다양한 주제를 포괄할 필요가 있을 것이다.

참고문헌

김봉섭·김현철·박선아·임상수. 2017.『4차 산업혁명시대, 지능정보사회의 '디지털 시민성'에 대한 탐색』. 대구: 한국교육학술정보원.

김아미. 2015.『미디어 리터러시 교육의 이해』. 서울: 커뮤니케이션북스.

김양은. 2018.「시민사회 미디어 리터러시 교육의 과거와 현재, 그리고 미래」. 한국언론학회 엮음.『4차 산업혁명 시대의 미디어 리터러시 교육』. 서울: 지금.

김정윤·성동규. 2018.「미디어 리터러시의 자본화: 미디어 리터러시의 개념 확장과 측정문항의 구성을 중심으로」. ≪한국방송학보≫, 32권 1호, 5~32쪽.

롤스, 존[롤즈, 존(J. Rawls)]. 1997.『정치적 자유주의(Political Liberalism)』. 장동진 옮김. 서울: 동명사.

박선미·정민승. 2020. 「미디어 활동에 참여한 성인중기 학습자의 민주적 시민성과 미디어 리터러시 연구」. ≪평생학습사회≫, 16권 3호, 31~62쪽.

안정임·김양은·전경란·최진호. 2019. 「미디어 리터러시 역량 인식의 전문가 집단 간 동질성과 차별성」. ≪사이버커뮤니케이션학보≫, 36권 1호, 49~87쪽.

안정임·서윤경·김성미. 2013. 「청소년의 디지털 시민성에 관한 연구: 미디어 리터러시와 교육경험의 영향력을 중심으로」. ≪시민교육연구≫, 45권 2호, 161~191쪽.

안정임·최진호. 2020. 「디지털 시민성 역량이 공동체 의식에 미치는 영향: 연령대별 차이를 중심으로」. ≪정치커뮤니케이션연구≫, 통권 57호, 133~177쪽.

이범웅. 2020. 「공동체주의 시민성과 시민교육」. 추병완 외 엮음. 『시민성 이론과 시민교육』. 서울: 도서출판 하우.

이숙정·양정애. 2017. 「뉴스 리터러시가 의사소통 역량과 공동체 역량에 미치는 영향」. ≪한국방송학보≫, 31권 6호, 152~183쪽.

임상원·이윤진. 2002. 「마샬 맥루한의 미디어론: 이론과 사상—〈구텐베르크 은하계〉를 중심으로」. ≪한국언론학보≫, 46권 4호, 277~313쪽.

전국사회교사모임. 2011. 『사회 선생님도 궁금한 101가지 사회 질문 사전: 사회 선생님을 공부하게 만든 학생들의 상상초월 질문 퍼레이드』. 서울: 북멘토.

조주현. 2020. 「자유주의 시민성과 시민교육」. 추병완 외 엮음. 『시민성 이론과 시민교육』. 서울: 도서출판 하우.

최문선·박형준. 2015. 「탐색적·확인적 요인분석을 통한 한국형 디지털 시민성 척도 타당화 연구」. ≪시민교육연구≫, 47권 4호, 273~297쪽.

최현. 2007. 「한국인의 다문화 시티즌십(multicultural citizenship): 다문화 의식을 중심으로」. ≪시민사회와 NGO≫, 5권 2호, 147~174쪽.

황용석·이현주·박남수. 2014. 「디지털 시민성의 위계적 조건이 온·오프라인 시민참여에 미치는 영향에 관한 연구」. ≪사회과학연구≫, 25권 2호, 493~520쪽.

Bellah, R.N., R. Madsen, W.M. Sullivan, A. Swidler and S.M. Tipton. 1985. *Habits of the Heart: Individualism and Commitment in American Life*. Berkeley, California: University of California Press.

Choi, M., M. Glassman and D. Cristol. 2017. "What It Means to Be a Citizen in the Internet Age: Development of a Reliable and Valid Digital Citizenship Scale."

Computers & Education, Vol.107, pp.100~112.

Dalton, R.J. 2008. "Citizenship Norms and the Expansion of Political Participation." *Political Studies*, Vol.56, pp.76~98.

Gil de Zúñiga, H., N. Jung and S. Valenzuela. 2012. "Social Media Use for News and Individuals' Social Capital, Civic Engagement and Political Participation." *Journal of Computer-Mediated Communication*, Vol.17, Iss.3, pp.319~336.

Heater, D. 1990. *Citizenship: The Civic Ideal in World History, Politics and Education*. London, UK: Longman.

Ho, S.S., A.R. Binder, A.B. Becker, P. Moy, D.A. Scheufele, D. Brossard and A.C. Gunther. 2011. "The Role of Perceptions of Media Bias in General and Issue-specific Political Participation." *Mass Communication and Society*, Vol.14, Iss.3, pp.343~374.

ISTE. 2016. "ISTE Standards for Students." http://iste.org/standards.

Jenkins, H. 2006. *Confronting the Challenges of Participatory Culture: Media Education for the 21st Century*. White paper for the MacArthur Foundation. https://www.macfound.org/media/article_pdfs/JENKINS_WHITE_PAPER.PDF.

JISC. 2016. "Developing Students' Digital Literacy." https://www.jisc.ac.uk/guides.

Jones, L. and K. Mitchell. 2016. "Defining and Measuring Youth Digital Citizenship." *New Media & Society*, Vol.18, Iss.9, pp.2063~2079.

Karp, D.R. 2000. "Sociological Communitarianism and the Just Community." *Contemporary Justice Review*, Vol.3, No.2, pp.153~173.

Kim, Y., S.H. Hsu and H. Gil de Zúñiga. 2013. "Influence of Social Media Use on Discussion Network Heterogeneity and Civic Engagement: The Moderating Role of Personality Traits." *Journal of Communication*, Vol.63, Iss.3, pp.498~516.

McMillan, D.W. and D.M. Chavis. 1986. "Sense of Community: A Definition and Theory." *Journal of Community Psychology*, Vol.14, Iss.1, pp.6~23.

Peterson, A. 2011. *Civic Republicanism and Civic Education: The Education of Citizens*. New York, NY: Palgrave Macmillan.

Sandel, M.J. 1984. *Liberalism and Its Critics*. New York, NY: New York University Press.

Saranson, S.B. 1974. *The Psychological Sense of Community: Prospects for a Community Psychology*. San Francisco, CA: Jossey-Bass.

Shah, D.V., J. Cho, W.P. Eveland, Jr. and N. Kwak. 2005. "Information and Expression in a Digital Age: Modeling Internet Effects on Civic Participation." *Communication Research*, Vol.32, Iss.5, pp.531~565.

UNESCO. 2017. "Conference on Digital Citizenship Education in Asia-Pacific: Outcome Document." https://en.unesco.org/sites/default/files/dkap-conference-outcome-mar2017.pdf.

Yuval, D.N. 1999. "The Multilayered Citizen: Citizenship in the Age of Globalization International." *Feminist Toward of Politics*, Vol.1, pp.119~136.

3부
미디어 리터러시 증진 방안

■ ■ ■

09

핀란드의 미디어 리터러시 증진 방안

최원석 | 핀란드 라플란드 대학교 미디어교육 석사 과정

이 책의 1부에서 비판적 사고 기반으로서의 미디어 리터러시, 디지털 시민 역량으로서의 미디어 리터러시, 또 데이터, 영상, 게임과 연관된 최신 논의를 다루었다. 이어서 2부에서는 미디어 리터러시의 효과, 즉 미디어 리터러시 역량이 청소년 사회 참여와 시민성 증진에 어떤 영향을 주는지를 이야기했다. 가짜 뉴스를 판별하는 데 '미디어 리터러시'의 역할은 또 무엇이었나? 복합 문식성(multi modality) 이해가 미디어 이해의 핵심적인 내용이라면, 미디어 리터러시를 다양한 관점에서 접근하는 시도 또한 미디어 교육의 중심부에 있다고 할 수 있다. 핀란드는 미디어를 '허위 정보 온상' 혹은 '위험한 놀이터'와 같은 단편적인 개념으로 접근하지 않기 위해 노력한다. 저널리즘이 작동하는 민주주의 환경, 여가와 생활 공간이자 평생교육 공간, 또 시민이 의사소통하는 공간으로 미디어를 바라보고 온 국민의 미디어 리터러시 증진에 힘쓴다. 이는 적어도 2000년대 중반, 그리고 2016~2020년 두 차례 핀란드 미디어 교육을 현장에서 안팎으로 관찰한 결과다.

1. 들어가며

핀란드 미디어 리터러시 사례를 이 책에서 제시하게 된 것은 연구자 개인으로서는 무척 설레는 일이다. 다만 이 개별 사례는 참고 자료로는 유용하되, 실제 교수-학습 자료로는 그리 유용하지 않을 수 있다는 점을 미리 밝힌다. 미디어 리터러시 교육이 한 사회의 미디어, 언론, IT 환경, 문해력과 관련된 문화·사회적 의사결정 과정, 그리고 무엇보다 교육 정책과 밀접한 관계를 맺고 이루어진다는 사실을 지난 수년 동안 핀란드 사례를 한국 교육자들에게 소개하면서 느꼈다. 이런 이유로 이 사례는 초중등 교사, 학교 밖 청소년 대상 활동가, 학부모, 정책 담당자, 언론사, 정치권 등이 '한국에 필요한 내용'을 골라내고 각자 방식으로 재구성하길 바라는 마음으로 선택했다. 특히 2022 교육과정 개정, 코로나19, 소셜미디어 플랫폼 다변화, 미디어 소비 환경 변화와 같은 외부 요인이 전 세계 어느 국가에서든 미디어 교육에 영향을 주고 있다는 점을 고려해, 국내 상황에서 가장 보편적이고 안정적으로 실천 가능한 교수-학습 방법을 찾아내길 기대한다.

"핀란드의 미디어 리터러시 증진 방안" 앞부분에서는 미디어 리터러시 교육과 연관된 다양한 배경을 소개한다. 평등, 민주주의, 다양성, 디지털 미디어 환경, 교육 제도, 인공지능과 관련된 최근의 관심 등을 포함한 전반적인 '미디어 리터러시 교육' 지형을 소개한다. 지난 2020년에 발행된 『핀란드의 미디어 리터러시: 국가 미디어 교육 정책』(한국언론진흥재단, 2020) 한국어 번역판, 그리고 「청소년 미디어 이용 실태 및 대상별 정책대응방안 연구 I: 초등학생—해외사례 조사」(한국청소년정책연구원, 2020)에 소개한 핀란드 미디어 교육 정책과 사례를 기본 내용으로 삼아, 더 상세하게 살펴보고 분석할 만한 최신 내용을 덧붙인다. 핀란드는 2019년 (전 세계적으로 드물게) 중앙 정부 차원의 미디어 교육 정책안을 낸 이후에도 후속 논의를 계속 이어가고 있다. 뉴리터러시 New Literacy 정책 및 교육과정 개발, 교사 양성 과정 반영과 같은 무게감 있는 청소년 교육 관련 미디어 리터러시 논의를 진행하고 있다는 점을 기억할 필요가 있다. 협력과 참여, 개방성과 투명성, 그리고 포용적이고 진보적인 의사소통을 바탕으로 현장을 조사하고 정책을 설계한다.

뒷부분에서는 일부 미디어 리터러시 교육 사례를 선별해 소개한다. 이 책의 앞에서 논의했던 비판적 사고력, 정보 판별력, 디지털 시민성, 사회 참여, 젠더 감수성, 알고리즘 이해나 코딩 역량 같은 개념이 어떻게 실제 교육에 반영되는지에 주목한다. 핀란드가 미디어 리터러시 교육 '모범국'이란 평을 듣는 이유가 분명히 있겠으나, 이런 성과 또한 사회적 맥락을 고려해 이해할 필요가 있다. 미디어 리터러시 교육의 의미와 중요성이 높아지고 있는 시대지만, 많은 사람이 기대하는 효과나 기능을 한두 가지 역량만으로 얻기 어렵다. 핀란드 사례가 미래 세대를 위해 어떻게 미디어 리터러시 교육을 확장하는지 확인하는 데 유용할 것이라 본다.

2. 핀란드의 미디어 리터러시 교육 환경

한국의 교육자, 연구자, 정책 담당자, 또 언론에서 보기에 핀란드는 미디어 교육을 모범적으로 잘 실천하고 있는 국가다. 잘 알려져 있다시피 2006년 이후 PISA 최상위국으로 전 세계에 '교육 선진국'으로 알려진 이후, 그들의 교육 제도는 한국을 비롯한 많은 나라의 연구 대상이 되었다. 이와 함께 북유럽식을 따르는 복지, 정치, 기술, 사회, 또 최근에는 스타트업, 산학 협력, 성 평등, 그리고 라이프스타일까지도 흥미로운 이야기와 함께 전해지고 있다.

'핀란드'라는 나라를 생각할 때 무엇이 가장 먼저 '연관 검색어'로 한국인 머리에 떠오를까? 2000년대 이후 한국 미디어에 노출된 비중이 가장 높은 것들 위주로 골라보면 다음과 같다.

> 노키아(Nokia), 자일리톨(Xylitol), 따루(〈미녀들의 수다〉 출연자 따루 살미넨), 오로라, 순록, 산타클로스(핀란드어로는 요울루뿌끼), 무미(혹은 무민. 토베 얀손이 쓰고 그린 국민 동화 캐릭터), 교육 선진국 혹은 복지 천국, 기본소득 실험, 언론자유지수 최상위권(Press Freedom Index), 30대 여성 총리와 내각, 게임 클래시오브클랜과 브롤스타즈 제작사 슈퍼셀(Supercell. 현재는 중국 기업 텐센트가 84% 지분 소유), 게임 앵그리버드 제작사 로비오(Rovio), 마리메꼬(Mari Mekko. 의류 및 생활용품 브랜드), 울창한 삼림과 호수, 조용한 민족, 시수(Sisu. 잘 알려져 있지 않은 핀란드인의 국민성).

이 가운데 미디어 리터러시 교육과 관련된 것이 몇 가지 있다. 먼저 노키아로 대표되는 모바일폰 역사와 무선 통신 환경이다. 잘 알려져 있는 사실은 아니지만, 핀란드는 개인 간 단문 메시지Short Message Service: SMS를 1993년 처음으로 시작한 국가다(Kalliokoski, 2008.6.2). 이보다 10년 전인 1984년에 이 아이디어를 고안한 사람은 공무원 출신 노키아 엔지니어 마띠 마코넨Matti Makkonen으로, BBC는 SMS 20주년을 맞이해 '문자 메시지'로 그와 인터뷰하기도 했다(BBC, 2012.12.3).

비록 2004년 핀란드 GDP 4%를 차지했던 노키아는 2013년에는 휴대전화 사업을 마이크로소프트에 매각할 정도로 위기를 맞는다. 하지만 사업 축소와 변화가 오히려 핀란드 스타트업계를 활성화하는 계기가 된다. 현재 핀란드 산업의 혁신을 주도하는 중소기업과 스타트업에는 노키아 구조조정 과정에서 창업한 사람들이 많다(김영채, 2019.1.17). 모바일 기술, 디지털 플랫폼, 게임, VR와 AR, 인공지능 분야 등 미디어 환경에 영향을 주는 기술 기반이 노키아의 구조 개선 노력에 큰 부분을 빚지고 있다. 노키아는 5G를 비롯해 유무선 통신 사업 분야에서 여전히 세계 최고 기술을 보유한 회사다.

핀란드 어디에서든 부담 없는 비용으로 무선 인터넷(와이파이)을 사용할 수 있는 배경에도 이 같은 역사가 연결되어 있다. 핀란드 정부는 2010년 7월 유무선 환경을 활용해 인터넷에 접속할 수 있는 권리를 국민 모두의 '기본권'으로 규정하고, 2022년까지 일부 오지를 제외한 전국 90% 이상 지역 가정과 회사에 적어도 100Mbps 회선을 갖추도록 하는 정책을 시행하고 있다(TRAFICOM. 2021; Ministry of Transport and Communications, 2010.6.29). 청소년의 미디어 사용 환경 변화, 또 미디어 리터러시 교육 내용과 밀접한 요소 가운데 하나다.

전 세계에서 최상위권에 드는 언론자유지수와 신뢰도 미디어 리터러시 강화와 깊은 관계를 갖는다. 좋은 저널리즘을 만들려는 언론사의 노력을 시민들이 인정하고 지지한다. 정부 또한 각종 정책을 마련할 때 이들의 전문성을 빌린다. 신문협회(혹은 미디어협회), 공영방송, 민영방송, 지역 신문 등 언론 각계에서 미디어 리터러시 교육 자료를 제작한다. 특히 학교 교육과정과 연계해 활용할 수 있는 무료 학습 자료는 교사와 학부모, 또 청소년 활동가들에게 많은 도움을 준다.

그렇다면 핀란드의 미디어 리터러시 교육은 어떤 환경에 뿌리를 두고 있을까? 어떤 내용으로 미디어 정보 리터러시를 정의하고 표현할 것인지, 언제 누구와 협력하고 기획할 것인지, 또 어떻게 청소년이 받아들일 수 있도록 수업하고 안내할 것인지 등을 이해하는 데 필요한 몇 가지 환경 요인을 소개한다.

1) 겨울이 긴 나라의 청소년 생활

읽기에 익숙한 부모 세대 습관은 아동과 청소년에게도 이어진다. 긴 여름방학과 가을방학, 또 어둡고 차가운 겨울 환경 속에서 독서, 게임, 넷플릭스 시청이 청소년 미디어 소비 중심축을 구성한다. 이런 전통적인 독서 문화에도 불구하고, 아동·청소년에게서 나타나는 문해력 저하 문제를 해소하기 위해 정부와 민간, 교육계와 출판계 등이 협력해 적극적인 '리터러시 증진 캠페인'을 벌이기도 한다. 도서관은 독서뿐만 아니라 여러 의미의 미디어 경험을 하는 공간으로서 지역에서 중요한 역할을 하고, 사서들은 지자체 및 학교와 협력해 미디어 리터러시 교육 프로그램을 운영한다. 코로나19로 도서관을 공간으로 활용하는 일이 어려워지자, 이들은 전자도서관과 오디오북, 또 유튜브나 웹사이트를 통해 청소년에게 접근하려고 노력한다.

핀란드는 디지털 기술 및 교육 분야에서 세계 최고의 국가 중 하나로 알려져 있다. 핀란드 통계청(2010년 핀란드 공식 통계)에 따르면, 핀란드인의 86%가 인터넷 사용자이며 1초마다 핀란드인은 하루에도 여러 번 인터넷을 사용한다. 2011년 소비자 조사(Suomen Virallinen Tilasto 2011)에 따르면, 거의 90%의 가정에 컴퓨터가 있고 약 80%가 인터넷에 접속

할 수 있다. 그리고 약 90% 가정에 휴대폰이 있다.

핀란드 어린이들은 인터넷과 휴대전화뿐 아니라 텔레비전, 녹음, 라디오, 비디오 게임, 책, 잡지 등으로 포화된 디지털 미디어 환경에서 살고 있다. 전반적으로 디지털 디바이스 사용 연령은 해가 갈수록 낮아지고 있다.[1]

이런 미디어 사용 행태 변화와 연결해 살펴볼 요인 가운데 하나는 독서 문화다. 인구 500만 국가에서 매년 2000만 권 이상의 책이 팔린다. 아이들을 포함하면 한 사람당 한 해 평균 네 권을 사는 셈이다. 15세에서 79세 사이 핀란드인 6명 중 1명은 1년에 적어도 10권의 책을 구입하는 것으로 나타난다(Sovijärvi, 2014). 오래된 통계이긴 하나, 2013년 기준 도서관 이용률도 이웃 국가 스웨덴(72%)에 이어 세계에서 2위(66%)에 오른다. 같은 조사에서 한국인의 도서관 이용률은 32%에 그쳤다. 온라인 도서 구매와 함께 오디오북 소비가 늘어난 점, 전국에 공립 도서관 300곳 이상, 지역 도서관 500곳, 모바일 도서관 150곳이 퍼져 있는 환경이 핀란드인의 읽기 문화를 뒷받침한다.

2) 공교육 중심의 핀란드 미디어 교육 정책

핀란드의 미디어 리터러시 교육이 큰 효과를 가진 배경은 공교육이다. 국가 교육과정에 핵심 역량으로 포함한 '멀티 리터러시'와 'ICT 역

---

1 핀란드도 범유럽 차원의 아동·청소년 미디어 이용 실태 조사 EU 키즈 온라인(Kids Online) 설문 조사에 참여한다. 25개 유럽 국가가 참여한 최근 조사에는 9~16세 어린이 2만 5142명이 응답했다. 이 중 핀란드에서는 1017명의 어린이와 청소년이 참여했다. 설문 조사는 응답자 부모 중 한 명과의 인터뷰도 포함한다.

량'이 초중등 학교 교과 수업에 미디어 리터러시 요소를 반영하는 근거가 된다. 핀란드 국립시청각연구소KAVI 부소장과의 인터뷰 및 정책 문서를 바탕으로 진행한 연구 조사 내용을 덧붙인다(정현선 외, 2020: 117~118).

> 핀란드 공교육은 이미 1970년대부터 미디어 리터러시 관련 내용을 의무교육 과정에 포함해 왔다. 2004년 이후 교육문화부 및 여러 정부 부처는 다양한 맥락에서 미디어 교육을 지원해 왔고, 2012년에는 국립시청각연구소(KAVI)에 미디어 교육 증진 및 아동·청소년의 미디어 역량을 강화하는 역할을 법적으로 부여했다. 2014년 개정된 국가핵심 교육과정은 '멀티리터러시' 개념을 핵심 역량으로 명시해 미디어 리터러시 교육의 근거를 제공하고 있다. 이로써 유아기 교육부터 초중등 교육에 이르는 모든 국가핵심 교육과정(National Core Curriculum)에서 미디어 리터러시 계발이 이뤄진다. 이 같은 접근은 어린이의 교육 권리를 보장하는 내용의 UN 아동권리협약(United Nations Convention on the Rights of the Child)에 바탕을 둔 것이기도 하다(Livingstone et al., 2017).

핀란드 교육문화부는 2019년 이와 같은 미디어 교육 정책을 '핀란드의 미디어 리터러시: 국가 미디어 교육 정책'이라는 제목으로 종합해 발행한다. 국가 미디어 교육 정책안 '핀란드 미디어 리터러시'는 종합적이고comprehensive, 수준 높으며of high-quality, 체계적인systematic 미디어 교육을 목표로 제시한다. 그리고 핀란드의 모든 사람이 삶의 질을 높이는 중요한 시민 역량 요소로서 미디어 리터러시를 기를 수 있도록 균일한 기회를 미디어 교육이 제공해야 한다고 강조한다(핀란드 교육문화부, 2020).

물론 핀란드에서 무엇을 '미디어 리터러시'로 정의할 것인지에 대한 긴 논의가 2000년대 초반 이후 계속 진행되고 있다. 이는 미디어 개념과 소비 양상의 급격한 변화, 기존 모국어 중심의 기초문해력 교육과 새롭게 등장한 미디어 정보 리터러시MIL 혹은 디지털 미디어 리터러시 개념의 접점을 찾는 과정이기도 했다. 핀란드는 교육부와 문화부가 통합된 교육문화부 중심으로 미디어 리터러시 교육 정책을 설계하며, 이 역량이 새로운 시대와 세대에 반드시 필요한 보편적 역량이라는 점을 반영하려는 것으로 보인다.

국가 미디어 교육 정책안 준비 과정에서 2002~2019년 핀란드 정부 각 부처 발표 자료를 분석한 결과를 보면, 각 기관의 전문적인 시각을 바탕으로 하면서도 사회적 현안을 반영한 '미디어 리터러시' 접근이 이루어져 왔다는 점을 확인할 수 있다. 2000년대 초반 보호주의로 시작한 '미디어 리터러시 교육'에 관한 해석은, 미래 역량, 민주주의, 포용, 국가 안보, 그리고 최근에는 웰빙으로 다양해진다(〈표 9.1〉 참조). 최근 진행되고 있는 교육 정책 논의에서는 코딩과 같은 새로운 역량 또한 포함해야 한다는 의견이 나온다.

3) 미디어 교육을 만드는 참여자들

그렇다면 이렇게 공교육이 중심을 잡고 있는 미디어 리터러시 교육은 실제로 어떻게 이루어지고 있을까? 정부가 주도적으로 정책을 시행하고는 있으나, 지자체, 도서관, NGO, 언론사, 기업 등이 손을 보태고 있다. 어떤 참여자들이 핀란드인의 미디어 리터러시 증진을 고민하고 또 협력하고 있는지 〈그림 9.1〉을 통해 살펴볼 수 있다.

표 9.1 핀란드 미디어 교육 정책에 나타난 '미디어 리터러시' 접근

접근	내용
보호주의 (Protectionism)	미디어 교육은 미디어 폭력, 괴롭힘, 범죄, 혐오 발언, 음란물, 경제적 위협 등과 같은 위험 요소와 연결된 다양한 미디어로부터 개인을 보호할 미디어 리터러시를 기르는 방법이다.
미디어 리터러시의 광범위한 성격 (Broadness of Media Literacy)	미디어 리터러시 및 미디어 교육의 광범위한 성격이 인식되고 강조된다.
문화 참여 (Cultural Participation)	미디어 교육은 미디어 리터러시 증진을 통해 문화 참여 기회를 높이는 방법이다. 예술 및 문화 교육과 연결된다.
미래 역량 (Future Competence)	사회 발전은 미디어 리터러시로 부를 수 있는 새로운 지식과 역량의 필요성을 불러일으킨다.
민주주의 (Democracy)	미디어 리터러시는 민주주의적 참여를 위해 미디어의 가능성을 활용하는 방법으로 정의된다.
포용 (Inclusion)	미디어는 참여 기회를 제공한다. 미디어 리터러시가 부족하면 불평등(디지털 디바이드)이 깊어진다. 미디어 교육은 사회적 포용의 한 방법이다.
세계 시민주의 (Cosmopolitanism)	세계 교육 일부로서의 미디어 교육. 세계화 사회에서 미디어 리터러시의 중요성이 커지고 있다.
국가 안보 (National Security)	미디어 교육은 국가 안보를 위협하는 허위 정보, 양극화, 극단주의를 예방하는 데 유용하다.
웰빙(Wellbeing)	미디어 리터러시는 개인의 웰빙을 지원한다.

자료: Palsa(2019: 11~13)의 내용을 연구자가 번역하여 정리함.

이 자료는 대학 및 교사, 청소년 활동가들이 참여하는 비영리 조직 핀란드 미디어교육협회에서 만들었다. 공공 부문The Government and Public sector에는 교육(고등 교육, 초중등 교육, 영유아 교육), 청소년 활동(지자체, NGO, 교회 조직), 그리고 정부 부처(교육문화부, 사회보건부, 국가교육위원회, 국립시청각연구소, 교통통신부)가 탄탄한 재정을 바탕으로 미디어 리터러시 교육에 참여한다. 문화 기관cultural institutes으로는 도서관, 박물관,

그림 9.1 핀란드 미디어교육협회에서 제작한 포스터. 미디어 리터러시 교육에 참여하는 여러 주체를 한눈에 볼 수 있는 자료다.

자료: Mediakasvatusseura(2020).

극장, 문화 및 미디어 센터가 참여한다(이 중 미디어 센터는 매체 형식 및 재원난으로 활발히 운영되고 있지 못하다). 제3 영역에서는 NGO 및 자원봉사 단체가 참여하고, 민간 부문에 미디어, 기술, 게임 및 민관 협력체가 활동한다. 끝으로 미디어 부문에서는 공영 언론, 미디어 그룹, 매스미디어 이사회가 미디어 교육에 기여하고 있다. 한국에서 이루어지는 미디어 리터러시 교육이 각 주체별로 어떤 협력을 하고 있는지, 특히 정부 부처가 교사 단체, 교육계, 기업, 언론 및 NGO와 협력하는 방식을 돌아보기에 좋은 자료다.

3. 핀란드 미디어 리터러시 증진 사례

1) '미디어가 사회를 평화롭게 하리라' 청소년 프로젝트 것찌 고

'미디어 리터러시'를 키우면 무엇을 할 수 있을까? 그 교육적 효과는 어떤 형태로 나타날까? 우리는 다른 교육처럼 미디어 리터러시 역량을 갖춘 청소년을 평가해야만 할까? 부디 독자께서 이 책의 앞부분을 읽으며 이런 질문을 한 번씩 해보셨기를 바란다. '미디어 리터러시 교육'이 왜 민주시민 교육 영역과 연결되어 있고, 어떻게 디지털 시민성과 연결되어 있으며, 또한 어떤 모습으로 학생(동시에 시민) 개인의 성장과 공동체 활성화에 기여할 수 있을지를 고민하는 교육자에게 다음 사례 것찌 고Gutsy Go(gutsy는 과감한 용기, 배짱, 의지를 의미한다)가 좋은 참고 자료가 되길 바란다.

것찌 고 프로젝트는 영상과 소셜미디어를 활용해 청소년이 사회 갈등 해소에 직접 참여하는 활동이다. 청소년들은 사회 참여 도구로 영상을 선택하고, 지자체와 협력해 실질적인 해결 방안을 찾아간다. 이 캠페인에 동참하는 동료들을 소셜미디어로 모으고, 그 결과 또한 또래 세대가 받아들일 수 있는 형식으로 구성한다. 학교 수업과 연계해 교사, 청소년 활동가, 미디어 전문가 지도로 영상 프로젝트를 기획하고, 최종 결과물은 해마다 극장을 빌려 공개 상영한다.

것찌 고 프로젝트는 학교와 협력해 수업 일주일 동안 이어진다. 14세(중학생) 청소년들은 자신들이 사는 도시에서 해결해야 할 갈등과 문제를 찾고, 궁극적으로 이를 해결해 '사회 평화'에 기여하는 데 목표를 준다. 지역사회 정치인과 사회 인사들, 법조인, 청소년 활동가가 자문을

그림 9.2 겟찌 고 웹사이트

자료: Gutsy Go(2020a).

통해 청소년들이 낸 해결 방안이 실질적으로 작동할 수 있도록 돕는다. 일주일 동안 지역사회 전반에서 수십 가지 긍정적인 실천이 이어진다.

인상 깊은 사례로 핀란드 에스포시 야르벤뻬란 중학교Järvenperän koulu와 오울루시 메쏘캉가스 종합학교Metsokankaan koulu 8학년이 기획한 노숙자 대상 프로젝트를 꼽을 수 있다. 학생들은 각각 '존엄과 속옷', '존엄과 사우나 친구'라는 이름으로 사우나의 날을 기획했다. 핀란드인이면 누구나 사랑하는 여가 문화인 사우나를 노숙자들에게 제공하고 이들과 대화하면서 차별, 혐오, 오해와 같은 감정을 해소하자는 취지의 프로젝트다. 학생들은 이동식 사우나를 빌려 공원에 설치하고, 주변의 노숙자들에게 말을 건네고 초대한다. 자신들도 함께 땀을 흘리면서 삶에 대한 시각, 존엄성, 사랑, 공동체에 관한 다양한 이야기를 노숙자들에게서 듣는다.

이 모든 장면은 프리랜서 저널리스트와 프로듀서의 도움으로 촬영하고, 이를 편집해 인스타그램과 유튜브, 또 때로는 주요 언론 매체에도 공유한다. 미디어를 비판적으로 활용하고, 이를 교육적으로 활용해

그림 9.3 '존엄과 사우나 친구' 프로젝트 유튜브 섬네일(영문 자막도 붙어 있다).

자료: Gutsy Go(2020b).

사회 참여로 이어지도록 만든 방법론methods에 많은 사람들이 응원하고 협력한다. 전국 각 지역에서 기획하고 제작한 프로젝트 영상을 자원으로 삼아 해마다 참여 학생과 학교가 더 늘고 있다.

2) 코로나19에 활약한 미디어 리터러시 자료: 윌레 트리플렛

핀란드 공영방송 윌레 뉴스랩Yle News lab에서 제공하는 트리플렛Triplet은 공영 언론이 학교 수업에 직접적으로 기여한 대표적인 사례다. 트리플렛은 교사들을 위한 뉴스 큐레이션 서비스로, 매일 뉴스 꼭지를 골라 애플리케이션이나 온라인으로 제공한다. 교사들은 뉴스를 읽고 수업에 활용할 수 있으며, 학생들이 직접 읽어볼 수 있도록 내려받아 교수 학습 자료로 활용할 수 있다.

이 서비스는 교사들에게 매일 아침 수업 시간에 맞춰 부록 자료(참고

그림 9.4 트리플렛 웹사이트

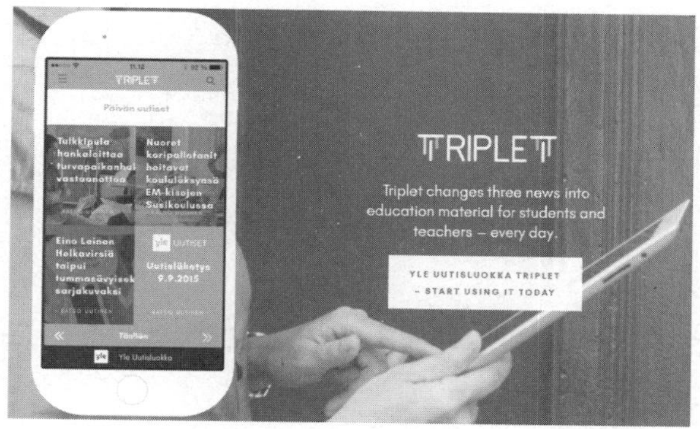

자료: Triplet(2020).

자료)와 연습 문제가 포함된 뉴스 비디오와 기사 세 편을 무료로 제공한다. 교사는 이 자료를 토대로 수업에 적합한 활동을 준비할 수 있다. 당연한 이야기겠지만, 뉴스는 다양한 연령대를 고려하여 교육학적으로 활용할 수 있는 자료다. 수업 시간에 뉴스 기사를 사용하면 학생들이 시사 문제에 대한 이해도를 높일 수 있고, 궁극적으로 기초적인 미디어 리터러시를 키울 수 있다.

학생들은 교사가 공유한 트리플렛 뉴스 비디오를 시청하고 콘텐츠를 평가하며 미디어 영향을 검토하고 분석하는 법을 배운다. 시사 문제 외에도 학교 과목별로 주제를 검색할 수 있도록 정리해 둔 점이 인상적이다. 트리플렛은 온라인으로 액세스할 수 있으며 모바일(안드로이드 및 iOS)에서 사용할 수 있다. 교사들의 미디어 교육 능력 향상을 돕는 무료 애플리케이션이다.

코로나19 시기, 윌레 트리플렛은 전염병과 관련된 뉴스를 골라 제공했다. 또 원격교육 지원책으로 윌레에서 마련한 별도의 서비스 윌레 디스턴스 스쿨Yle Distance School과 연결해 큰 호응을 얻었다. 가정학습, 원격수업 등 정부가 등교 제한lockdown을 한 지 한 달 만에 총 방문자 20만 명을 기록했다. 월례 조사에 따르면, 핀란드 교사 중 거의 30%(약 1만 3000명)가 위기 전에 매주 트리플렛을 사용했다고 응답했다. 교사 사용자는 이후 50%(2만 2000명)까지 증가했다.

3) 새로운 리터러시(New Literacy)가 필요한 시대: 코딩 교육 사례

2021년 현재 핀란드 교육문화부는 새로운 리터러시 개발 프로그램New Literacy Development Program(이하 뉴리터러시)을 진행 중이다. 이 개발 프로그램의 목표는 유아 교육과 유치원 및 기초 교육을 포함해 어린이와 청소년의 미디어 활용 능력, 정보통신 기술ICT 및 프로그래밍 기술을 강화하는 데 있다.

뉴리터러시 개발 프로그램은 교육문화부가 추진하는 학습 개발 프로그램 2020-2023 계획의 일부다. 이 개발 프로그램에서 국립시청각연구소National Audiovisual Institute: KAVI는 미디어 리터러시와 프로그래밍 능력 하위 역량을 담당하고, 국가교육위원회National Board of Education는 ICT 역량 하위 단위를 맡는다.

각 역량 개발을 위해 교육문화부는 프로젝트 그룹에 핀란드 전역에서 초빙한 전문가 10여 명을 포함했다. 지역 전문가, 교사, 교육자 및 연수 담당자, 활동가와 협력하고 학습자인 어린이와 청소년도 참여한다. 이번 개발 프로그램은 전국 어디에서나 어린이와 청소년이 평등한 조건에서 디지털 기술 및 역량을 기를 수 있도록 설계되었다. 또한 지역별 사회 환경과 교육 조건에 맞게 교육자들이 활용할 수 있는 자료를

그림 9.5 핀란드 아동보호 단체 MLL과 협력해 진행한 코딩 교육 장면(왼쪽)과 코드스쿨핀란드가 개발한 교육 자료 및 코딩을 기반으로 만든 학생 제작물(오른쪽).

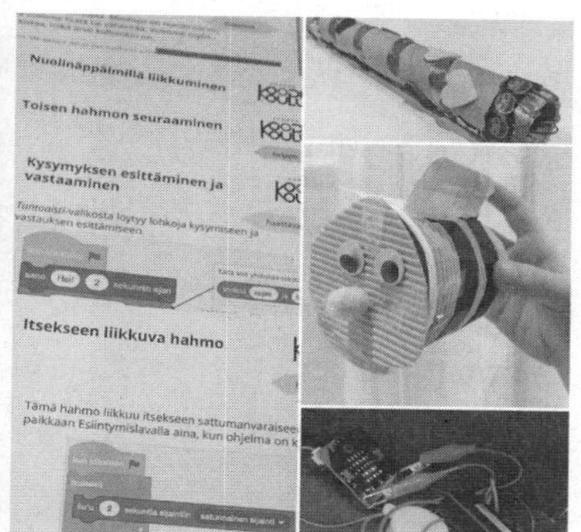

자료: Code School Finland(2020).

함께 개발하고 제공한다.

KAVI와 협력해 코딩 교육 자료를 개발한 코드스쿨핀란드Code School Finland는 코딩 교육용 교수 학습 자료를 일부 공개한다. 이들은 국가 교육과정안에 맞춰 학교 수업에 필요한 원고 및 실습 자료를 제작하고, 전국 교사들에게 지원한다. 2016년에 코딩과 로보틱robotics 교육이 교육과정에 들어갔음에도 여전히 전문성 개발이 필요한 분야라는 점에 착안해, 전국에서 균일한 코딩 교육이 이루어질 수 있도록 체계적인 자료를 만드는 데 집중한다고 밝힌다. 최근 국내에서도 '멋쟁이 사자처럼'이나 '모두의 연구소', '생활코딩' 등 성인 대상 코딩 교육을 제공하는 기업과 단체가 많아지고 있는 만큼 코드스쿨핀란드 교육 사례 하나를 살펴본다.

코드스쿨핀란드가 공개한 16주짜리 코딩 교육 과정은, 협동과 협력을 통해 문제를 해결하며 학생들이 역량을 높이는 프로그램이다. 교수

법 개발은 이른바 '컴퓨팅 사고력computational thinking' 개발과 코딩 기술 향상에 초점을 맞추었다. 10~15세 학생 34명이 16차례 참여한 방과 후 교육은 미국 MIT에서 개발한 스크래치Scratch를 활용해 블록[예: 마이크로비트(Microbit)]을 움직일 수 있는 프로그래밍을 진행했다.

기획자들은 코딩 교육을 하기 위해서는 고품질 교육이 필요하다는 점을 확인했다며, 학생들이 단순 반복이나 암기가 아니라 문제 해결을 중심에 둔 비판적이고 창의적인 협동 학습을 했다고 분석했다. 학생이 자신의 코딩 기술을 유용하다고 느끼게 되면, 이후 학습 과정에도 참여해 코딩 역량을 지속적으로 사용하게 된다고 말한다.

4. 핀란드 미디어 리터러시 교육의 시사점

앞에서 살펴본 핀란드 사례는 공교육을 중심으로 협력적으로 진행되거나 이미 진행된 교육 활동이다. 미디어 환경 변화, 또 코로나19와 같은 교육 환경 변화에 맞춰 발 빠르게 대응할 수 있는 원동력은 정부가 주도하되 사회 각계 전문가 집단과 지속적으로 교류하고 소통하는 정책 추진 방식에 있다고 할 수 있을 것이다. 예를 들어 핀란드 정부는 허위 정보 대응 및 안보 위협 예방 활동을 위해 언론사들 간 협력을 제안했으며, 이는 사회 전반에서 나타난 이른바 '트롤'(댓글 부대) 공격에 대한 청소년들의 인식을 높이는 데 일조했다. 이미 잘 자리 잡은 교육과정, 학교 수업을 기본 틀로 삼아 미디어 리터러시 역량을 연결하는 수업 방식, 이를 지원하기 위해 역시 국가 교육과정의 핵심 역량을 심도 있게 재구성해 제작한 대학, NGO, 공영 언론, 신문협회, 기자협회 등의 미디어 리터러시 교육 자료는 여전히 참고하고 배워야 할 내용을 많이 담고 있다.

국내 미디어 환경 변화와 청소년들의 미디어 리터러시 증진 필요성을 고려하면, 여전히 더 체계적이고 협력적인 방식으로 교육 프로그램과 자료를 고안할 필요가 있다. 핀란드 사례를 참고로, 학생들의 삶과 연결되면서도 교육과정 내용을 충실하게 반영한 미디어 리터러시 함양 방안을 더 많은 전문가가 모여 논의하길 기대한다.

참고문헌

김영채. 2019.1.17. "[세계는 지금] '노키아'의 부활, 핀란드 혁신 비결은?" ≪한국무역신문≫. https://www.weeklytrade.co.kr/news/view.html?section=1&category=136&item=&no=48893.

정현선·심우민·윤지원·김광희·최원석. 2020.「청소년 미디어 이용 실태 및 대상별 정책대응방안 연구 I: 초등학생—해외사례 조사」. 한국청소년정책연구원.

핀란드 교육문화부. 2020.『핀란드의 미디어 리터러시: 국가 미디어 교육 정책』. 최원석 옮김. 서울: 한국언론진흥재단.

BBC. 2012.12.3. "Texting SMS Pioneer Matti Makkonen 20 Years on." https://www.bbc.com/news/technology-20555620.

Code School Finland. 2020. https://www.instagram.com/codeschoolfinland/ (검색일: 2020.11.22).

Gutsy Go. 2020a. https://gutsygo.fi/ (검색일: 2020.11.22).

______. 2020b. "Arvokkuutta Ja Saunakavereita." https://gutsygo.fi/deed/arvokkuutta-ja-saunakavereita/ (검색일: 2020.11.22).

Kalliokoski, Matti. 2008.6.2. "The Reluctant Father of SMS — Matti Makkonen." Greece. https://finlandabroad.fi/web/grc/current-affairs/-/asset_publisher/h5w4iTUJhNne/content/the-reluctant-father-of-sms-matti-makkonen/384951.

Livingstone, S., D. Lemish, S.S. Lim and M. Bulger. 2017. "Global Perspectives on Children's Digital Opportunities: An Emerging Research and Policy Agenda." *Pediatrics*, 140(2), pp.137~141.

Mediakasvatusseura. 2020. https://mediakasvatus.fi/ (검색일: 2020.11.22).

Ministry of Transport and Communications. 2010.6.29. "1 Mbit Internet Access a Universal Service in Finland from the Beginning of July." https://www.lvm.fi/en/-/1-mbit-internet-access-a-universal-service-in-finland-from-the-beginning-of-july-782612 (검색일: 2020.9.22).

Palsa, L. 2019. "Media Literacy in the Finnish Policy Framework." A paper presented at the Media Education Conference at the University of Lapland in Finland.

Sovijärvi, Matti. 2014. "Finland Reads." This is Finland. https://finland.fi/life-society/finland-reads/.

TRAFICOM. 2021. "The New Broadband Aid Project to Support the Construction of High-speed Broadband from 2021." https://www.traficom.fi/en/nopea-laajakaista (검색일: 2021.6.30).

Triplet. 2020. http://triplet.io/. (검색일: 2020.11.22).

10

디지털 플랫폼과 공영방송 그리고 미디어 리터러시

봉미선 I EBS 정책연구위원

2016년 유럽연합이 발행한 미디어 리터러시 현황 보고서에 따르면, 유럽 28개국의 미디어 리터러시 교육과 관련된 이해 관계자 그룹은 총 939개에 달한다. 크게는 시민사회단체·정부 부처와 같은 공적 기관, 학계, 각 방송사를 비롯한 콘텐츠 제공자로 이루어진 시청각 콘텐츠 제공자, 소셜미디어·웹사이트 등 온라인 플랫폼 운영자와 소유자로 구성된 온라인 플랫폼, 각종 언론인 관련 협회인 미디어 규제 기관 등이 협력하여 미디어 리터러시 증진에 힘을 모으고 있다.

미디어 리터러시 교육은 학교나 공교육 중심에서 보다 확대되어 일상적인 차원에서 다각적으로 제공되어야 한다. 미디어 리터러시 혹은 미디어 교육이 학교 교육과정에 포함되어 명시되는 것도 중요하지만, 생애 주기별 디지털 시민성을 갖추도록 사회 전반의 실행 주체들이 협력함 또한 매우 의미 있는 일이다.

공영방송은 시민에게 책임을 다하고 보편 서비스를 통해 국민 전체에 봉사하는, 이윤논리가 아니라 공익 논리가 지배하는 방송을 말한다. 세계 각국에서 공영방송 시스템을 구축해 온 이유는 공익성이라는 철학적 가치를 기반으로 다수의 수용자뿐만 아니라 소수의 소외된 계층을 아우르는, 상업방송에서 제공하지 못하는 서비스를 제공하기 위해서다.

공영방송의 여러 임무 중 미디어 리터러시 교육은 중요한 책무로 부상하고 있다. 공영방송은 기존의 공중파 방송의 문법과 디지털 플랫폼을 유기적으로 넘나들며 대중들이 미디어를 바로 볼 수 있고 비판적 사고가 가능하도록 역할을 수행해야 한다. 세부적으로 공영방송의 미디어 리터러시 증진을 위한 역할은 시청자 제작 프로그램 방송, 시청자 참여형 방송 프로그램 확대, 미디어 리터러시 프로그램 운영, 미디어 리터러시를 위한 자원(인프라 및 리소스) 공유 등을 꼽을 수 있다.

인공지능과 5G 등 디지털 미디어 기술은 인간의 삶과 우리 사회를 완전히 바꾸고 있다. 누구나 미디어의 창작자가 될 수 있는 환경에서 미디어 리터러시 증진을 위한 공영방송의 역할은 더욱 중시되고 있다. 공영방송이 미디어 리터러시 증진에 집중해야 하는 이유를 살펴보고, 국내외 공영방송의 미디어 리터러시 증진을 위한 역할 수행을 구체적인 사례 중심으로 소개한다.

1. 공영방송과 미디어 리터러시

캐나다 토론토에 참TVCHUM Limited가 있었다. 1945년 설립된 민영방송이었다. 이 회사는 공영방송들조차 나서지 않던 시기에 미디어 리터러시 교육에 기치를 내세웠다. 경영자 모지스 즈네이머Moses Znaimer의 철학과 비전에 힘입었기에 가능한 일이었다. 참TV는 1997년 미디어 리터러시 전문 부서 '미디어 교육부'를 설립하고, 2000년 5월 토론토에서 열린 미디어 리터러시 국제회의 '서미트 2000'의 메인 스폰서로 자금을 후원했다(스가야 아키코, 2001: 119~130). 하지만 즈네이머는 2003년 경영에서 물러났고, 참TV는 2007년 벨 미디어Bell Media에 합병되면서 그 이름이 사라졌다(Wikipedia, 2020). 참TV가 미디어 리터러시 교육이 아닌 상업적 프로그램에 집중했더라도 살아남지 못했을까? 참TV 사례는 왜 공영방송이 미디어 리터러시 교육에 앞장서야 하는지를 말해준다.

TV는 기술 발전의 산물이다. 최근 들어 기술적으로 미디어 환경이 고도화되고 있다. 대표적인 것이 5세대 이동통신5G이다. IoT 전용 망이 확충되고, 10G 인터넷 망이 상용화된 데 이어 2018년 12월 1일 5G 기술이 현실로 등장했다. 우리나라 이동통신 3사(SK텔레콤, KT, LG유플러스)가 일제히 5G 전파를 쏘아 올렸다. 5G는 기존 LTE 기술에 비해 20배 빠른 20Gbps 전송 속도를 자랑한다. 초고속·초연결·초저지연을 앞세워 자율주행과 원격의료를 앞당길 것으로 전망된다. 5G는 방송 환경을 어떻게 변화시킬까? 지능정보 기술로 불리는 증강현실Augmented Reality: AR,[1] 가상현실Virtual Reality: VR,[2] 인공지능Artificial Intelligence: AI,[3] 사물인터넷Internet of Things: IoT[4]과 메타버스Metaverse[5]는 방송에 어떤 변화를 가져올까? 5G를 비롯한 ICT 신기술이 가져오는 플랫폼의 변화는 공영방송의 미디어 리터러시 교육에 어떤 영향을 미칠까?

기술의 발전으로 방송 채널은 폭발적으로 늘어났지만, 기존 방송 매체의 영향력은 급속도로 축소되고 있다. 그럼에도 불구하고 다수의 선진국가, 특히 언론 자유가 높은 나라일수록 공영방송 체제를 더욱 군건

1 우리가 보는 현실 세계에 가상 물체를 겹쳐서 구현해 주는 기술. 예: 포켓몬 GO.

2 특정한 환경 및 상황을 컴퓨터 등을 이용해 가상의 세계로 만들어 사람이 실제와 같은 체험을 할 수 있도록 하는 기술. 예: 오큘러스

3 컴퓨터가 인간의 지능이라 할 수 있는 사고, 학습, 모방 등을 할 수 있도록 하는 것.

4 세상의 각종 사물에 센서와 통신 기능을 내장하여 인터넷에 연결하는 기술.

5 Meta(초)와 Universe(세계)의 합성어로, 가상 세계와 현실 세계가 공존하는 컴퓨터 기술을 통해 구현된 3차원의 초현실 세상.

히 하는 이유는 무엇일까? 언론 자유에서 가장 앞선 나라로 평가받는 노르웨이, 핀란드, 스웨덴 등 북유럽 국가들을 보면 그들이 공영방송을 어떻게 바라보는지 알 수 있다. 우선 이들 나라는 공영방송 운영 재원을 안정적으로 보장하고 있다. TV를 갖고 있어야만 납부하던 수신료를 모두가 납부하도록 조세화했다. 공영방송을 지상파방송사로만 보지 않고, 어느 플랫폼에서나 접근할 수 있는, 공익적 프로그램을 공급하는 공적 콘텐츠의 발원지로 본다는 얘기다. 기술 환경이 발전하고, 인공지능이 보편화되더라도 공영방송은 사회적 제도로 자리 잡을 가능성이 높다. 영국이 BBC를 단지 여러 방송사 가운데 하나로 간주하지 않고, 자신들의 사회적 제도, 자산으로 만들어가는 이유다.

공영방송은 민영방송, 상업적 자본이 할 수 없는 일, 더욱 가치 있는 일, 소수자를 위한 일을 해낼 때 존재 이유가 있다. 민주주의의 교두보로 인정받을 수 있다. 공영방송이 해야 하는 대표적인 공익적 역할 가운데 하나가 미디어 리터러시 교육이다. 앞서 참TV 사례에서 보았듯이 미디어 리터러시 교육은 시장에 맡겨둘 일이 결코 아니다. 다수의 미디어 학자들은, 공영방송의 미디어 리터러시 교육은 선택사항이 아니라 책무 가운데 하나라고 규정한다. 기업이 소비자 권익을 지키고 보호하듯이 공영방송도 시청자 주권을 보장하고 보호할 의무가 있다는 것이다. 즉, 공영방송이 사회적 책임을 다하는 기본적인 역할로 미디어 리터러시 교육을 꼽는다(김기태, 2009).

변화하는 기술 환경 속에서 미디어 리터러시의 개념은 무엇이며, 공영방송이 해야 할 미디어 리터러시를 증진하기 위한 구체적인 역할은 무엇일까? 얼마 전까지만 하더라도 리터러시는 문자 해독 능력쯤으로, 읽기·쓰기·셈하는 능력으로만 이해되었다. 공급자와 수요자가 분명히 구분되고, 시청자이고 독자이면 되었던 시절의 이야기다. 기술 발전과 미디어 환경 변화는 시청자를 수용자에서 이용자, 참여자로 그 역할을 바꾸었다. 뉴스나 각종 정보를 소비함에도 이용자들은 콘텐츠를 단순히 시청하는 것에만 머무르지 않고 콘텐츠를 게시하거나 공유하고, 다양한 게시판을 통해 나의 의견과 댓글을 개진한다. 이처럼 누구나 미디어에 관여하기 시작하면서 참여가 일상화되고, 콘텐츠 제작이 더 이상 전문가의 영역으로만 국한되지 않는다.

미디어 리터러시 교육에 관한 공영방송의 역할도 얼마 전까지만 하더라도 미디어 교육 프로그램 제작 지원, 시청자 제작 교육 지원, 미디어 교육 인프라 지원 등으로 제한적이었다(안정임, 2004). 그러나 디지털 시대, 공영방송의 미디어 교육 차원의 역할은 ① 시청자 제작 프로그램 방송, ② 시청자 참여형 방송 프로그램 확대, ③ 미디어 리터러시 프로그램 운영, ④ 미디어 리터러시를 위한 자원(인프라 및 리소스) 공유 등으로 확장되었다(봉미선·신삼수, 2020). 방송사가 미디어 교육에 적극 나설 때, 자칫 방송국이 미디어 리터러시를 통제할 수 있다는 우려도 존재한다. 하지만 디지털 기술 발달은 기존과 다른 미디어 리터러시를 요구한다. 방송 프로그램의 이면을 비판적으로 이해하는 차원을 넘어, 허위 조작 정보, 가짜 뉴스 여부를 판단해야 하는 시대가 되고 말았다. 가짜 뉴스는 사실에 입각한 뉴스보다 더 빠르게 유통되고, 오래 기억된다(Allcott and Gentzkow, 2017). 그래서 더욱 공영방송이 미디어 리터러시 프로그램을 강화함으로써 이용자들이 허위 조작 정보의 늪, 황색 콘텐츠의 홍수 속에서 살아남을 수 있도록 도와야 한다. 이용자 없는 방송은 존재할 수 없다. 공영방송이 시청자를 보호해야 하는 이유가 여기에 있다. 시청자를 보호하는 일이 공영방송의 생존을 판가름할 것이다. 글로벌 OTT가 이용자를 블랙홀처럼 빨아들이고 있는 지금이야말로 분수령이라고 할 수 있다.

2. 공영방송의 미디어 리터러시 증진 방향

초중고 공교육 과정뿐만 아니라, 가능한 한 다양한 곳에서 미디어 리터러시 교육이 이루어질 때, 효과를 발휘할 수 있다. 그간 한국의 미디어 교육은 공교육 중심으로 진행되었다. 콘텐츠 제작의 주체인 방송사를 미디어 교육의 당사자로 인식하지 않는 경향을 보였다. 핀란드, 영국, 프랑스, 독일, 캐나다, 미국, 일본 등 해외 다른 나라들과 다른 양상이다. 해외 많은 국가들에서는 미디어 리터러시 교육에 공영방송도 함께 어깨 걸고 있는 모습을 쉽게 찾을 수 있다(강진숙 외, 2017; 김아미, 2015; Wallis and Buckingham, 2019).

미디어 교육에 대한 잘못된 우리의 인식 중 하나는 미디어 교육을 모니터 교육과 동일시해 왔다는 점이다(안정임, 2004). 즉, 방송 프로그램의 내용에 대한 모니터링과 평가가 미디어 교육이며, 그 과정에서 윤리적인 잣대와 보수적인 가치 기준이 적용되어 온 셈이다. 미디어 리터러시 교육의 목적은 방송 내용의 순화나 개선에만 국한되지 않는다. 미디어 교육은 미디어 자체가 우리 삶의 중요한 언어가 되어 있는 현 사회의 미디어 환경을 주목하고 이 환경에서 어떻게 살아가야 할지를 가르치는 삶의 교육이다.

공영방송의 미디어 리터러시 교육 증진을 위한 역할은 '핵심 역량'을 키우는 차원에서 찾아야 한다. 미디어 리터러시 교육을 통해 얻게 되는 역량은 바꿔 말해 디지털 리터러시 교육의 목표다. 디지털 미디어가 등장하기 이전, 전통적 미디어 환경에서는 수용자가 미디어를 비판적으로 읽을 수 있는 역량과 창조적으로 제작할 수 있는 역량을 강조한 반면, 개별화되고 융합된 디지털 미디어로 변화하면서 미디어 리터러시 역량도 확장되었다(김아미, 2015). 디지털 시대는 디지털 미디어를 이해할 뿐 아니라, 디지털 미디어의 작동 방식이 우리 삶에 어떤 영향을 미치는지를 알고, 그에 걸맞은 문화적 능력을 함양할 것을 요구한다(박동숙·전경란, 2005). 미디어 리터러시 핵심 역량skills은 능력competence이나 구성 요소components 등으로 표현되기도 한다. 봉미선·신삼수(2020)는 미디어 핵심 역량 관련 논의를 살펴본 결과, 핵심 역량을 '접근과 활용', '비판적 이해', '창의적 생산', '소통과 참여', '윤리와 규범' 등 다섯 가지로 제안했다.

이용자들의 미디어 리터러시 핵심 역량을 키우는 데 공영방송이 어떤 역할을 할 수 있을까? '접근과 활용' 차원에서 무엇보다 고품질 콘텐츠에 대한 보편적 접근universal access을 보장해야 한다. 지상파방송이 디지털로 완전히 전환되고, OTTOver The Top와 같은 새로운 플랫폼이 등장하면서 방송에 대한 접근성은 나아졌다는 평가를 받는다. 반면, 미디어 소비자(이용자)이면서 동시에 생산자(제작자)를 뜻하는 '생비자prosumer'로서 방송 콘텐츠에 접근하는 데에는 아직 장벽이 존재한다. 생비자가 미디어를 비판적으로 읽을 수 있고, 창조적으로 제작하기 위해서는 디지털 콘텐츠의 보고寶庫인 방송사 아카이브 개방이 필수적이다.

'비판적 이해' 차원에서는 허위 조작 정보가 활개를 치는 시대에 이용자들이 미디어 리터러시 핵심 개념을 이해하고, 허위 조작 정보를 가려낼 수 있도록 미디어 교육 프로그램을 강화해야 한다. 공영방송사는 특히 TV나 라디오 프로그램을 통해 시청자들의 매체 수용 능력을 향상시키기 위한 내용을 제작, 방송하는 경우, 메시지 생산 구조나 매체별 메시지의 숨겨진 의미를 시청자들이 주체적으로 이해할 수 있도록 돕는 내용을 방송할 필요가 있다(김기태, 2009).

'창의적 생산' 역량 증진을 위해 미디어를 활용하고 콘텐츠를 이해하는 차원을 넘어, 의미 있는 정보나 콘텐츠를 생산할 수 있도록 지원해야 한다. 미디어를 직접 제작하는 과정은 미디어를 분석하고 비판적으로 이해하는 과정에서 한 단계 더 깊이 들어간다. 방송 프로그램을 실제로 만들어보면서 제작자로서 본인의 제작 의도가 시청자에게 의도한 대로 전달되는지 확인할 수 있다. 디지털 미디어 시대로 접어들면서 누구나 창작자가 될 수 있고, 방송사는 그들을 제작자로 참여시킬 수 있다. 시청자가 제작자로 참여할 때, 공영방송의 주인인 시청자와 보다 실제적으로 호흡할 수 있다. 생산자와 소비자의 전통적인 관계에서 벗어나 시청자와 쌍방향 커뮤니케이션을 활성화할 때 공영방송의 가장 큰 자산인 시청자의 지지와 신뢰를 확보할 수 있다.

'소통과 참여' 역량 증진을 위해 공영방송이 수행하는 일반적인 방식은 퍼블릭 액세스public access 프로그램을 편성하는 일이다. 퍼블릭 액세스는 시청자가 직접 방송 프로그램을 기획하고 제작한 영상을 방송사가 그대로 방송하는 시스템이다. 넓게는 시청자 제작 프로그램 방송은 물론, 시청자가 방송 프로그램 제작에 참여하여 의견을 제시하는 프로그램, 시청자의 평가가 담긴 프로그램을 모두 포괄한다. 훈련된 소수 인력이 돌아가며 제작하는 재미있고 잘 만든 작품보다는 다소 거칠더라도 주류 미디어가 소홀히 하기 쉬운 지역의 그늘진 부분이나 약자의 입장에 초점을 맞춘 진솔한 영상이 활성화되어야 한다(김기태, 2009).

'윤리와 규범' 역량은 디지털 시대, 인공지능이 도래하고 있는 시대에 관심이 모아지는 역량이다. 단지 시청하는 데 그치지 않고 미디어 제작 과정에 누구나 참여할 수 있는 디지털 시대에는 초상권 보호, 개인정보 보호, 저작권 보호 등의 책임이 수반된다(정현선 외, 2015). 확인되지 않은 사실을 유포하거나 사생활을 침해하지 않기 위해서는 관련 규범을 준수해야 한다. 미디어 리터러시 관점에서 어린이와 성인에 비해 청소년의 규범 준수 능력이 매우 낮다는 연구 결과(안정임, 2013)는 디지털 시대 공영방송이 주목할 대목이다. 공영방송의 미디어 리터러시 캠페인은 미디어 접근, 이해, 소통과 공유 등 미디어 리터러시 핵심 역량 측면의 세대별 격차를 좁히고, 디지털 시대 윤리와 규범에 대한 인식을 높일 수 있다. 지속적으로 캠페인을 전개함으로써 미디어 리터러시에 관한 사회적 관심을 일으키고 주의를 환기시킬 수 있다.

앞의 다섯 가지 미디어 리터러시 핵심 역량 증진을 위해 공영방송이 제 역할을 수행하기 위해서는 여러 한계를 넘어서야 한다. 리터러시 교육에 관한 조직의 관심이 있어야 하며, 인력과 재정을 투입할 수 있어야 한다. 캐나다 토론토의 참TV 사례는 방송사 종사자들의 이해, 인적·물적 투자가 필요함을 여실히 보여주었다. 법제도적으로 공영방송의 공적 책무, 수행해야 할 책임으로서 미디어 리터러시 교육을 규정하는 일이 우선될 필요가 있다.

3. 국내 공영방송의 미디어 리터러시 교육 프로그램

최근 들어 국내 공영방송들도 미디어 리터러시에 관심을 갖고 관련 프로그램을 방송하고, 관련 단체 및 기관들과의 협력에 기지개를 켜고 있다. 미디어 리터러시 관련 대표적인 프로그램과 역할을 되짚어 보고자 한다.

1) KBS의 미디어 리터러시 교육

2021년 2월 KBS는 미디어 리터러시에 관한 특집 5부작 다큐멘터리 〈호모 미디어쿠스〉를 제작해 1TV로 방송했다. '왜 허위 정보에 속는가?', '조용한 살인, 디지털 성범죄', '보이지 않는 손, 알고리즘', '디지털 시대, 현명한 부모 되기', '가상이 현실이다' 등이 핵심 주제였다. 〈호모 미디어쿠스〉는 분야별 전문가의 설명과 함께 깊이 있는 통찰을 제시했다는 평가를 얻었다.

KBS는 다양한 옴부즈맨 프로그램 및 시청자 참여 프로그램을 편성 중이다. KBS의 대표적인 옴부즈맨 프로그램인 〈TV비평 시청자데스크〉는 매주 1회 방송된다. 시청자 평가원의 의견 진술 및 KBS 청원, KBS 홈페이지와 시청자 상담실 등을 통해 접수된 시청자 의견을 중심으로 다룬다. '시청자 탐사대'로 명명된 KBS의 시청자 참여 방식은 시청자가 녹화 현장을 직접 취재한다. 2020년의 경우 '시청자 탐사대' 총 53명은 직장인 29명, 대학생 20명, 고등학생 2명, 초등학생 1명 등 다양한 계층이 참여할 수 있도록 구성해 의견 다양성을 높인 바 있다. '클로즈업 TV' 코너는 시민 미디어·문화 관련 비영리단체 위주로 프로그램 비평과 평가 의견을 전달하고, 'TV를 말한다' 코너는 4명의 시청자 평가원이 KBS 방송 프로그램과 정책에 대해 집중 평가한다. KBS는 공영방송으로서 시청자의 접근권을 보장하기 위해 시청자 참여 프로그램 〈열린 채널〉을 편성 중이다(KBS, 2021). 5인의 시청자 위원으로 구성된 '시청자 참여 프로그램 소위원회'를 매월 1회 운영하며, 사회 저변의 문제, 노동자, 농민, 인권, 환경, 장애인, 여성, 소외 계층 등과 관련된 내용들을 시청자의 눈과 귀로 직접 보고 들은 내용을 누구의 간섭도 받지 않고 시청자 스스로 만드는 방송 프로그램이다. 〈열린 채널〉은 방송 후 홈페이지 및 유튜브에 영상물을 게시하여 시청자 참여 프로그램의 도달률을 높이고 있다.

공영방송의 미디어 교육 지향점은 시청자를 단순한 수용자가 아니라, 방송 프로그램 경쟁력 확보와 방송 환경의 개선을 위한 '공동 창작자cocreator'로 인정하는 데서 출발한다. 시청자에게 방송 프로그램 기획과 제작에 직접 참여하는 기회를 제공함으로써 공영방송 프로그램에 대한 관심을 불러일으킬 뿐 아니라, 방송사-시청자 간 거리감을 줄일 수 있다. 무엇보다 시청자를 단순히 보는 사람이 아닌 창의성을 발휘하는 생산자로 전환시킨다.

KBS는 유네스코한국위원회 등이 개최한 2019년과 2020년 '미디어·정보 리터러시 주간Media & Information Literacy Week' 국제회의에 주관 방송사로 참여했다. '미디어·정보 리터러시 주간'은 2012년부터 매년 10월 마지막 주에 운영되며, 유네스코가 주도해 오고 있다. 2020년은 한국에서 처음으로 '글로벌 미디어·정보 리터러시 주간 대표회의'가 열렸으며, "디스인포데믹(허위 정보 확산)에 저항하다: 모두를 위한, 모두에 의한 MIL"이란 주제로 전면 온라인으로 개최되었다. KBS는 2019년 시청자미디어재단, 유네스코한국위원회, 전국미디어센터협의회, 한국교육학술정보원, 한국언론진흥재단, 한국정보화진흥원과 업무 협약을 체결하고 관련 국제회의 공동 개최 및 미디어·정보 리터러시 증진 프로그램 개발과 지원 협력을 위한 인적·물적 자원 공유와 지속적인 협력 사업 공동 발굴 등을 추진하고 있다. 미디어 리터러시 전문가들이 참여하는 국제 콘퍼런스에 공영방송이 주도적으로 참여했다는 점에서 의미 있는 일이다.

2) EBS의 미디어 리터러시 교육

EBS는 지난 2002년부터 2003년까지 미디어 교육을 위한 방송 프로그램 〈와우! 미디어 탐험〉을 제작, 방영했다. 국내 최초 어린이 미디어 교육 프로그램으로 평가받았다. 프로그램을 기획한 의도가 미디어의 속성에 대한 본질적인 이해를 높이고, 어린이들이 주체적이고 능동적으로 미디어를 소화할 수 있도록 도와주겠다는 것이었다. 방송문화진흥회의 지원으로 26회 분량을 제작, 6개월간 방송했다.

2021년 EBS는 대한민국 문해력 실태를 점검하고 대국민 문해력 증진에 중점을 두었다. 2021년 3월, 특별 기획 〈당신의 문해력〉 6부작을 방송했다. '읽지 못하는 사람들', '공부가 쉬워지는 힘 어휘력', '학교 속의 문맹자들', '내 아이를 바꾸는 소리의 비밀', '디지털 시대 굳이 읽어야 하나요', '소리 내어 읽으세요'의 6부작은 디지털 시대 오히려 퇴행하는 문맹자들의 실태를 분석하고 가정과 학교 현장에서 실질적으로 개선할 수 있는 방법을 제시한 바 있다. 디지털 시대 문해력의 중요성은 〈미래교육 플러스〉와 〈클래스e〉를 통해 디지털 전환 시대 리터러시의 중요성과 읽고 쓰고 이해하는 리터러시가 왜 중요한지, 그리고 어떻게 배워야 하는지를 다양한 사례와 연구 결과를 통해 쉽고 재미있게 설명하고 있다(EBS, 2021.3.15). 뿐만 아니라 EBS는 연중 캠페인 〈읽어야 이

룰 수 있습니다〉도 진행해, 읽기 교육의 중요성을 강조하고 문해력을 키우기 위한 구체적인 방법을 제시한다. 상반기에는 유아 및 저학년을 위한 〈소리 내어 읽어요〉를, 하반기에는 초등 고학년과 중·고등학생을 대상으로 한 〈'나도' 읽어요〉를 진행하며, 매월 한 편씩 새로운 영상을 방영한다.

EBS '스쿨 리포트School Report'와 KBS의 옴부즈맨 프로그램 〈TV비평 시청자데스크〉의 '제작현장 속으로' 코너는 시청자가 직접 기획하고 제작한 프로그램을 방송하는 대표적인 사례들이다. EBS '스쿨 리포트'는 〈EBS 뉴스〉의 코너 가운데 하나로 일주일에 두 차례 방송된다. 학생들이 기자가 되어 교내외 소식을 직접 취재하고 제작하는 방식이다. 청소년이 '조력자supporter'가 아닌 '창작자maker'로 참여한다(한유진, 2019). 고등학생들로 한정하여 운영하던 기자를 2021년부터 초등학생과 중학생으로 대상을 넓혔다. 시청자들이 EBS 방송 현장과 관련 주요 공식 행사 등에 직접 참여하며 심층 모니터링과 리뷰 및 취재를 하는 'EBS 스토리 기자단'은 2021년 7월 기준으로 16기를 모집했다. 'EBS 스토리 기자단'은 대학생부와 일반부로 나누어 운영된다.

4. 해외 공영방송의 미디어 리터러시 교육 프로그램

1) 영국 BBC의 미디어 리터러시 교육

영국은 오랜 전통과 법체계 속에서 미디어 리터러시를 구현하고 있다. 1960년대 이후 문학비평과 창작의 차원에서 미디어 교육을 실시한 이후, 1980년대에 학교 교육에 미디어 교과가 도입되었으며, 2000년대에는 디지털 리터러시 교육에 초점을 두기 시작했다. 영국 미디어 교육은 기본적으로 미디어에 대한 비판적 이해와 적극적인 활용 그리고 능동적인 제작 교육에 초점을 두고 있다(강진숙, 2019.1.4). 영국 '2003년 커뮤니케이션법Communication Act 2003'은 미디어 리터러시 증진 조항을 별도로 두고 있다. '커뮤니케이션법' 제11조(Duty to promote media literacy)는 방송통신 규제 기구인 오프콤Ofcom의 미디어 리터러시 증진 의무를 명시하고 있다. 즉, 오프콤은 전파 미디어가 전달하는 본질과 특성, 선택되거나 이용 가능하게 되는 모든 제작 과정에 대한 대중들의 이해와 인식을 높이며, 대중들이 접근 가능한 시스템과 사용하기 쉬운 기술 등을 개발해 미디어 리터러시를 증진해야 한다는 것이다. 오프콤(Ofcom, 2021)은 미디어 리터러시를 '미디어와 커뮤니케이션을 다양한 맥락에서 이용하고, 이해하고, 만들어내는 능력'으로 규정한다. 이에 더해 오프콤(Ofcom, 2019)은 공영방송 BBC를 비롯한 다양한 기관이 미디어 리터러시를 증진하도록 책무를 부여하고, ≪미디어 리터러시 불러틴Media Literacy Bulletin≫을 통해 미디어 리터러시 증진을 위한 활동, 연구, 이벤트 등을 소개하고 있다.

영국 BBC는 법제도적으로 미디어 리터러시 증진에 기여하도록 명확하게 규정되어 있다. '2003년 커뮤니케이션법'에 접근, 이해, 창조 역량을 미디어 리터러시로 규정하고, 2010년 BBC 트러스트(당시 BBC 규제 기구)는 BBC의 여섯 번째 공적 임무public purpose에 미디어 리터러시를 설정했다. 2009년 BBC 마크 톰슨 사장은 미디어 리터러시를 전담하는 조직을 분리, 설치했다. 여섯 명의 핵심 인력으로 구성해 관련되는 부서 간 미디어 리터러시 인식을 조정하고 확산하는 역할을 맡겼다. 리

표 10.1 영국 BBC의 공적 임무(The Public Purposes)

2007~2016년	2017~2028년
The Public Purposes of the BBC are as follows. (a) sustaining citizenship and civil society (b) promoting education and learning (c) stimulating creativity and cultural excellence (d) representing the UK, its nations, regions and communities (e) bringing the UK to the world and the world to the UK **(f) in promoting its other purposes, helping to deliver to the public the benefit of emerging communications technologies and services and, in addition, taking a leading role in the switchover to digital television.**	The Public Purposes of the BBC are as follows. (1) To provide impartial news and information to help people understand and engage with the world around them **(2) To support learning for people of all ages the BBC should help everyone learn** (3) To show the most creative, highest quality and distinctive output and services (4) To reflect, represent and serve the diverse communities of all of the United Kingdom's nations and regions and, in doing so, support the creative economy across the United Kingdom (5) To reflect the United Kingdom, its culture and values to the world

자료: BBC(2016a).

터러시 부서는 독자적 예산으로 BBC의 미디어 리터러시 프로그램을 제작하고, 관련 연구를 수행했으며, 플랫폼에 흩어져 있는 미디어 리터러시 콘텐츠를 패키지화하여 보급했다. 리터러시 부서의 가장 큰 과업 목표는 BBC 종사자들에게 미디어 리터러시가 얼마나 중요한지를 주지시키는 일이었다. 이후 평가를 통해 미디어 리터러시 증진에 가시적인 성과를 거두었음을 확인했다(Radoslavov, 2013).

이처럼 BBC는 '온 잇Own it', '바이트 사이즈Bitesize', '미디어 액션Media Action', 'BBC 러닝BBC Learning' 등의 웹사이트 운영과 '스쿨 리포트School Report', '뉴스 스쿨 리포트News School Report', '비욘드 페이크뉴스 프로젝트Beyond Fake News Project', '마이 월드My World' 등 다양한 프로젝트와 프로그램으로 미디어 리터러시 증진을 구현하고 있다. 최근 BBC는 디지털 리

그림 10.1 BBC 가짜 뉴스 대응 프로젝트

자료: BBC(2021d).

터러시를 디지털 유형의 정보를 찾고find, 분류하고sort, 평가하고evaluate, 관리manage하며 만들create 수 있는 능력으로 정의하고 다양한 프로그램을 제공 중이다. 특히, 코로나19 허위 정보 등 가짜 뉴스를 바로 보고, 뉴스와 정보에서 가짜 뉴스를 가려낼 수 있는 역량 증진에 집중하고 있다.

'BBC 뉴스 스쿨 리포트'는 11~16세 청소년들에게 직접 뉴스를 제작하게 하여, 뉴스 제작의 모든 과정에 대한 이해를 돕고 있다. 'BBC 영 리포터Young Reporter'는 11~18세 청소년이 자신의 이야기와 뉴스를 직접 제작해 공유하고 목소리를 낼 수 있도록 장려하여 청소년의 저널리즘 역량 제고에 기여하고 있다. 이 두 BBC의 프로젝트는 청소년들이 직접 미디어 창작 과정에 참여하는 기회를 제공하고, 영국의 학교, 대학, 청소년 단체 등과 협력하여 진행한다. 참가를 원하는 학교, 대학, 홈스쿨, 청소년 단체 및 커뮤니티 그룹은 관련된 이벤트와 연수에 참가할 수 있고, BBC 스태프와 저널리스트로부터 멘토링과 교육을 받을 수 있다.

그림 10.2 'BBC 뉴스 스쿨 리포트'와 '영 리포터'

자료: BBC(2021b)(왼쪽). BBC(2021c)(오른쪽).

2020년 BBC는 마이크로소프트 및 BBC 월드 서비스와 협력하여 '마이 월드' 프로그램을 제작해 영국과 전 세계에 제공하고 있다. '마이 월드'는 11~14세 학생들을 주 이용층으로 보고 BBC 저널리스트가 뉴스 수집 방법, 뉴스 룸의 작동 원리, 저널리즘의 투명성과 책무, 소셜미디어 등으로의 뉴스 유통 등을 주제로 매주 영어로 진행하는 TV 프로그램이다. '마이 월드'는 매주 전 세계에서 1억 명 이상이 이용하는 〈BBC 월드 뉴스〉가 방송되는 일요일 오후 4시 30분에 42개 언어로 서비스 중이다. 캐나다·중국·한국·보스니아 및 미국을 포함한 20개 이상의 국가에 제공되며, BBC 아이플레이어iPlayer와 BBC 마이 월드 유튜브 채널로 공급되고 있다. 리터러시 역량 증진을 위해 30분 단위의 10개 에피소드가 클립핑되어 '마이크로소프트 에듀케이터 센터' 웹사이트에 무료로 탑재되어 있어 코로나19로 인한 홈스쿨링, 원격 교육 등에 활용 가능하다. 세부적인 내용으로는 학생들이 뉴스 기사를 읽으며 공정하지 못한 부분을 찾아 스스로 다시 작성하거나, 뉴스 매체가 동일한 주제를 어떻게 보도하는지 비교하거나, 오류가 있는 기사를 조사하고 수

그림 10.3 BBC '마이 월드 미디어 리터러시'

자료: Microsoft Education Team(2020.3.31)(왼쪽), PBS LearningMedia(2021)(오른쪽).

정해 보거나, 신문이나 웹페이지의 첫 페이지 기사를 분석하고 각 기사의 배치에 대해 살펴보는 등 학생들이 뉴스나 정보를 소비함에 있어 비판적 사고와 추론 역량 및 커뮤니케이션과 협력 역량을 지닐 수 있도록 집중한다(BBC, 2020.1.24; Microsoft Education Team, 2020.1.31).

2) 호주 ABC의 미디어 리터러시 교육

호주의 미디어 교육은 방송통신청Australian Communications and Media Authority의 주도로 시작되었고, 2015년부터는 온라인안전위원회eSafety Commissioner로 업무가 이관되었다. 방송통신청은 2013년 디지털 경제 시대의 디지털 시민권 향상과 온라인 참여 촉진을 위한 '디지털 시민 가이드Digital Citizen Guide'를 발표하면서 디지털 미디어 리터러시의 중요성을 알렸다. 2015년 설치된 온라인안전위원회는 온라인 안전과 관련한 독립적인 규제 기관으로, 사이버 따돌림과 사적인 이미지 남용, 불법 온라인 콘텐츠 등을 규제하고 동시에 온라인 안전에 대한 인식을 제고하고 교육 및 모범 사례 등을 발굴하고 있다. 호주 공영방송인 ABCAustralian Broadcast-

그림 10.4 ABC 에듀케이션

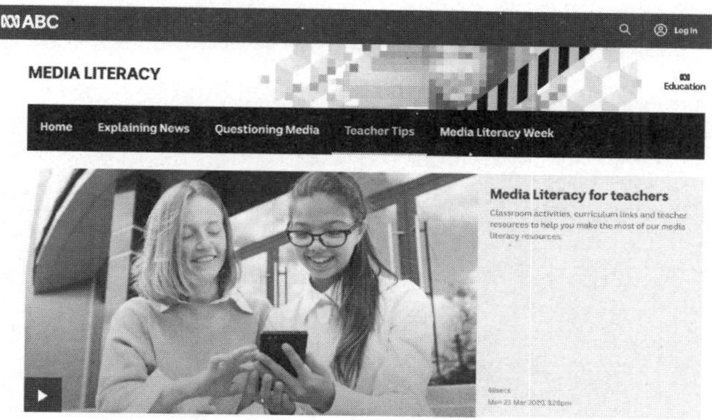

자료: ABC(2021a).

ing Corporation는 2018년 처음으로 '미디어 리터러시 주간Media Literacy Week' 행사를 개최하여 전 연령층의 호주 국민들을 대상으로 미디어 리터러시 교육의 중요성을 전파하는 등 미디어 리터러시 교육에 대한 인식을 제고하기 시작했다(김여라, 2019). ABC는 'ABC 에듀케이션' 웹페이지에 '미디어 리터러시' 섹션을 별도로 두어 저널리즘과 가짜 뉴스 판별력을 높이기 위한 콘텐츠와 인스타그램과 페이스북 등 각종 소셜미디어를 이해하고 바로 볼 수 있는 콘텐츠 등을 제공하고 있다.

ABC 에듀케이션은 미국 PBS, 미디어리터러시교육협회National Association for Media Literacy Education, 캐나다의 CBC와 미디어스마트Mediasmarts와 함께 '미디어 리터러시 주간'을 해마다 주최해 대중들이 미디어를 이해하고, 대중문화 시대에 비판적 사고를 증진하며, 효과적인 의사소통을 하고 참여적 시민이 될 수 있는 역량을 갖추도록 노력하고 있다. 이에 더해 ABC 에듀케이션은 가정과 교실에서 사용할 수 있는 고품질 교육 콘텐츠를 제공한다. STEAM, 영어, 수학, 과학, 지리, 역사, 예술 및 기술을 다루는 학교 커리큘럼에 맞춰 다양한 콘텐츠를 제공한다. 호주의 초등 및 중등 학생들이 직접 사용하고 참여할 수 있는 수천 개의 무료 영상 클립과 게임, 디지털 멀티미디어에 대한 이해를 도울 수 있는 다양한 리소스를 제공하며, 학생들은 관련된 대회와 교육 행사에 참여할 수 있다(ABC, 2021b). '미디어 리터러시 주간 2020'은 10월 26일부터 30일까지 진행되었으며, 가짜 뉴스의 대응이 주된 화두였다.

5. 나가며

미디어 환경과 이용 행태가 변화할수록 방송의 공적 책임은 아무리 강조해도 지나치지 않다. 미디어 리터러시에 대한 방송의 역할 또한 마찬가지다. 상업화의 물결이 거셀수록 공영방송을 포함한 지상파방송 등 무료 보편적 공공 서비스 수행 주체자의 입지는 더욱 공고해질 필요가 있다. 일상에서 접하는 미디어가 다양한 형태로 발전했을 뿐 아니라, 양방향 소통 미디어가 등장하면서 미디어 이용 행태도 크게 달라졌다. 스마트폰을 필두로 모바일 기기를 통한 인터넷, 소셜미디어, OTT 등 새로운 미디어, 새로운 서비스가 등장하고 있다. 많은 이용자들이 동영상 플랫폼을 통해 정보를 소비하면서 동시에 생산의 주체가 되고 있다. 다수 학자들이 미디어 리터러시 교육에 대한 패러다임 전환을 주장했다. 무엇보다 참여와 창조 중심의 미디어 리터러시 교육 패러다임 변화가 일어나고 있다. 미디어 리터러시 역량이 21세기 인재의 역량 가운데 하나로 꼽히고, 디지털 스마트 미디어 시대에 접어들어 미디어 리터러시 역량은 읽고 쓰는 데서 나아가 직접 제작하며 참여한다. 그 과정에서 규범을 지키는 윤리 의식 또한 중요한 부분으로 인식되고 있다.

공영방송에게 미디어 리터러시 교육은 중요한 공적 책무 가운데 하나다. 그럼에도 한국의 공영방송은 미디어 리터러시 교육에 대해 다른 나라에 비해 상대적으로 미온적이었다. 여러 학자들의 문제 제기에도 불구하고, 특별히 나아지지 않았다. 방송사의 미디어 리터러시 교육은 참여를 통해 민주시민을 양성하고, 시청자와 함께 호흡함으로써 방송사의 경쟁력을 높여갈 수 있는 시대 흐름이다. 다행스런 점은 최근 들어 관련 단체와 어깨를 걸고 나서는가 하면 미디어 리터러시 관련 특집 프로그램을 방송하고 있다. 미디어 리터러시의 다섯 가지 핵심 역량인 '접근과 활용', '비판적 이해', '창의적 생산', '소통과 참여', '윤리와 규범'을 증진시키기 위한 공영방송의 책임을 명확하게 규정하고, 이를 평가할 수 있어야 한다. '방송법'에 규정된 퍼블릭 액세스는 물론, 미디어 리터러시를 위한 프로그램 편성, 옴부즈맨 프로그램, 콘퍼런스 등 오프라인 행사, 관련 웹사이트 운영에 더욱 적극적으로 나섬으로써 시청자의 권리를 보호해야 한다.

영국과 호주 등의 공영방송이 펼치고 있는 미디어 리터러시 캠페인은 참고할 만한 유용한 사례다. 방송 프로그램으로 한정하지 않고 웹사이트와 연동하며, 새로운 포맷으로 젊은 이용자들의 눈높이에 맞추려는 노력이 돋보인다. 다수 국가에서 방송사가 미디어 교육 연합체의 일원으로서 주도적으로 참여하는 것처럼 우리나라의 공영방송들도 미디어 교육의 보조자 수준에서 벗어나 미디어 교육의 주체로 나설 필요가 있다.

참고문헌

강진숙. 2019.1.4.「해외의 미디어교육 법제 III: 영국, 호주」. ≪미디어리터러시≫. https://dadoc.or.kr/2668?category=719542.

강진숙·조재희·정수영·박성우. 2017.『해외 미디어교육 법체계 및 정책기구 연구』. 서울: 한국언론진흥재단.

김기태. 2009.『미디어 교육의 이해와 활용』. 서울: 한국콘텐츠진흥원.

김민선·김태진. 2021.5.25. "IPTV도 올드 미디어… OTT가 미디어 소비 바꿨다". ≪ZDNET≫. https://zdnet.co.kr/view/?no=20210517152652.

김아미. 2015.『미디어 리터러시 교육의 이해』. 서울: 커뮤니케이션북스.

김여라. 2019.「디지털 시대의 미디어 리터러시 해외 사례 및 시사점」. ≪NARS 현안분석≫, 90호.

박동숙·전경란. 2005.『디지털 미디어 문화』. 서울: 한나래.

봉미선·신삼수. 2020.「디지털 시대 미디어 리터러시 역량 증진을 위한 공영방송의 역할 고찰」. ≪방송과 커뮤니케이션≫, 21권 3호, 41~75쪽.

스가야 아키코(菅谷明子). 2001.『미디어 리터러시: 미국, 영국, 캐나다의 새로운 미디어 교육 현장 보고(Media Literacy from the World on the Spot)』. 안해룡·안미라 옮김. 서울: 커뮤니케이션북스.

안정임. 2004.「미디어 교육과 공영 방송의 역할」. ≪방송과 커뮤니케이션≫, 5권 2호, 45~66쪽.

______. 2013.「연령집단에 따른 디지털 미디어 리터러시 수준 비교 연구」. ≪학습과학연구≫, 7권 1호, 1~21쪽.

정현선·박유신·전경란·박한철. 2015.『미디어 문해력(Media Literacy) 향상을 위한 교실수업 개선 방안 연구』. 세종: 교육부.

한유진. 2019.「EBS와 영국 BBC를 통해 본 청소년 뉴스 교육: 뉴스 만들며 '미디어 리터러시' 저절로 쑥쑥」. ≪미디어리터러시≫, 가을 호, 96~103쪽.

EBS. 2021.3.15. "EBS, 교육 격차 해소 위한 '문해력' 기획 콘텐츠들 선보여". EBS 보도자료.

KBS. 2021.「2020 사업연도 경영평가보고서」.

ABC. 2021a. “Media Literacy.” https://www.abc.net.au/education/media-literacy/teacher-tips/ (검색일: 2021.6.1).

______. 2021b. “What is ABC Education?” https://education.abc.net.au/about-abc-education (검색일: 2021.6.1).

Allcott, H. and M. Gentzkow. 2017. “Social Media and Fake News in the 2016 Election.” *Journal of Economic Perspectives*, Vol.31, No.2, pp.211~236.

BBC. 2020.1.24. “BBC Launches My World, a Groundbreaking Global Show for Young Audiences.” https://www.bbc.co.uk/mediacentre/latestnews/2020/my-world-global-show-young-audiences (검색일: 2021.6.1).

______. 2021a. “BBC Royal Charter Archive.” https://www.bbc.com/historyofthebbc/research/royal-charter (검색일: 2021.6.1).

______. 2021b. “BBC News School Report.” https://www.bbc.co.uk/programmes/b01rs4sk (검색일: 2021.6.1).

______. 2021c. “BBC Young Report.” https://www.bbc.co.uk/teach/young-reporter/what-is-bbc-young-reporter/z6ncf82 (검색일: 2021.6.1).

______. 2021d. “Bitesize.” https://www.bbc.co.uk/bitesize/tags/zr2yscw/fact-or-fake/1 (검색일: 2021.6.1).

EU. 2016. “Mapping of Media Literacy Practices and Actions in EU-28.”

Microsoft Education Team. 2020.3.31. “Help Students Develop Media Literacy with New BBC and Microsoft Education Program.” https://educationblog.microsoft.com/en-us/2020/03/help-students-develop-media-literacy-with-new-bbc-and-microsoft-education-program/ (검색일: 2021.6.1).

Ofcom. 2019. “Media Literacy Bulletin,” July.

______. 2021. “About Media Literacy.” https://www.ofcom.org.uk/research-and-data/media-literacy-research/media-literacy (검색일: 2021.6.3).

PBS LearningMedia. 2021. “BBC My World Media Literacy.” https://www.pbslearningmedia.org/collection/bbc-my-world-media-literacy/ (검색일: 2021.6.3).

Radoslavov, S. 2013. “Media Literacy Promotion as a Form of Public Value?” in G.F. Lowe and F. Martin (eds.). *The Value of Public Service Media*, Göteborg, Sweden: Nordicom.

Wallis, R. and D. Buckingham. 2019. "Media Literacy: The UK's Undead Cultural Policy." *International Journal of Cultural Policy*, Vol.25, Iss.2, pp.188~203.

Wikipedia. 2020. "CHUM Limited [On-Line]." https://en.wikipedia.org/wiki/CHUM_Limited (검색일: 2021.4.8).

찾아보기

[다]

[라]

[마]

[바]

[사]

[아]

[자]

[차]

[카]

[타]

지은이 소개 (가나다순)

권장원

대구가톨릭대학교 언론광고학부 교수다. 서강대학교 신문방송학과 학부, 석사를 거쳐, 동 대학원에서 언론학 박사 학위를 받았다. 주요 관심 분야는 미디어 리터러시(이론 및 영상 콘텐츠 제작 교육), 미디어 저널리즘 이론 및 저널리즘 분야에서의 사회적 연결망(구조 및 의미), 지역 방송 시장 정책 등이며, 언론중재위원회 중재위원, 한국언론학회 연구이사 및 미디어교육 연구회장, KBS 뉴스 옴부즈맨, 시청자미디어재단 장애인방송시청보장위원회 위원, 서울시청자미디어센터 발전위원 등을 역임했다. 미디어 리터러시 및 저널리즘, 지역 방송 관련 주요 연구 성과로는 『4차 산업혁명 시대의 미디어 리터러시 교육』(2018, 공저) 등 저서와 함께, 「국내 언론사 조직에 내재한 사회적 네트워크 특성 연구」(2014), 「신제도주의적 관점에 입각한 지역방송정책 지향점 모색에 대한 연구」(2017) 등 다수의 논문이 있다.

김봉섭

한국지능정보사회진흥원 연구위원이다. 경희대학교 신문방송학과를 졸업하고, 경희대학교 대학원에서 언론학 박사 학위를 받았다. 1995년 한국정보문화센터(현 한국지능정보사회진흥원)에 입사한 이후 줄곧 정보 문화, 정보 윤리, 인터넷 중독, 정보 격차 등 정보통신 기술의 발달에 따른 사회문화적 현상에 대한 정책 개발과 사업을 담당했다. 저서로는 『청소년을 위한 매체 이야기』(2020, 공저), 『디지털 디바이드』(2016), 『사이버불링의 이해와 대책』(2013, 공저) 등이 있다. 논문은 「성인의 사이버폭력 가해 경험에 대한 영향 요인 연구」(2021), 「고령층 디지털 사회 자본에 대한 디지털 조력자 영향 연구」(2020), 「페이스북 이용에 따른 페이스북 이용자의 정서적 효과 연구」(2015) 등 다수가 있다.

봉미선

EBS 정책연구위원이다. 성균관대학교 통계학과·신문방송학과를 졸업하고 동 대학원에서 언론학 석사와 박사 학위를 받았다. 2008년부터 한국방송통신대학교, 배재대학교, 성균관대학교, 단국대학교, 건국대학교에서 방송 및 미디어 관련 강의를 했다. 주요 관심 분야는 공영방송, 공공 서비스 미디어, 미디어 리터러시, 보편적 시청권 및 미디어 정책 등이다. 『유튜브의 이해와 활용』(2021, 공저), 『청소년을 위한 매체 이야기』(2020, 공저), 『데이터 테크놀로지와 커뮤니케이션 연구』(2019, 공저) 등 미디어 리터러시와 공영방송에 관한 미디어 전문 서적과 논문을 다수 저술했다.

염정윤

한국환경연구원 부연구위원이다. 고려대학교에서 언론학 박사 학위를 받았으며, 주요 관심 분야는 커뮤니케이션 효과, 정책 커뮤니케이션, 설득 커뮤니케이션, 미디어를 활용한 교육 등이다. 주요 연구로는 「환경 정책 수용성 제고를 위한 정책 소통 모형 개발 기초 연구」(2020, 주 저자), 「국내 댓글 효과 연구에 대한 메타 분석」(2020, 주 저자), 「가짜뉴스 노출과 전파에 영향을 미치는 요인: 성격, 뉴미디어 리터러시, 그리고 이용 동기」(2019, 주 저자), 「가짜뉴스에 대한 인식과 팩트체크 효과 연구: 기존 신념과의 일치 여부를 중심으로」(2018, 주 저자), 「친환경 시민행동 유도를 위한 사회적 휴리스틱 활용방안 연구」(2020, 공동저자) 등이 있다.

오연주

한국지능정보사회진흥원 정책본부 책임연구원이다. 볼링그린 주립대학교(Bowling Green State University)에서 프리·오픈소스 소프트웨어 커뮤니티의 젠더 역학과 노동에 관한 논문으로 커뮤니케이션학 박사 학위를 받았다. 과학기술사회학과 비판연구 관점에서 디지털 사회 혁신, 디지털 주권과 리터러시, 디지털 거버넌스를 연구한다. 현재 과학기술정보통신부 자체평가위원회 및 행정안전부의 열린정부위원회 위원으로 활동하고 있으며, 한림대학교에서 정보기술과문화연구소 연구교수, 싱가포르 국립대학교와 싱가포르 난양공과대학교에서 리서치 펠로로 근무했다. 주요 저서로 *Cyberfeminism 2.0*(2012, 편저·공저), *The International Encyclopedia of Media Studies*(2013, 공저), 『디지털 뉴스 소비자: 시민기자부터 슬로 미디어까지』(2020, 공저)이 있다.

이창호

한국청소년정책연구원 선임연구위원이다. 텍사스 주립대학교에서 언론학 박사 학위를 받았다. 주요 관심 분야는 청소년들의 미디어 이용과 현황, 미디어 리터러시, 청소년의 정치 참여다. 주요 저서로 『유튜브의 이해와 활용』(2021, 공저), 『청소년을 위한 매체 이야기』(2020, 공저), 『팟캐스트 저널리즘』(2020, 공저), 『청소년에게 게임을 허하라』(2017, 공저), 『사이버불링의 이해와 대책』(2015, 공저) 등이 있다. 「SNS 활동 및 학교 내 정치교육경험이 고등학생의 시민성에 미치는 효과 연구」(2020, 주 저자), 「지능정보사회에서의 청소년 활동정책 개선방안: 프로그램, 설비·시설, 지도자를 중심으로」(2019, 공동 저자) 등 다수의 논문을 학술지에 게재했다.

장근영

한국청소년정책연구원 선임연구위원이다. 연세대학교 심리학과를 졸업하고 동 대학원에서 발달심리학으로 석사를, 한국과 일본 온라인 게임 유저의 라이프스타일 비교연구로 박사 학위를 받았다. 연세대학교 학부대학 학사지도교수로 활동했다. 주요 관심 분야는 매체 심리학, 청소년과 청년 세대 심리와 문화이며 이에 관해 각종 매체에 기고를 하고 있다. 주요 저서로 『게으른 십대를 위한 작은 습관의 힘』(2021), 『시험인간』(2020, 공저), 『심리학 오디세이』(2011) 등이 있으며, 『심리 원리』(2019, 공역), 『인간 그 속기 쉬운 동물』(2008, 공역) 등을 번역했다.

최원석

핀란드 라플란드 대학교 미디어 교육 석사 과정에 있다. YTN 기자를 역임했다. 『핀란드의 미디어 리터러시: 국가 미디어 교육 정책』(2020)을 번역했다. 또한 「청소년 미디어 이용 실태 및 대상별 정책대응방안 연구 I: 초등학생—해외사례 조사」(2020)에서 핀란드 사례를 맡아 집필했다.

최진호

한국언론진흥재단 미디어연구센터 선임연구위원이며, 한국방송학회 미디어교육 특별위원회 위원을 맡고 있다. 충남대학교 언론정보학과에서 학사, 한양대학교 미디어커뮤니케이션학과에서 석사와 박사 과정을 마쳤다. 한양대학교 컴퓨테이셔널 사회과학 연구센터(C2S2)에서 박사후연구원(Post-Doc.)을 지냈고, 한국방송학회 연구이사를 역임했다. 새로운 미디어 환경에서의 뉴스 및 정보 생산, 유통, 소비 과정의 변화, 여론 형성 과정의 역동성과 정치 참여, 미디어 교육 등에 관심을 두고 있다. 「소셜미디어와 뉴스 인식」(2017), 「우리가 침묵하는 이유: 소셜미디어 여론에서 나타나는 침묵의 종류와 사회심리적 영향 요인 연구」(2021), 「디지털 시민성 역량이 공동체 의식에 미치는 영향」(2020), 「미디어 리터러시 역량 인식의 전문가 집단 간 동질성과 차별성」(2019), 「AI 미디어와 의인화」(2020) 등 26편의 논문을 학술지에 게재했다. 저서로 『청소년을 위한 매체 이야기』(2020)가 있다.

황치성

한국언론진흥재단 웹진 ≪미디어리터러시≫ 기획 자문위원이다. 1989년에 한국언론진흥재단에 입사해 조사분석팀장, 월간 ≪신문과방송≫ 편집장, 미디어교육팀장, 책임연구위원을 거쳐 정년 퇴임했다. 학부 때부터 신문방송학을 전공했으며 고려대학교 대학원에서 「갈등이슈에 대한 개인 의견과 특정 신문에 대한 태도가 기사 편향 및 여론 지각에 미치는 영향 연구」를 주제로 박사 학위를 취득했다. '이달의 기자상' 및 '한국기자상' 심사위원, '한국방송대상' 심사위원을 역임했으며, ≪경향신문≫에서 오랫동안 칼럼을 집필했다. 교육부에서 발간한 ≪교육마당21≫ 기획 자문위원, 미디어와 진로 활동을 주제로 한 교사연수 강의, 서울시 교육청 자유학기제 교육과정 개발위원 활동을 했다. 현재는 미디어 리터러시 및 가짜 뉴스 분야 프리랜서로도 활동하고 있다. 저서로는 『코로나19 가짜뉴스 수사학』(2020), 『세계는 왜 가짜뉴스와 전면전을 선포했는가』(2018), 『미디어리터러시와 비판적 사고』(2018)를 포함, 『청소년의 미디어 이용과 21세기 핵심역량』(2014, 공저), 『미래 성장동력으로서 미디어 리터러시』(2014, 공저), 『언론인의 직업환경과 역할 정체성』(2009) 등이 있다.

한울아카데미 2329

인공지능, 디지털 플랫폼 시대
미디어 리터러시 이해

기 획 한국방송학회 영상미디어교육연구회
지은이 권장원·김봉섭·봉미선·염정윤·오연주·이창호·장근영·최원석·최진호·황치성
펴낸이 김종수
펴낸곳 한울엠플러스(주)
편 집 이진경

초판 1쇄 인쇄 2021년 11월 15일
초판 1쇄 발행 2021년 11월 22일

주소 10881 경기도 파주시 광인사길 153 한울시소빌딩 3층
전화 031-955-0655
팩스 031-955-0656
홈페이지 www.hanulmplus.kr
등록번호 제406-2015-000143호

Printed in Korea.
ISBN 978-89-460-7329-6 93300 (양장)
978-89-460-8124-6 93300 (무선)

* 책값은 겉표지에 표시되어 있습니다.
* 무선제본 책을 교재로 사용하시려면 본사로 연락해 주시기 바랍니다.